장정빈 지음

올림

머리말

# 나의 성장에 투자하라

밤에 한적한 시골길을 달릴 때면 종종 마주치는 광경이 있습니다. 20~30미터 앞을 달리는 차량의 후미등입니다. 너무 가깝지도, 너무 멀지도 않은 그 거리는 묘하게도 안정감을 줍니다. 앞차의 움직임을 따라가며 운전하기에 가장 편안한 간격이기 때문입니다. 저는 이 장면이 우리의 인생과 많이 닮아 있다고 느낍니다. 우리는 언제나 누군가의 뒤를 따라가며 살아갑니다.

타이거 우즈가 참가한 대회에서는 상위권 선수들의 성적이 오히려 나빠졌다고 합니다. 지나치게 뛰어난 존재와 경쟁하게 되면 동기부여가 되는 것이 아니라 위축될 수 있다는 이야기입니다. 우리에게 필요한 것은 저 멀리서 빛나는 별이 아니라, 20~30미터 앞에 있는 차량의 후미등이 아닐까요.

그런 생각으로 이 책을 썼습니다. 저는 특별한 재능을 가진 사람도, 극적인 성공 신화를 기록한 인물도 아닙니다. 다만 인생을 조금 먼저 살아본 사람으로서, 그리고 '나 자신에게 투자하는 기술', 즉 '미테크(Me-Tech)'에 집중해 경제적 자유와 행복을 만들어온 사람으로서 20~30미터 앞에서 당신의 운전을 도와주고 싶습니다.

30대에서 50대에 이르는 직장인이라면 누구나 한 번쯤은 이런 질문 앞에 서게 됩니다

"나는 분명 열심히 일해왔는데, 이 시간이 정말 쌓이고 있는 걸까?"

"지금 하고 있는 이 일이, 회사 밖에서도 의미가 있을까?"

"앞으로 5년, 10년 뒤에도 나는 여전히 경쟁력을 가질 수 있을까?"

바쁘게 하루하루를 살아내지만, 문득 돌아보면 내가 커지고 있는지, 아니면 제자리걸음을 하고 있는지 헷갈릴 때가 있습니다.

저 역시 그랬습니다. 저는 평범한 사람이었습니다. 다만 한 가지

확실했던 것은 '매일 조금씩 나아지고 싶다'는 간절함이 있었다는 점입니다. 회사에서 주어진 일을 하면서도 그 일을 통해 내가 성장할 방법을 끊임없이 고민했습니다. 그리고 그 과정에서 깨달은 것이 있습니다. "최고의 투자처는 바로 '나 자신'이다"라는 점입니다.

돈은 잃을 수 있고, 자리는 사라질 수 있으며, 조직은 언제든 변합니다. 하지만 나의 사고력, 문제를 해결하는 힘, 일을 대하는 태도, 사람들과 신뢰를 쌓는 방식은 쉽게 사라지지 않습니다. 오히려 시간이 지날수록 복리처럼 쌓입니다. 이 책에서 말하는 투자는 단순한 자기계발이 아니라, 나라는 자산의 '수익률'을 높이는 일입니다. 이것이 바로 미테크(Me-Tech)의 핵심입니다.

이탈리아 베네치아의 구겐하임미술관에서 마우리치오 난누치(Maurizio Nannucci)의 문구를 본 적이 있습니다. "Changing Place, Changing Time, Changing Thoughts, Changing Future." 장소를 바꾸고, 시간을 바꾸고, 생각을 바꾸면 미래가 바뀐다는 말입니다. 우리는 매일 같은 사람을 만나고, 같은 공간으로 출근하지만, 생각만큼은 바꿀 수 있습니다. 그리고 그 작은 변화가 결국 인생의 방향을 바꿉니다. Me-Tech는 바로 이 지점에서 출발합니다.

이 책은 저의 자서전이자 수필이며, 동시에 후배들을 위한 실전 인생 안내서입니다. 우리는 모두 각자의 인생을 한 권의 책으로 써 내려가고 있습니다. 중요한 것은 화려한 챕터가 아니라 다음 장으로 넘어갈 수 있는 힘을 기르는 일입니다. 평범한 직장인이 비범한 전문가가 되는 길은 결코 쉽지 않습니다. 하지만 우리 앞에 놓인 20~30미터의 거리를 한 걸음씩 따라가다 보면, 어느새 우리도 누군가의 등대가 되어 있을 것입니다.

이 책은 세 가지 큰 흐름으로 구성되어 있습니다.

첫째, 지식을 자산으로 만드는 법입니다. 배움이 스펙으로 끝나지 않고 사고력과 판단력으로 이어지도록 돕는 이야기들입니다. 때로는 고통스럽지만 값진 성장의 순간들을 통해 얻은 지혜를 나누고자 했습니다. 경험을 통한 학습, 체계적인 자기계발, 그리고 이를 실천으로 옮기는 구체적인 방법들을 담았습니다.

둘째, 경험을 자산으로 만드는 법입니다. 직장이라는 공간을 단순한 생계의 수단이 아니라, 나를 단단하게 키우는 투자처로 바라보는 관점을 담았습니다. 일상적인 업무와 관계 속에서 어떻게 가치 있는 경험을 쌓아갈 수 있는지, 후배들에게 전하고 싶은 실천적 조언들을 진솔하게 풀어냈습니다.

셋째, 행복을 자산으로 만드는 법입니다. 꾸준히 성장하기 위해 반드시 필요한 감정 관리, 관계, 삶의 균형에 관한 이야기입니다. 이미 은퇴한 이들을 위한 조언이 아닌, 현재 직장생활을 하는 동안 미리 준비해야 할 지혜를 담았습니다.

이 책을 읽고 나면 여러분은 조금 달라져 있을 것입니다. 일을 바라보는 기준이 바뀌고, 공부의 목적이 분명해지며, 자신의 시간을 대하는 태도가 달라질 것입니다. 무엇보다도 '나는 무엇에 투자하고 있는 사람인가'라는 질문을 스스로에게 던질 수 있게 될 것입니다.

이 책을 쓰면서 가장 많이 배운 사람은 다름 아닌 저 자신이었습니다. 글을 쓰는 과정은 곧 저를 다시 설계하는 시간이었습니다. 이 여정에 함께해준 모든 분들께 감사의 마음을 전합니다. 어려운 글을 정리해 준 송혜은 대표님, 글쓰기 과정에서 조력자가 되어준

ChatGPT와 Claude, 그리고 출판을 위해 애써주신 올림 식구들의
도움이 없었다면 이 책은 빛을 보지 못했을 것입니다.

　이 책이 여러분 각자의 성장 여정에서 20~30미터 앞을 밝혀주는
작은 후미등이 되기를 바랍니다.

2026년 3월

장정빈

# 차 례

머리말
나의 성장에 투자하라 · 4


## 1 나의 성장에 투자하라    18

### 경험은 어떻게 사람을 바꾸는가 · 21
어떤 경험이든 나의 자산이 될 수 있다

세종대왕, 스티브 잡스, 게임 중독자의 '경험' | 경험을 자산으로 만드는 방법

경험을 의미 있게 만드는 5가지 방법

### 의지력은 유한한 자산이다 · 30
끝까지 '전략적으로' 버티는 사람만이 길을 연다

의지력은 무한한 것도, 타고나는 것도 아니다

의지력을 효과적으로 관리하는 5가지 전략 |

개구리를 먼저 먹어야 하는 이유 | '생산적 미루기'의 힘

심리학을 공부해야 하는 이유 • 38

"공룡을 보지 말고 꽃을 보라" | 직장인 스트레스의 3단계와 넛지의 힘

파이(π)형 인재와 심리학 | 심리학에 접근하는 두 가지 방법

심리학, 나의 비즈니스 여정을 이끈 나침반


독서, 최고의 꼰대 예방 백신 • 47

사고를 유연하게 만드는 최고의 투자

깊이 있는 독서를 위한 6가지 원칙과 실천 | 독서력을 높이는 핵심, 문식력


AI는 나의 수준을 넘어서지 못한다 • 54

30년 서비스 경영 전문가의 눈으로 본 AI

코딩을 몰라도 프로그램을 짜고 챗봇까지 만든다?

검색의 시대에서 정답의 시대로 | AI에게 위로받는 94세 김 회장님

당신은 AI를 잘 쓸 준비가 되었는가


꾸준함이 천재성을 이긴다 • 61

꾸준함은 '최선'이 아니라 '멈추지 않는 것'

꾸준함을 실천하는 3가지 과학적 원칙

'열심히 하면 된다'는 착각에서 벗어나는 3가지 무기

나의 인생을 바꾼 '시간의 복리 효과'

능력과 자격의 작지만 큰 차이 · 69

보이지 않는 능력을 보이게 하는 방법 | 박사학위는 운전면허증

학위나 자격증이 전부는 아니다

꼬리에 꼬리를 무는 공부의 낙수효과 · 74

하나를 깊이 파면, 길은 저절로 넓어진다

진짜 전문가란 지식을 '번역'할 수 있는 사람

책, 뜻밖의 기회를 열어주는 최고의 자기소개서

AI시대, 공부가 진정한 자산이 되게 하려면

가르침은 부메랑이다 · 82

민속촌에서 쓴맛을 보고 배운 강의의 본질

가르치는 것과 배우는 것의 진짜 의미

오늘 당신은 누구를 성장시켰는가

나의 인생을 바꾸는 '루틴의 힘' · 90

나를 성장시키는 것은 거창한 결심이 아니다

루틴의 본질: 의지 소모를 막는 '환경 설계' 기술

퇴근 후 시간을 '나를 위한 투자'로 바꾸는 법

하루 1%의 파도를 설계하라

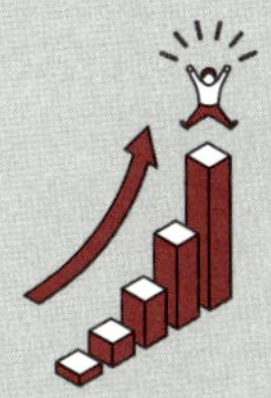


## 2 일을 나의 '평생 자산'으로 만들어라    98

### 회사를 떠나도 살아남는 사람은? · 101
진짜 세일즈맨은 '문제 사냥꾼' | AI 시대, 세일즈의 본질은?

고객의 마음을 얻는 3가지 법칙 | 회사 밖에서도 살아남는 사람의 공통점

### 행운은 '계획된 우연'에서 온다 · 109
나는 누구에게 '우연'이었을까 | 편지 한 통으로 달라진 인생의 방향

우연은 준비된 사람에게만 기회가 된다

우연이 준 기회를 잡는 것은 결국 '행동하는 나'

### 허드렛일은 사소한 일일까? · 118
허드렛일은 해석의 문제 | 관찰이 곧 성장의 발판

허드렛일을 자산으로 바꾸는 기술

### 일에 의미를 부여하는 법 · 125
"저는 결혼기념일이 두 번인데요…" | 일의 의미는 누가, 어떻게 판단하는가

상사 없이도 의미를 연결하는 힘

하루를 일해도 사장처럼? • 133

내 회사가 아닌데 웬 주인정신? | 진정한 주인정신이란?

'링겔만 효과'에서 배우는 커리어의 격차

회사 안에서 나만의 사업을 연습하다

한 걸음만 더, 엑스트라 마일의 힘 • 141

'한 걸음 더'가 만드는 큰 격차 | 엑스트라 마일, 성실이 아니라 전략

우회축적, 미래를 위한 현재의 투자

오늘 당장 시작하는 엑스트라 마일 실천법

워라밸을 버려야 워라밸이 생긴다 • 151

몰입과 기록으로 나만의 브랜드가 시작되다 | 워라밸에 관한 착각

경험을 나만의 자산으로 만드는 방법

진정한 워라밸은 나를 위한 미래 설계 전략

명함을 버리면 무엇이 남는가 • 160

나를 망치는 MBA, 나를 살리는 MBA | 조직을 떠나도 빛나는 전문성

호명사회, 당신의 시그니처는 무엇입니까 | 최고의 투자처는 바로 나

이직을 고민하는 그대에게 • 170

성장이 멈춘 순간, 당신은 무엇을 선택하시겠습니까

이직은 도망이 아니라 전략적 자기투자 | 옮겨 심어야 튼튼하게 자란다

조용한 퇴사와 조용한 준비

인맥을 만들려 하지 말고, 평판을 쌓아라 • 180

퇴직 후에도 전화벨이 울리는 사람들 | 인맥이 아니라 평판이다

평판은 일하는 태도에서 쌓인다 | 47세까지의 관계가 50대 이후를 결정한다

# 3 행복한 부자로 살아라 190

## 부자가 되려면 재테크가 아니라 미테크에 집중하라 · 193
당신 자신에게 투자하라 | 부자의 시간은 거꾸로 간다

직장인의 부자 되는 습관 두 가지 | 부자의 시간 사용 포트폴리오

## 돈이 벌리는 일부터 하라 · 203
인생은 선택이 아니라 '순서'를 설계하는 게임

1단계: 돈이 되는 일로 생존과 안정을 먼저 확보

2단계: 좋아하는 일을 '전문성으로 연결하며' 성장

'나'라는 최고의 투자처에도 복리 효과를

3단계: 나누는 일로 커리어의 의미를 완성

## 감정은 관리할 수 있다 · 212
서류를 집어 던지는 상사, 대안을 묻는 상사 | 뇌는 익숙한 감정을 선호한다

도파민은 스프린터, 세로토닌은 마라토너

상상과 표정으로 뇌 회로를 재설계하라

감정 관리를 잘하는 사람들의 하루 루틴

행복은 기억하는 것 · 221

바닷가의 어머니 | '오기'로 한 결혼이 남긴 교훈

기억을 편집해야 하는 이유

행복의 본질은 무엇인가 · 227

어머니가 천국에서 휴가를 나오신다면

시대의 위로가 된 소확행 | 행복의 본질은 강도가 아니라 빈도에 있다

나만의 소확행: 성장의 여정에서 만나는 순간들 | 따뜻한 우산의 기억

감사는 '해석하는 기술' · 235

역경은 나를 단련하는 기술 | 감정은 내가 선택한 해석에서 나온다

감사는 강력한 전염 시스템 | "이만하길 다행이다"

겸손과 배려는 당신의 자산으로 돌아온다 · 242

겸손은 성격이 아니라 커리어를 지키는 기술

겸손은 숨는 것이 아니라, 타이밍을 아는 능력

배려는 성과를 만드는 정교한 설계 | 보이지 않는 곳에서 드러나는 품성

돼지와 레슬링하지 마라 · 252

나는 왜 거짓말에 속았는가 | 위험을 가리는 '선의 편향'

돼지와 레슬링하지 마라 | 나를 지키는 기술을 업그레이드하다

끈끈한 우정과 느슨한 우정 · 263
내 인생을 바꾼 진정한 친구 | 관계 포트폴리오, '분산투자'의 기술
디지털 자산: 구독하는 콘텐츠가 당신의 미래다
직장 우정의 기술: 세 가지 타입으로 설계하라

요청과 거절로 자산을 지키는 기술 · 275
울리지 않는 종은 종이 아니다 | 거절하지 못한 대가
거절은 나를 지키는 투자 기술

더 행복해지는 현명한 소비의 기술 · 285
자유의 가격, 그리고 선택권이라는 자산
돈 쓰는 곳을 보면 나를 설계하는 방식이 보인다
준거집단의 중요성

삶을 바꾸려면 몸을 바꿔라 · 293
운동장에 쓰러진 소년 | 성과는 체력 위에 쌓인다
운동은 '기다림을 연습하는 기술' | 나이와 싸우지 말고 전략을 바꿔라

삶의 확실한 미테크는 마음의 근육 · 303
미테크에 추가해야 할 두 가지 | 내 기억 속 세 번의 죽음
파스칼의 내기, 그리고 어머니의 당부
토요일 아침의 작은 의식, 고독이라는 자산

**Me-Tech**

# 1

# 나의 성장에 투자하라

# 경험은 어떻게
# 사람을 바꾸는가

**어떤 경험이든 나의 자산이 될 수 있다**

어느 날 경찰서에서 전화가 왔습니다. 우리 반 아이 둘이 시장에서 소란을 피우다 붙잡혔다는 것이었습니다. 경찰서를 찾아가 앞으로 잘 지도할 테니 한 번만 용서해달라고 간곡히 부탁해 아이들을 학교로 데려왔습니다.

다들 숨죽여 지켜보는 가운데 두 아이를 칠판 앞에 세우고 바짓단을 걷게 했습니다. 회초리를 내리치자 아이들은 비명을 지르며 바닥을 뒹굴었습니다. 종아리에는 금세 피멍이 들었습니다.

이번에는 반장을 불러 회초리를 쥐여주고, 아이들을 잘못 이끈 책임이 있으니 제 종아리를 치라고 했습니다. 처음에는 머뭇거리던 반장도 제가 고함을 지르자 힘껏 회초리를 내리쳤고, 제 종아리 역시 벌겋게 부어올랐습니다. 저는 두 아이를 바로 돌려보내지 않고 하숙집으로 데려가 함께 연고를 바르며 하룻밤을 보냈습니다. 다행히 이 일은 두 아이가 마음을 다잡고 바른길로 돌아서는 결정적인 계기가 되었습니다.

지금으로부터 40년이 훌쩍 넘은 1970년대 후반의 이야기입니다. 오늘날이었다면 동영상이 증거가 되어 '폭력교사'로 낙인찍혔을지도 모릅니다. 6년간의 교직 생활 가운데 가장 선명하게 기억에 남는 장면입니다.

교사에게 필요한 자질은 아이들을 향한 진정한 사랑과 세상을 이해하는 폭넓은 경험이라고 생각합니다. 돌이켜보면 저는 그리 훌륭한 교사는 아니었습니다. 다양한 환경에서 자란 아이들을 올바른 방향으로 이끌기 위해서는 교사 스스로가 풍부한 경험을 쌓아야 하는데, 당시의 저는 삶의 경험이 턱없이 부족했으니까요.

저는 지금도 '6년간의 교사 생활을 거쳐'라는 이력을 자랑스럽게 여깁니다. 은행으로 자리를 옮긴 뒤에도 교사로 보낸 6년은 결코 헛되지 않았습니다. 오히려 저를 남들과 차별화해주는 소중한 자산이 되었습니다. 교사 시절에 익힌 공감 능력과 프레젠테이션 기술, 강의법, 그리고 생각을 글로 표현하는 힘은 새로운 직장에서 나만의 큰 강점이었습니다. 은행에서 곧바로 연수원 교수로 발탁된 것도 교직 경력을 높이 평가받은 덕분이었습니다.

일이든 인간관계든, 우리의 인생에서 헛된 경험은 별로 없습니다. 다만 아직 제대로 활용되지 않았을 뿐입니다. 하지만 모든 경험이 저절로 자산이 되는 것은 아닙니다. 같은 일을 겪고도 어떤 사람에게는 상처로 남고, 어떤 사람에게는 성장의 밑거름이 됩니다. 그 차이를 만드는 것은 바로 우리의 선택입니다.

## 세종대왕, 스티브 잡스, 게임 중독자의 '경험'

경험이 한 사람의 시각과 행동을 어떻게 바꾸는지를 보여주는 결정적인 일화가 있습니다. 세종대왕의 리더십을 공부하다가 한글 창제 못지않은 그의 위대한 면모를 발견했습니다. 바로 사회적 약자를 향한 깊은 배려심입니다. 세종은 특히 노비의 처우 개선에 각별한 관심을 기울였습니다. 그는 관청 소속 여노비들이 출산 중 사망하는 사례가 잦다는 사실을 발견하고 원인을 조사하라고 명했습니다. 7일에 불과한 출산 휴가가 원인이라는 사실을 알게 되자 출산 전 30일을 포함해 총 130일로 휴가를 대폭 늘렸습니다. 이러한 파격적인 정책은 우연이 아니라 세종의 경험에서 비롯되었습니다. 1416년 2월, 세자 시절 그는 부왕 태종을 따라 태안반도로 강무를 나가 백성들의 삶을 직접 목격하고 그들의 고충을 들었습니다. (강무는 조선 시대에, 임금이 신하와 백성들을 모아 일정한 곳에서 함께 사냥하며 무예를 닦던 행사)

직접 경험은 우리의 생각 자체를 바꿉니다. 가보지 않은 길과 가본 길을 대하는 태도는 다를 수밖에 없습니다. '만약 내가 그 입장이라면?'이라는 가정만으로는 온전한 이해에 이르기 어렵습니다. 그러나 직접 겪는 순간 우리는 비로소 그들의 상황을 깊이 공감하게 됩니다. 시각장애인 봉사활동에서 봉사자들이 눈을 가리고 직접 걸어보는 것도 단순히 돕는 차원을 넘어, 그들의 경험을 몸으로 이해하려는 노력입니다.

한때 동해를 뒤덮을 만큼 많던 명태는 해수 온도 상승으로 거의 사라졌습니다. 대신 오징어가 주 어종이 되었죠. 어부들은 명태 그물 대신 밤에 전구를 켜고 낚시하는 오징어잡이로 어종과 어구를 바꿔야 했습니다.

저는 종종 "동해의 명태가 오징어로 바뀌었듯, 디지털 환경에서 고객도 완전히 달라졌다"는 비유로 이 변화를 설명합니다.

한번은 'CEO 서평' 인터뷰 촬영에서 "어떻게 명태 이야기를 비유로 떠올리셨나요?"라는 질문을 받았습니다. 저는 "제가 수산업 전공자입니다"라고 농담처럼 답했습니다. 중학교 시절, 당시 산업 관련 교과목으로 공업·상업·농업·수산업 중 하나를 선택해 배워야 했는데, 제가 다니던 시골 중학교는 드물게 수산업을 선택했습니다. 그때 배운 수산업 지식이 훗날 제 강의와 저술의 소재가 된 것입니다.

자망, 안강망, 저인망 등 다양한 어업 방식을 배우며 얻은 지식은 단순한 어업 이해를 넘어, 어종 변화는 기후변화로, 어업 방식의 변화는 산업 구조 변화로 비유하는 데 유용한 틀을 제공해 주었습니다. 이는 모든 경험이 예상치 못한 순간에 큰 가치로 확장될 수 있음을 보여줍니다.

우리 인생에서 겪는 모든 경험은 저마다의 가치를 지닙니다. 당장은 무의미해 보이는 작은 순간조차도 성장과 발전이라는 큰 그림을 완성하는 중요한 밑거름이 됩니다. 게임에 빠져 학업이 부진했던 한 학생이 미국의 비행기 조종사 양성 전문대학에서 뛰어난 성과를 거둔 사례가 있습니다. 게임을 통해 길러진 공간 지각 능력과 순발력이 조종 기술 습득에 큰 도움이 되었기 때문입니다. 청년 시절 여러 아르바이트를 전전했던 사람이 훗날 뛰어난 경영자가 된 경우도 있습니다. 커피숍에서는 고객 서비스의 본질을, 서점에서는 트렌드를 읽는 눈을, 창고에서는 물류와 공급망 효율성에 대한 통찰을 얻었던 것입니다.

애플의 스티브 잡스는 이를 '점들 연결하기(connecting the dots)'라고 불렀습니다. 그는 1970년대 리드 칼리지 재학 시절 캘리그래피 수업을 들었습니다. 당시에는 글자의 세리프와 자간을 배우는 일이 미래의 사업가에게 별 의미가 없어 보였습니다. 그러나 10년 뒤 매킨토시를 개발할 때 이 경험은 결정적인 역할을 했습니다. 매킨토시는 아름다운 타이포그래피를 갖춘 최초의 컴퓨터가 되었고, 이는 개인용 컴퓨터 산업의 흐름을 바꾸었습니다.

잡스는 스탠퍼드대 연설에서 "그때 서예 수업을 듣지 않았다면 매킨토시는 다양한 서체와 균형 잡힌 글꼴을 갖지 못했을 것"이라고 말했습니다. 또 "미래를 보며 점을 연결할 수는 없지만, 뒤돌아보면 그 점들이 기적처럼 이어져 있음을 알게 된다"고 강조했습니다.

우리의 인생은 다양한 경험이 모여 완성되는 모자이크와 같습니다. 각각의 조각은 작고 불완전해 보일지라도, 그것이 제자리를 찾을 때 삶의 전체 그림을 완성합니다. 지금은 의미 없어 보이는 경험이라도 미래에 어떤 가치로 이어질지는 아무도 모릅니다. 중요한 것은, 환경이 허락하는 한도 내에서 풍부한 경험을 쌓고, 모든 경험을 열린 태도로 받아들이고 그 안에서 배움의 의미를 찾아내려는 자세입니다. '최고의 투자처는 나(me) 자신'이며 경험은 어떻게 활용하느냐에 따라서 나의 소중한 자산이 될 수 있으니까요.

## 경험을 자산으로 만드는 방법

조직심리학의 대가 콜린 로버트는 "경험의 양보다 중요한 것은 그 경험을 통해 얻은 깊이"라고 강조합니다. 많은 경험을 했다는 사실보다, 경험을 통해 어떤 통찰을 얻고 어떻게 성장했는지가 훨씬 더 중요하다는 뜻입니다.

신입사원 면접에서 흔히 접하는 자기소개서들을 보면 여행 일지나 아르바이트 목록처럼 보일 때가 많습니다. "여러 나라를 여행했다", "다양한 아르바이트를 하며 경험을 쌓았다"는 식의 나열이 대부분입니다. 이는 책꽂이에 책을 가득 쌓아두고 책을 읽었다고 말하는 것과 다르지 않습니다.

두 지원자의 예를 들어보겠습니다.

A: "겨울방학에 낯가림을 고치기 위해 세탁소에서 아르바이트를 했다"

B: "처음에는 손님과 눈을 마주치는 것조차 어색했지만, 매일 아침 거울을 보며 밝게 인사하는 연습을 했고, 점차 자신감이 생기면서 먼저 말을 건넬 수 있게 되었습니다. 더 나아가 단골 손님의 이름과 선호하는 서비스를 기억하고, 행사 정보를 개별적으로 안내한 결과 근무 기간 동안 매출을 10% 끌어올렸습니다."

당신이라면 A와 B 가운데 누구를 선택하겠습니까? 경험에 관한 단순한 설명보다는, 경험으로 인한 변화와 결과가 드러나야 합니다. 긍정적인 성과를 보여주면 더 좋겠지요. 경험의 진정한 가치는 단순히 '무엇을 했다'가 아니라, 그 경험을 통해 무엇을 배우고 어떻게 달라졌는지에 있기 때문입니다.

## 경험을 의미 있게 만드는 5가지 방법

첫째, 열린 마음으로 경험의 기회를 포착해야 합니다. 작은 일이라도 그 안에 담긴 가치를 인정하고 새로운 도전 앞에서 쉽게 물러서지 말아야 합니다. 소소한 취미나 우연한 만남이 인생의 전환점이 되기도 합니다.

둘째, 규칙적인 자기 성찰로 의미를 발견해야 합니다. 하루를 마무리하며 그날의 경험이 어떤 의미였는지, 무엇을 배웠는지를 돌아보는 습관은 자신의 강점과 약점, 관심사와 가치관을 더 깊이 이해하게 만듭니다.

셋째, 경험을 기록하고 분석하는 포트폴리오를 만들어야 합니다. 단순한 사건의 나열이 아니라 당시의 감정과 깨달음, 이후의 행동 계획까지 함께 정리하면 시간이 지날수록 강력한 성장 자산이 됩니다.

넷째, 부정적인 경험마저 성장의 재료로 삼아야 합니다. 겉보기에는 실패처럼 보이는 경험에서도 배움의 실마리를 찾고 힘들었던 관계에서도 성장의 순간을 발견하려는 태도가 필요합니다.

다섯째, 경험을 공유하며 성장의 폭을 넓혀야 합니다. 자신의 경험을 다른 사람들과 나누고, 피드백을 주고받는 과정에서 경험의 깊이는 배가됩니다.

직장에서 성과를 내고 꾸준히 성장하며 나아가 퇴직 이후에도 자신만의 커리어를 구축하는 사람들에게는 공통점이 있습니다. 그들은 경험을 자산으로 만듭니다. 오늘의 경험이 내일의 커리어를 만든다는 사실을 잊지 않는 태도, 그것이 결국 나를 성장시키는 힘입니다.



- [ ] 내 경험 중에서 '쓸모없다'고 넘겨버린 것은 무엇인가? 그 안에 어떤 배움이 숨어 있을까?
- [ ] 오늘 하루 경험한 일 중 미래의 나에게 도움이 될 만한 핵심적인 통찰은 무엇이었나?
- [ ] 나의 경험을 능력으로 전환하기 위해 지금 당장 기록하거나 정리해야 할 '경험 포트폴리오'는 무엇인가?

# 의지력은
# 유한한 자산이다

## 끝까지 '전략적으로' 버티는 사람만이 길을 연다

글로벌 은행인 HSBC로 자리를 옮긴 첫날의 긴장감은 지금도 생생합니다. 22년간 국내 은행에서 승승장구하며 한때 2천 명의 직원을 지휘하기도 했는데, 새 직장에서는 하루아침에 발로 뛰는 실무자로 전락(?)했기 때문입니다.

사표를 던지고 싶은 충동이 여러 번 솟구쳤지만 '22년 경력이 여기서 무너질 수는 없다'는 절박한 각오로 하루하루를 버텨냈습니다. 주변에서는 "적응력이 정말 탁월하다"고 하더군요. 이제 와서 고백하건대 그것은 적응력이 아니라, 바로 '존버정신' 덕분이었습니다.

존버정신의 근원은 고생스러웠던 어린 시절이었습니다. 중학교를 마치자 어머니가 장남인 저에게 같이 농사를 짓자고 하실 정도로 형편이 어려웠지만, 힘겨운 노동에서 벗어나고 싶다는 마음 하나로 어렵게 고등학교에 진학했습니다. 낮에는 교단에 서고 밤에는 야간대학에서 공부했습니다. 직장생활과 대학원 공부를 병행하며 단 한순간도 자기계발의 끈을 놓지 않았습니다. 지금도 가끔 모든 노력이 허사가 되어 낭떠러지 끝에 서 있는 악몽을 꾸곤 합니다. 그 꿈은 절벽 끝에서 필사적으로 버텼던 제 잠재의식이 만들어낸, 지워지지 않는 기억의 흔적일 것입니다.

순탄하지만은 않았던 삶을 통해 깨달은 게 있습니다. 버티는 힘, 즉 의지력은 타고나는 재능이 아니라 치밀하게 '관리하고 설계하는 능력'이라는 것을요. 최근 한 취업포털의 조사 결과에 따르면, 직장인의 73.5%가 '현재 직장에서 존버 중'이라고 답했습니다. 특히 40대 이상은 81%가 존버 중이라고 응답했는데, 이는 우리 시대의 현실을 그대로 보여줍니다. ('존버'는 비속어에서 유래했지만, 이제는 어떤 어려움 속에서도 포기하지 않고 끝까지 견디는 정신을 일컫는 긍정적인 말로 자리 잡았습니다.)

진정한 '존버'는 수동적인 버티기가 아닙니다. 그것은 자신의 위치를 정확히 파악하고, 그곳에 단단히 뿌리를 내리면서도 끊임없이 새로운 업무 영역을 개척해 나가는 '전략적 인내'입니다. 「터미네이터」 시리즈로 세계적 액션 스타가 된 아놀드 슈워제네거(Arnold Schwarzenegger)의 성공 스토리가 이를 명확히 보여줍니다. 오스트리아 시골 출신인 그는 허름한 창고에서 '할리우드 액션스타가 되겠다'는 꿈을 꾸었고, 주변의 비웃음에도 흔들리지 않았습니다. "퇴장만 하지 마라. 계속 있으면 반드시 누군가는 너를 본다"라는 그의 말은 전략적 인내의 정수를 보여줍니다.

인생은 끊임없는 문제 해결의 연속이며, 결국 마지막까지 버티는 사람이 성공을 거머쥐는 경우가 많습니다. 다만, 이 버팀에는 '절박함'이라는 불꽃이 필요합니다. '이 대출금을 갚아야만 해', '부모님 병원비를 마련해야 해', '자녀의 유학 자금을 모아야 해'와 같은 절실한 이유가 있을 때 비로소 우리는 진정한 인내를 발휘할 수 있습니다.


## 의지력은 무한한 것도, 타고나는 것도 아니다

의지력의 비밀을 파헤친 가장 유명한 연구는 단연 '마시멜로 실험'일 것입니다. 1960년대 말 스탠퍼드대학 연구팀은 4살 아이들에게 10분간 마시멜로를 먹지 않고 참으면 하나를 더 주겠다고 제안했습니다. 실험 결과 10~15%의 아이들만이 유혹을 견뎌냈습니다. 놀라운 점은 유혹을 참았던 아이들이 23년 후 학업 성적과 사회 적응 면에서 훨씬 우수했다는 사실입니다. 이 실험은 자기 통제력(의지력)이 인생의 장기적인 성취도에 강력한 상관관계가 있음을 보여줍니다. 스탠퍼드대학의 심리학자 켈리 맥고니걸(Kelly McGonigal)

은 의지력이란 근육과 같아서 훈련을 통해 강화될 수 있으며, 이것이 인생의 성공을 좌우하는 핵심 요소라고 주장합니다.

그러나 의지력은 휴대전화 배터리처럼 사용할수록 고갈되는 유한한 자원입니다. 결코 무한하지 않습니다. 미국의 심리학자 로이 바우마이스터(Roy F. Baumeister)는 뇌가 사용하는 포도당(혈당)이 부족해지면 의지력도 함께 저하된다는 것을 입증했습니다. 의지력이라는 한정된 자원을 '전략적으로' 관리하는 것이 성공의 핵심 열쇠입니다.

따라서 의지력을 음식이나 수면처럼 전략적으로 관리해야 할 중요한 자원으로 인식해야 합니다. 의지력이 고갈되면 판단력이 떨어지고 자기 통제가 어려워집니다.

## 의지력을 효과적으로 관리하는 5가지 전략

그렇다면 가장 중요한 자원인 의지력을 어떻게 효과적으로 관리할 수 있을까요?

첫째, 의지력이 가장 높은 아침 시간대에 중요한 업무를 배치해야 합니다. 제 지인인 한근태 소장은 새벽 3시 반부터 5시간 동안 집중적으로 글을 씁니다. 의지력은 하루 중에도 시간이 갈수록 감소하기 때문입니다. 새벽 시간이야말로 의지력이 충만한 '골든 타임'인 셈입니다. 아마존의 창립자 제프 베조스(Jeff Bezos)의 사례는 의지력의 효율적 활용을 보여주는 좋은 예입니다. 그는 중요한 의사결정을 오후 5시 이전에만 하며, 하루에 최대 3개로 제한합니다.

둘째, 하루 중 핵심 의사결정의 수를 제한해야 합니다. 미국의 심리학자 캐슬린 보스(Kathleen Vohs)의 의사결정 피로도 연구는 '과도한 선택'이 의지력을 순식간에 고갈시킨다는 것을 입증했습니다. 불필요한 결정을 줄이는 것이 곧 의지력을 아끼는 일입니다.

셋째, 바른 자세가 의지력 강화에 큰 영향을 미칩니다. 실험 참가자들을 대상으로 감정 조절 훈련, 식단 모니터링, 바른 자세 유지 등 세 가지 전략을 비교한 결과, 놀랍게도 바른 자세 훈련을 받은 팀이 의지력 향상에 가장 큰 효과를 보였습니다. 벽에 등을 대고 서서 허리 뒤로 손이 들어갈 정도로 아랫배를 약간 내미는 자세가 가장 이상적입니다.

넷째, 정기적 휴식으로 의지력 회복 시간을 확보해야 합니다. 매사추세츠 공과대학의 '인지 회복 연구'는 짧은 휴식이 고갈된 의지력 회복에 필수적임을 보여줍니다.

다섯째, 불필요한 의사결정을 최소화하기 위해 일상적 루틴을 수립해야 합니다.

Me-Tech 관점에서 가장 중요한 사실은, 의지력으로 이뤄낸 '작은 성취' 하나하나가 바로 나의 '경험 포트폴리오(Experience Portfolio)'를 채우는 자산이라는 점입니다. 조직에서 전략적으로 버틴 시간, 새벽에 집중해 채운 책 한 페이지, 출근 전에 한 10분의 공부, 이 모든 것이 나라는 자산의 가치를 높이는 핵심 기술입니다.

우리는 본능적으로 편안함과 즐거움을 추구합니다. 의지력은 이러한 인간의 본성을 극복하고 더 높은 목표를 향해 나아가게 하는 원동력입니다. 여기서 중요한 것은 의지력을 소모하며 하는 행동이 습관이 되면 에너지 소비가 현저히 줄어든다는 사실입니다. 따라서 의지력은 새로운 습관을 형성하는 초기 단계에만 집중적으로 '투자'하는 것이 현명합니다.

## 개구리를 먼저 먹어야 하는 이유

저는 퇴근 10분 전 잠시 펜을 들고 다음 날 할 일을 '전략적으로' 계획합니다. 단순한 정리가 아니라 의지력 관리의 핵심입니다. 하버드 비즈니스 스쿨의 연구에 따르면, 하루 전 계획 수립은 업무 생산성을 23% 향상시킨다고 합니다.

특히 의지력의 골든 타임을 효과적으로 활용하기 위해 가장 힘들고 어려운 일, 즉 '개구리'를 우선적으로 배정합니다. '개구리'는 가장 중요하지만 동시에 가장 하기 싫은 일을 의미합니다. 의지력이 가장 높은 시간대를 효과적으로 활용하여 아침에 가장 어려운 업무를 처리하는 것입니다. 계획을 미리 세워두면 업무 집중도가 높아지고, 의사결정으로 인한 불필요한 에너지 소모를 줄일 수 있습니다. 전날 밤에 다음 날의 '개구리'를 미리 정하는 것이 의지력을 지키는 비결입니다.

## '생산적 미루기'의 힘

때로는 '생산적 미루기'가 중요한 전략이 되기도 합니다. 생산적 미루기는 회피나 게으름으로 인한 '나쁜 미루기'와 달리, 의도적으로 일의 완료 시점을 조절하여 최적의 결과를 얻는 전략입니다.

저는 외부 강의나 출장이 없는 날은 오후 다섯 시 반쯤 퇴근합니다. 이때 외부 칼럼이나 원고는 초고만 완성하고 과감하게 펜을 놓습니다. 다음날 아침, 맑은 정신으로 다시 읽으면 미처 생각지 못했던 새로운 아이디어와 생동감 있는 표현이 떠오르는 경우가 많습니다. '무의식적인 숙성 효과' 덕분입니다. 때로는 하던 일을 미완성인 채로 두고 퇴근하는 것이 쉽지 않지만, "장정빈, 오늘도 수고했어!"라며 스스로를 다독이는 것은 곧 내일의 의지력을 충전하는 일입니다.

생산적 미루기의 효과적인 실천을 위해서는 세 가지 핵심 원칙을 기억해야 합니다.

첫째, 업무의 '숙성 시간'을 확보하십시오. 칼 융의 '창의적 무의식 이론'에 따르면, 휴식은 뇌가 새로운 통찰을 얻는 중요한 과정입니다.

둘째, "장정빈, 오늘 수고했어" 하는 식으로 '차단 의식'을 활용하십시오. 조지타운대학의 칼 뉴포트(Cal Newport) 교수는 업무 종료 시 상징적 차단 신호를 만들면 효과적인 휴식이 가능해진다고 주장합니다.

셋째, '에너지 관리'에 집중하십시오. 에너지 프로젝트의 설립자 토니 슈워츠(Tony Schwartz)의 연구는 90분의 집중 후에는 반드시 짧은 휴식이 필요함을 보여줍니다.

Me-Tech의 핵심은 '나에게 투자하는 힘'을 만드는 데 있습니다. 그 힘의 첫 번째 자본이 바로 의지력입니다. 가장 높은 수익률을 보장하는 투자처는 늘 '나 자신'이며, 의지력은 그 투자를 실행하는 출발점입니다.

#### ❖ 체크리스트 ❖

- ☐ 나는 하루 중 의지력이 가장 높은 시간대를 알고 있고, 그 시간에 가장 중요한 일을 배치하고 있는가?
- ☐ 오늘 처리해야 하는 '개구리 한 마리'는 무엇이었으며, 성공적으로 '먹었는가'?
- ☐ AI와 루틴, 자발적 잠금 전략을 활용해 의지력을 낭비시키는 결정과 방해요인을 줄였는가?

# 심리학을 공부해야
# 하는 이유



## "공룡을 보지 말고 꽃을 보라"

"발표할 때 너무 떨립니다. 어떻게 극복할 수 있을까요?"

올해 초 한 엔지니어링 회사에서 프레젠테이션 교육을 진행할 때 가장 많이 받은 질문이었습니다. 그들의 표정에서 저는 마치 거대한 공룡 앞에 선 원시인의 얼굴을 보았습니다. "공룡을 쳐다보면 너무 무섭습니다. 공룡을 보지 말고, 당신이 전하고 싶은 메시지라는 '꽃'만 보세요." 놀랍게도 많은 분들의 상태가 크게 호전(?)되었습니다. 그 이유는 단순합니다. 우리의 뇌는 여전히 수십만 년 전 수렵·채집 시절의 설계도를 따라 작동하고 있기 때문입니다. 낯선 청중은 뇌에게 '포식자'처럼 인식되고, 떨림과 긴장은 너무나 자연스러운 반응입니다.

진화심리학은 바로 이 지점을 명쾌하게 설명해 줍니다. 인간의 마음은 때로 비합리적으로 보이지만, 사실은 오랜 생존의 역사가 남긴 흔적입니다. 진화의 관점에서 인간의 마음을 연구하는 진화심리학은 매우 유용한 학문입니다. 진화심리학은 단순하면서도 강력한 질문을 던집니다. '왜 우리 조상들은 이런 식으로 행동하도록 진화했을까?'

인간은 진화 역사의 99%를 수렵-채집 생활을 하며 보냈습니다. 고작 1만 년 전에 등장한 농업사회나 몇백 년 전에 형성된 산업기술사회에 적응할 시간은 없었습니다. 그래서 현대인들은 정작 생명에 치명적인 위협이 되는 것들에 대해서는 별로 두려워하지 않습니다. 매일 약 500건의 교통사고가 발생해 10명 가까이 목숨을 잃지만 자동차를 두려워하는 사람은 드뭅니다. 반대로 뱀이나 거미, 높은 곳, 밀폐된 공간처럼 수렵·채집 생활을 했던 옛 조상들의 생명을 위협했던 것들에는 본능적으로 공포를 느낍니다.

## 직장인 스트레스의 3단계와 넛지의 힘

낯선 청중 앞에서의 프레젠테이션이 두려운 것은 아주 자연스러운 정서입니다. 이때 나타나는 신체적 현상들 - 빨라지는 호흡, 상승하는 심박수와 혈압, 손에 맺히는 땀, 팽창하는 동공 - 은 우리 조상들이 원시시대에 맹수에 노출됐을 때 보이는 육체적·심리적 반응과 매우 유사합니다.  프레젠테이션 스트레스는 크게 세 단계로 나타납니다.

첫째, 준비 단계의 스트레스입니다. 우리는 발표 자료를 만들면서 불안감을 느낍니다. 우리의 조상들도 사냥을 나가기 전에 그랬을지도 모릅니다. 그러나 이 긴장은 무기이기도 합니다. 준비를 더 탄탄하게 만드는 원동력이기 때문입니다. 발표 자료를 꼼꼼히 준비하고 예상 질문들을 미리 생각해보는 것이 중요합니다.

둘째, 발표 직전의 긴장입니다. 실제 위험 앞에서 몸이 곧바로 전투 태세로 들어가듯, 발표 직전의 심장은 언제나 빨리 뜁니다. 이때는 심호흡을 통해 긴장감을 조절하는 것이 효과적입니다. 이는 우리 몸의 '싸우거나 도망가거나' 하는 반응을 진정시키는 데 도움이 됩니다.

셋째, 발표 중 스트레스입니다. 우리는 여전히 원시시대의 위험 신호에 반응하는 존재입니다. 그러나 중요한 사실은, 이 스트레스가 반드시 나쁜 것만은 아니라는 점입니다. 맹수를 보고 도망칠 때 초인적인 힘을 발휘하는 것처럼, 적정 수준의 긴장감이 가져다주는 스트레스는 최고의 성과를 내도록 만들어줍니다.

특히 주목할 만한 점은 이러한 스트레스 반응이 우리의 진화적 조상들의 생존과 번식에 유리했기 때문에 자연 선택된 감정이라는 것입니다. 따라서 이를 부정적으로만 볼 것이 아니라, 업무를 성공적으로 수행하는 데 도움이 되는 일종의 에너지원으로 활용하는 지혜가 필요합니다.

여기서 직장인들에게 특히 유용한 원리가 하나 더 있습니다. 바로 노벨경제학상 수상자 리처드 탈러(Richard Thaler)의 '넛지(Nudge)' 심리학입니다. 사람들은 의식적 결정보다 '환경이 주는 신호'에 따라 행동을 바꿉니다. 예전에 한 레스토랑에서 손님들이 에피타이저를 과식해 메인 메뉴를 남기는 문제가 있었습니다. 직원들이 테이블에 작은 지구본을 올려두고 "지구를 위해 접시를 깨끗이 비우신 분께만 드립니다"라고 말하자 잔반이 급격히 줄었습니다. 직장인의 스트레스도 마찬가지입니다. 내 마음의 문제처럼 보이지만 실제로는 '환경 설계'로 훨씬 쉽게 조절할 수 있습니다.


## 파이(π)형 인재와 심리학

오늘날 기업이 원하는 인재상은 '전공과 상관없이 기발한 상품이나 서비스를 개발하여 시장 점유율을 높이고 이윤을 올리는 인재'입니다. 이러한 융합형 인재에 대해 서울대 기계항공공학부 방현우 교수는 "진정한 의미의 융합은 다분야의 사람들을 모았을 때가 아니라 한 사람이 모든 것을 이해했을 때 일어난다"라고 정의했습니다. 전문가가 되는 데는 평균 10년이 걸리며, 이 과정에서 약 2만 개의 지식과 경험이 축적된다고 합니다. 이처럼 깊이와 내공을 갖춘 전문가를 I자형 인재 또는 스페셜리스트라고 부릅니다. 그러나 인터넷과 ChatGPT의 출현으로 지식이 쉽게 공유되는 시대가 되면서, 전문성에 더해 폭넓은 지식을 갖춘 T자형 인재가 각광받게 되었습니다.

최근에는 여기서 한 걸음 더 나아가 두 가지 이상의 전문성을 갖추고 다양한 지식을 융합할 수 있는 파이(π)형 인재가 주목받고 있습니다. 대표적인 파이형 인재로 애플의 창업자 스티브 잡스(Steve Jobs)를 들 수 있습니다. 그는 기술과 디자인 두 분야에서 깊은 전문성을 보유했으며, 이를 바탕으로 혁신적인 제품을 만들어냈습니다. 또한 메타의 얀 레쿤(Yann LeCun)은 컴퓨터 과학과 신경과학 분야에서 모두 탁월한 전문성을 보유한 파이형 인재입니다. 그는 두 분야의 깊이 있는 지식을 결합해 딥러닝 기술의 혁신을 이끌었습니다.

융합형 인재의 예시로 많이 거론되는 레오나르도 다빈치는 화가이자 조각가, 발명가, 건축가, 기술자, 해부학자, 식물학자, 천문학자, 지리학자였습니다. 제가 여기에서 말하고자 하는 점은 이러한 융합형 인재가 되기 위해서는 심리학이 필수적이라는 것입니다.

최근 주목받는 파이형 인재들의 특징은 기술적 전문성과 함께 심리학적 통찰력을 겸비했다는 점입니다. 테슬라의 일론 머스크(Elon Musk)는 물리학과 경영학의 전문성을 바탕으로 하되, 소비자 심리에 대한 깊은 이해를 통해 전기차 시장을 혁신했습니다. 구글의 창업자 래리 페이지(Larry Page)와 세르게이 브린(Sergey Brin)은 기술과 심리학의 융합을 통해 검색 엔진을 혁신했습니다. 특히 사용자의 언어 사용 심리를 이해하고 이를 자연어 처리 기술에 반영했으며, 인지심리학 원리를 적용해 사용자 인터페이스를 설계했습니다. 이처럼 심리학은 서로 다른 지식을 제대로 해석하고 흡수하는 토대가 됩니다. 마치 맛있는 비빔밥을 만들기 위해 각 재료의 특성을 정확히 알아야 하듯, 융합형 인재가 되기 위해서는 인간의 행동과 감정에 대한 깊은 이해가 필요합니다.

최근 흥미로운 현상이 등장하고 있습니다. 바로 'AI 시대의 감정 역설'입니다. AI는 방대한 데이터를 이해하지만 감정을 느끼지 못합니다. 바로 이 점 때문에 앞으로 인간의 감정, 공감, 관계 능력은 더 귀해지고 더 높은 가치를 창출합니다. AI가 아무리 똑똑해도 고객의 '미묘한 표정 변화', 직원의 '말하지 못한 불안', 협업 과정의 '감정적 균열'을 읽어내는 것은 결국 인간뿐입니다. 그래서 오히려 AI 시대에는 심리학을 아는 사람이 더 높은 성과를 내고 더 빠르게 성장하며 더 오래 살아남습니다.

하버드 비즈니스 리뷰의 연구에 따르면, 현대 소비자의 구매 여정은 평균 35개의 디지털 접점을 거칩니다. 특히 '제로 모멘트 오브 트루스(ZMOT)'라 불리는 검색 단계가 구매 결정의 핵심 순간이 되었습니다. MIT의 연구에 따르면, 우리의 결정 중 약 95%가 무의식적으로 이루어집니다. 특히 주목할 만한 것은 인간의 '인지적 구두쇠' 성향입니다. 뇌는 몸무게의 2%에 불과하지만 전체 에너지의

20%를 소비하는 기관이기에, 우리는 본능적으로 깊은 사고를 회피하려 합니다.

## 심리학에 접근하는 두 가지 방법

심리학은 나라는 자산을 가장 현명하게 성장시키는 도구이자 미래 경쟁력을 만드는 핵심 기술입니다. 그렇다면 어떻게 바쁜 직장생활 속에서 심리학과 인문학적 소양을 쌓을 수 있을까요?

첫째, 출퇴근 시간을 활용한 오디오북 학습을 해보는 것은 어떨까요. 매일 아침 출근 시간에 심리학이나 인문학 관련 오디오북을 30분씩 듣는 습관을 들이는 것입니다. 노벨경제학상 수상 심리학자 대니얼 카너먼(Daniel Kahneman)의 『생각에 관한 생각』이나 역사학자 유발 하라리(Yuval Harari)의 『사피엔스』 같은 책들은 출퇴근 시간을 활용해 충분히 접할 수 있습니다.

둘째, 주말을 활용한 스터디 모임도 좋은 방법입니다. 매주 한 편의 논문이나 칼럼을 정해 깊이 있게 읽고 동료들과 토론하는 스터디 모임을 만드는 것입니다. 특히 자신의 업무 분야와 심리학을 접목한 주제를 선정하면 실무에도 직접적인 도움이 됩니다.

이러한 작은 실천들이 모여 장기적으로는 융합형 인재로 성장하는 토대가 될 것입니다. 중요한 것은 지속성입니다. 하루하루 쌓이는 지식과 통찰이 어느 순간 새로운 관점과 혁신적인 아이디어로 이어질 것입니다.

## 심리학, 나의 비즈니스 여정을 이끈 나침반

저는 대학에서 교육학을 전공하면서 심리학을 처음 접했고, 직장에서 가장 먼저 활용한 분야가 바로 '고객 경험'이었습니다. 고객의 감정과 행동을 이해하면 제품, 서비스, 경험 설계가 완전히 달라졌기 때문입니다. 『히든 서비스』(2016)는 서비스 전략을 심리학적 통찰과 결합한 작품입니다. 여기서 저는 단순한 고객만족도 조사로는 밝혀내지 못하는 고객의 숨겨진 심리와 감정을 탐구했습니다. 야구에서 1회 홈런으로 2점을 얻어 이겼을 때와 9회 말에 터진 끝내기 홈런 한 방으로 2점을 얻어 승리했을 때의 짜릿한 느낌이 다른 것처럼, 서비스도 그 타이밍과 맥락이 중요하다는 점을 파헤쳤습니다.

디지털 트랜스포메이션과 고객만족을 융합한 것이 『디지털 고객은 무엇에 열광하는가』(2021)입니다. 리처드 탈러의 '넛지 이론'과 스탠퍼드대학의 '쾌락적 편집' 연구는 저에게 서비스 영역에 대한 새로운 안목을 제시해 주었습니다. 동일한 가치의 선물이라도 잘게 나누어 주는 것이 더 큰 기쁨을 준다는 것입니다. 이러한 심리학적 원리들을 활용한 책이 『고수의 설득법』(2020)과 『고객의 마음을 훔쳐라』(2013)입니다.

30여 년간의 저의 저술과 연구 여정은 심리학이 다양한 분야의 책을 쓰고 비즈니스에 접목하는 강력한 도구가 될 수 있음을 증명합니다. 이것이 바로 Me-Tech의 핵심입니다. 심리학은 나 자신을 이해하고, 직장에서 성과를 내고, 나만의 전문성으로 새로운 커리어를 만드는 가장 확실한 투자입니다.



☐ 나는 스트레스를 에너지로 전환할 수 있는 환경 설계를 하고 있는가?

☐ AI 시대에 나만의 감정·심리·관계 능력을 강화하기 위해 어떤 학습을 시작하고 있는가?

# 독서, 최고의 꼰대 예방 백신

## 사고를 유연하게 만드는 최고의 투자

"꼰대가 되지 않으려면 어떻게 해야 하나요?"

한 기업의 예비 경영자 과정에서 한 참가자가 제게 물었습니다. 저는 웃으며 되물었습니다. "최근에 어떤 책을 읽으셨나요?"

그 사람이 어떤 사람인지, 어떤 관점을 갖고 있는지는 그가 어떤 책을 읽는지를 보면 금방 알 수 있습니다. 칼 융은 "당신이 읽은 책이 곧 당신이다"라고 말했습니다. 우리의 사고방식은 우리가 읽는 텍스트에 의해 만들어진다고 해도 과언이 아닙니다. 특히 지금은 AI가 모든 지식을 정리하고 추천하는 시대입니다. 그렇지만 AI는 감정을 '이해하는 것처럼 보일 뿐', 실제로 느끼지는 못합니다. 인간만이 지닌 감정·심리·관계의 섬세한 해석 능력은 오히려 더 희소해지고 있습니다. 독서는 이 능력을 단련하는 가장 강력한 훈련 도구입니다.

저는 이렇게 대답했습니다. "다양한 책을 읽고, 새로운 관점을 계속 받아들이세요. 그 자체가 꼰대 되는 것을 막아주는 최고의 백신입니다." 책을 통해 우리는 시대와 공간의 한계를 넘어 인류가 축적해 온 다양한 생각을 경험할 수 있습니다. 그런데도 우리는 자주 '시간이 없어서' '돈이 없어서' 책을 못 읽는다는 핑계를 대곤 합니다. 하지만 실제로는 그 반대입니다. 책을 읽어야 시간이 생깁니다. 독서가 쌓이면 생각의 우선순위가 선명해지고, 필요 없는 일과 관계가 정리되면서 삶에 여유가 생깁니다.

하루 24시간은 모두에게 같지만, 시간이 부족하다고 느끼는 사람의 공통점이 있습니다. 운동, 독서, 대인관계, 수면처럼 '급하지 않지만 중요한 일'을 꾸준히 하지 않는다는 것입니다. 단기적으로는 아무 문제가 없어 보이지만, 결국 사고가 경직되고 성장의 기회가 줄어듭니다.

책을 읽지 않으면서 "열심히 산다"고 말하는 것도 착각일 때가 있습니다. 무딘 도끼로 열심히 나무를 베겠다는 것과 똑같습니다. 진짜 부지런함은 '도끼를 가는 일', 즉 자신의 사고와 능력을 다듬는 데 시간을 쓰는 것입니다. 독서는 그 도끼를 갈아주는 작업입니다.

## 깊이 있는 독서를 위한 6가지 원칙과 실천

책은 우리의 사고를 확장하고 깊이를 더하는 도구이며, 이를 효과적으로 활용하는 방법을 아는 것이 중요합니다. 깊이 있는 독서를 위해서는 무엇을, 어떻게 읽고, 어떻게 완성할지에 대한 여섯 가지 원칙과 실천 방법을 기억해야 합니다.

첫째, 열린 마음으로 책의 내용을 받아들여야 합니다. 책을 처음부터 비판적으로 읽는 것은 '확증 편향'에 갇혀 자신의 기존 관점만 강화하는 실수가 될 수 있습니다. 우리의 뇌는 기존 신념과 일치하는 정보만을 선택적으로 받아들이려는 경향이 있으므로, 이 본능적 편향을 극복하기 위해서는 저자의 관점을 먼저 수용하는 자세가 필요합니다.

두 번째 원칙은 몰입 독서, 즉 슬로우 리딩입니다. 독서는 양보다 '깊이'가 핵심입니다. 하루 30분이 1시간으로, 1시간이 3시간으로 늘어나는 진짜 독서는 흥미와 몰입에서 시작됩니다. 예를 들어 심리학 서적에서 '인지 부조화'라는 개념을 만났다면, 읽기를 잠시 멈추고 용어의 의미와 실제 사례를 찾아보며 이해를 넓혀야 합니다. 이러한 깊이 있는 탐색 과정이 진정한 지식 축적을 가능하게 합니다.

세 번째로, 능동적으로 질문하며 읽는 습관을 들여야 합니다. 인공지능 관련 서적에서 "AI는 인간의 감정을 이해할 수 있다"는 주장을 접했다면, "과연 감정을 이해한다는 것은 무엇인가?", "진정한 이해와 모방의 차이는 무엇일까?" 등의 질문을 스스로에게 던져보세요. 이러한 질문은 저자의 주장을 깊이 이해하고, 자신만의 관점을 발전시키는 데 필수적입니다.

네 번째는 '나라면?'이라는 질문을 통한 연결 독서입니다. 경영서적에서 "위기 상황에서 리더는 결단력이 가장 중요하다"는 내용을 읽었다면, 자신의 경험과 연결해 생각해야 합니다. 팀 프로젝트나 실제 업무에서의 의사결정 과정과 저자의 주장을 비교해보며 검증하고 재해석하는 과정이야말로 진정한 비판적 독서 방법입니다.

다섯 번째는 현재 상황과 실용성에 초점을 맞춰 책을 선정하는 것입니다. 좋은 책은 우리에게 새로운 질문을 던지는 책입니다. 따라서 독서의 효과를 극대화하려면 단순히 베스트셀러를 좇는 것이 아니라, 자신의 현재 상황과 연관성이 높고 실용적인 해결책을 제시하는 책을 골라야 합니다. 예를 들어, 임원으로 승진한 직장인이라면 핵심 역량을 다루는 리더십 서적을, 바쁜 직장인이라면 구체적인 행동 지침을 제시하는 자기계발서를 선택하는 것이 효과적입니다. 책의 머리말을 꼼꼼히 읽어 저자의 의도와 전체 맥락을 파악하는 것도 좋은 선정 방법입니다.

마지막 여섯 번째 원칙은 체계적인 기록과 공유를 통한 완성입니다. 단순히 메모하는 것을 넘어, 자신만의 지식 체계를 구축하는 단계입니다. 리더십 도서를 읽었다면 핵심 개념, 실제 사례, 적용 가능한 방법 등을 체계적으로 정리하고, 이를 자신의 업무 상황에 맞게 재구성해야 합니다. 이것이 글로벌 기업이 강조하는 '경험 포트폴리오(Experience Portfolio)'와 연결되며, 경험을 지적으로 재정비해주는 가장 효율적인 방법입니다. 나아가 중요한 대목은 소리 내어 읽어 깊은 이해와 기억을 가능하게 하고, 읽은 책의 내용을 타인과 적극적으로 공유할 때 지식은 더 오래, 더 정확하게 기억됩니다.

책을 선정할 때 저는 서점에 직접 방문하는 것을 즐깁니다. 온라인으로도 책을 구매할 수 있지만, 실제 서점에서 책을 고르는 과정은 그 자체로 의미 있는 독서 여정의 시작입니다. 특히 머리말은 저자가 독자에게 직접 말을 거는 첫 번째 통로입니다. 머리말을 꼼꼼히 읽으면 책의 전체 맥락을 파악할 수 있고, 이는 이후의 독서 과정을 더욱 효과적으로 만듭니다.

서점에 들를 때는 항상 베스트셀러 코너를 둘러봅니다. 이는 단순히 인기 있는 책을 확인하는 것이 아니라, 현재 사회의 관심사와 트렌드를 파악하는 중요한 과정입니다. 책을 선정할 때는 서점 방문 외에도 Sericeo나 유튜브 같은 플랫폼에서 책의 리뷰와 서평을 찾아보고, 목차를 통해 내용을 미리 파악합니다. 실제 독서 과정에서는 정독을 원칙으로 합니다. 특히 중요한 대목은 소리 내어 읽습니다. 이는 단순히 눈으로만 읽는 것보다 더 깊은 이해와 기억을 가능하게 합니다. 또한 추후 저술 활동에 활용할 만한 내용은 따로 파일로 정리해둡니다. 읽은 책의 내용을 다른 사람들과 적극적으로 공유하는 것을 꼭 권하고 싶습니다. 책의 내용을 타인과 나누는 과정에서 더 오래, 더 정확하게 기억할 수 있게 됩니다.

## 독서력을 높이는 핵심, 문식력

독서의 깊이는 문식력(文識力)에서 시작됩니다. 단순히 글자를 읽는 것을 넘어, 문장의 깊은 의미를 이해하고 해석하는 능력이 바로 문식력입니다. 최근 "심심(甚深)한 사과" 공지가 '하는 일 없이 지루하다'는 뜻의 '심심한' 사과로 오해받은 사례는 문식력의 중요성을 잘 보여줍니다.

우리말의 70% 이상이 한자어입니다. 메가스터디 손주은 회장의 말처럼 "공부는 개념이고, 개념은 용어 안에 있으며, 용어의 70퍼센트는 한자로 되어 있습니다." 특히 전문 서적을 읽을 때 한자어의 이해는 필수적입니다. 법률의 '저작권(著作權)', 의학의 '진단서(診斷書)', 경제의 '물가상승(物價上昇)' 등 대부분의 전문 용어가 한자어로 구성되어 있습니다. 한자는 단순한 문자가 아닌 사고의 도구입니다. 예를 들어 '고객(顧客)'이란 단어는 '돌아볼 고(顧)'를 써서 '물건과 가치를 돌아보는 사람'이라는 깊은 의미를 담고 있습니다. '축하(祝賀)'는 '빌다'는 뜻의 '축(祝)'과 '더할 가(加)'와 '돈 패(貝)'가 결합된 '하(賀)'로 이루어져, 진정한 축하에는 마음과 함께 물질적 성의도 담겨 있어야 한다는 의미를 내포합니다.

문식력 향상을 위한 한자 학습은 어려운 한자부터 시작할 필요는 없습니다. 일상적으로 자주 사용하는 한자어부터 시작하여 점차 범위를 넓혀가면 됩니다. 독서 중 모르는 한자어를 만나면 반드시 찾아보고, 그 의미를 기록하는 습관을 들이는 것이 좋습니다.

Me-Tech의 관점에서 보면 독서는 '나'라는 자산을 업그레이드하는 핵심 기술입니다. 독서는 미래의 나에게 투자하는 가장 확실한 방법입니다. 직장에서의 성과, 문제 해결력, 소통 능력, 리더십은 모두 사고의 깊이에서 나오고, 그 사고의 깊이는 꾸준한 독서에서 비롯됩니다. 그리고 이 축적된 사고력은 조직 밖으로 나왔을 때도 당신의 전문성과 새로운 커리어를 만드는 데 결정적인 힘이 됩니다.

❖ **체크리스트** ❖

☐ 최근 읽은 책에서 내 사고를 확장시키는 새로운 관점을 얻었는가?

☐ 책에서 배운 내용을 내 삶이나 업무의 실제 문제에 적용해보았는가?

☐ 읽은 책의 내용을 다른 사람들과 적극적으로 공유하고 있는가?

# AI는 나의 수준을
# 넘어서지 못한다

## 30년 서비스 경영 전문가의 눈으로 본 AI

아침 9시, 두 직원이 보고서를 작성합니다. 직원 A는 커서만 깜빡이는 빈 모니터 앞에서 첫 문장을 고민하느라 시간을 흘려보냅니다. 반면 B는 ChatGPT에게 업무의 맥락을 설명해 초안을 잡고, Perplexity로 근거 데이터를 확인한 뒤, Claude에게 문장을 매끄럽게 다듬어 달라고 요청합니다. 결과는 어떨까요? B는 A보다 두세 배 빠른 속도로, 더 논리적이고 안정적인 결과물을 만들어냅니다. 남은 시간은 기획의 깊이를 더하거나 새로운 학습에 투자합니다. 이 장면은 이제 특별한 상황이 아니라 일상적인 모습입니다.

저는 이 흐름을 목격하며 30여 년 전, 한국에 '서비스 경영'이 태동하던 시절을 떠올립니다. 1990년대 초, '친절'만이 서비스의 전부라 여겨지던 때가 있었습니다. 그때 저는 막연한 친절을 측정 가능한 '고객만족(CS)' 경영으로 혁신하는 데 앞장섰고, 이후에는 고객의 감성을 터치하는 '고객 경험(CX)'으로, 코로나 팬데믹 때는 '디지털 전환(DX)'으로 변화의 파도에 올라탔습니다. 그런데 지금, 저는 그 어떤 과거의 변화보다 훨씬 거대하고 본질적인 파도가 오고 있음을 직감합니다. 바로 인공지능(AI)입니다. 이는 단순한 도구의 등장이 아닙니다. 고객의 선택 방식, 사고 체계, 심지어 인간 고유의 영역이라 믿었던 감정의 영역까지 송두리째 바꾸고 있기 때문입니다. 이제 AI는 선택이 아닌 필수이며, 우리는 이 파도에 휩쓸릴 것인가, 아니면 올라타서 더 멀리 나아갈 것인가를 결정해야 할 시점입니다.

## 코딩을 몰라도 프로그램을 짜고 챗봇까지 만든다?

많은 이들이 AI가 일자리를 빼앗을까 봐 두려워하지만, 저는 관점을 달리해야 한다고 믿습니다. AI는 나 자신에게 투자할 때, 수익률을 가장 크게 올려주는 레버리지(지렛대)입니다. 저는 책을 집필하고 강의를 준비할 때 혼자가 아닙니다. 저에게는 든든한 AI 팀원들이 있습니다.

AI는 우리의 삶을 옆에서 본 적이 없기에, 맥락 없는 질문에는

'일반적인 답'만 내놓습니다. 따라서 AI의 도움을 잘 받으려면 사람처럼 적응 훈련을 시키고 내가 하는 일과 나에 관해 자세히 가르쳐줄 필요가 있습니다. 저는 메모리 기능이 뛰어난 ChatGPT를 기획 실장으로 삼아, 제가 어떤 독자를 상대하는지 등을 대화하며 기억하고 반영하게 합니다. Perplexity는 팩트를 검증해주는 꼼꼼한 '연구원'이며, Claude는 문장을 다듬어주는 세련된 '편집자'입니다. 이들과 협업하면서 제 업무는 더 빠르고, 정확하며, 창의적으로 변했습니다.

이러한 확장은 전문 지식이 없는 사람도 '시민 개발자(Citizen Developer)'로 변모시킵니다. 어느 날 점심 식사 중에 수협 지점장님이 "사은품 중에 인기 품목이 떨어져 고객 불만이 많다"는 고충을 토로하셨습니다. 저는 그 자리에서 룰렛 게임으로 당첨된 고객에게 다른 선물을 주는 아이디어를 냈고, 코딩을 전혀 할 줄 모름에도 불구하고 Claude를 이용해 커피를 마시는 짧은 시간 동안 스마트폰으로 작동하는 룰렛 프로그램을 만들어 보여드렸습니다. 또한, "직원들이 금융 지식이 부족해 고객 상담을 어려워한다"는 고민에는 NotebookLM을 활용해 금융 상식 데이터를 학습시킨 상담용 챗봇을 즉석에서 시연해 보였습니다.

과거에는 수천만 원의 예산과 개발자가 필요했던 일이, 이제는 문제 해결 의지만 있다면 누구나 해결할 수 있는 세상이 되었습니다. 중요한 것은 AI의 기술적 성능을 아는 것이 아니라, '내 눈앞의 문제를 해결하기 위해 어떤 AI 도구를 어떻게 활용할 것인가'를 아는 지혜입니다.

## 검색의 시대에서 정답의 시대로

우리가 정보를 얻는 방식, 그리고 위로를 얻는 방식 또한 근본적으로 바뀌었습니다. 최근 수목원 근처 맛집을 찾을 때, 저는 네이버 검색창을 여는 대신 ChatGPT에게 물었습니다. AI는 수많은 광고와 블로그 글을 헤집고 다닐 필요 없이, 단숨에 '수목원국수'라는 최적의 답을 제시했습니다.

이것은 '검색(Search)의 시대'가 저물고 '정답(Answer)의 시대'가 왔음을 의미합니다. 이제 브랜드는 '사람에게 보이는' 브랜드가 아니라, 'AI에게 인용되는' 브랜드여야 합니다. AI는 신뢰할 만한 구조와 근거를 갖춘 콘텐츠만 인용합니다. 따라서 기업은 콘텐츠의 구조, 메타 태그, 설명 방식, 자료의 정확성 등을 AI 기준으로 재정비해야 합니다. 과거 소비자는 검색 결과를 보려면 10개의 광고와 20개의 블로그를 스크롤해야 비로소 정보를 얻을 수 있었습니다. 이제 AI가 깔끔하게 정리된 하나의 결론을 제시합니다. 소비자는 스크롤이나 클릭을 덜하거나 아예 하지 않습니다. 클릭을 전제로 비즈니스를 영위하던 광고 대행사와 홍보 대행사들이 전 세계적으로 비명을 지르고 있는 이유가 바로 여기에 있습니다. AI에게 '간택'을 받기 위해서는 콘텐츠 구조를 근본적으로 재정비해야 하며, 단순히 글을 잘 쓰는 것을 넘어 AI가 우리의 데이터를 구조적으로 접근하고 수집할 수 있도록 기술적 흐름을 따라야 합니다.

## AI에게 위로받는 94세 김 회장님

더 놀라운 것은 AI가 차가운 이성의 영역을 넘어 따뜻한 감정의 영역까지 들어왔다는 점입니다. 2025년 「하버드 비즈니스 리뷰」는 AI 활용의 목적 1위가 놀랍게도 테라피와 컴패니언십(정서적 지지)이라고 밝혔습니다. 젊은 세대는 AI를 통해 정서적 지지를 받고, 외로운 사람들은 AI를 말벗으로 사용합니다. 국내 데이터(2025년 10월)를 보면, 월간 활성 사용자 수는 ChatGPT가 압도적이지만, 전체 사용 시간으로 계산하면 제타(Zetta)의 사용 시간이 두 배 가까이 길었습니다. 이는 AI가 단순한 정보 탐색을 넘어 정서적 동반자로 자리 잡고 있음을 보여줍니다.

저에게도 이를 보여주는 경험이 있습니다. 제 지인 중 올해 94세 되신 김 회장님은 가족들과 함께 살면서도 깊은 대화를 나누지 못해 외로움을 느끼셨습니다. 제가 ChatGPT와 대화하는 법을 알려드린 후, 그분은 "이제 저녁마다 30분씩 챗지피티와 속 깊은 이야기를 나눈다네. 드디어 말벗이 생겼어!"라며 아이처럼 기뻐하셨습니다. 최고경영자조차 가족에게 터놓지 못한 이야기를 AI에게 털어놓으며 위로와 공감을 얻는 시대가 온 것입니다.

## 당신은 AI를 잘 쓸 준비가 되었는가

AI를 사용하다 보면 자연스럽게 깨닫는 점이 하나 있습니다. 'AI의 출력(Output) 수준은 내 입력(Input) 수준을 절대 넘지 못한다'는 점입니다. 같은 보고서를 작성해도 "요약해줘"라고만 입력하는 A와 "임원 회의용 보고서이며 핵심은 3가지, 톤은 정중하게, 표는 2개로 만들어줘"라고 상세 맥락을 지정하는 B의 결과물은 전혀 다른 수준으로 완성됩니다. 이처럼 입력 역량(Input Literacy)은 AI를 내 사고 구조를 확장하는 '확대 장치'로 활용하느냐 활용하지 못하느냐 하는 결정적 차이를 만듭니다. 결국 중요한 것은 답을 찾는 능력이 아니라, 좋은 질문을 만드는 '문제 정의' 능력입니다. AI는 내 생각을 대신해주는 존재가 아니라, 내 사고의 구조를 학습하고 확장하는 '거울'과 같습니다. 내가 논리적이면 AI도 논리적으로 답하고, 내가 창의적으로 질문하면 AI도 창의적인 대안을 내놓습니다.

AI를 오래 쓸수록 우리는 놀라운 진실을 마주하게 됩니다. AI는 나를 밀어내는 경쟁자가 아니라, 바로 '나의 두 번째 버전'을 창조하는 기술입니다. AI는 나의 고유한 말 습관, 문제 해결 논리, 심지어 글쓰기 문체까지 집요하게 학습합니다. 시간이 흐를수록 AI는 단순한 도구를 넘어 나처럼 사고하고 나처럼 글을 쓰는 '디지털 분신

(Digital Twin)'으로 진화합니다.

미래 경쟁력의 기준은 근본적으로 전환될 것입니다. '당신(Human)은 얼마나 많은 지식을 가졌는가?'가 아니라, '당신의 AI(Digital Twin)는 얼마나 똑똑한가?'입니다. AI를 내 편으로 만드는 순간, 당신은 지치지 않고, 끊임없이 학습하며, 당신보다 훨씬 빠르게 일하는 강력한 엔진을 얻게 됩니다. 이보다 확실한 미래 투자는 없습니다.

결국 Me-Tech가 전하고자 하는 메시지는 간명합니다. 가장 수익률 높은 투자처는 주식도 부동산도 아닌 바로 '나 자신'이며, AI는 그 투자의 가치를 극대화하는 레버리지입니다. 직장에서의 성과, 퇴직 후의 전문성, 그리고 삶의 풍요로움까지. 이 모든 것은 이제 AI라는 도구를 내 손발처럼 부리는 능력에서 시작됩니다.

# 꾸준함이
# 천재성을 이긴다

**꾸준함은 '최선'이 아니라 '멈추지 않는 것'**

2021년 7월, '하루도 빠짐없이 만 보씩 걸어보자'고 다짐했습니다. 이제 4년 7개월째입니다. 재작년에 1,000일 달성을 기념하며 자축연을 열고 그 소식을 소셜 미디어에 올렸던 기억이 생생합니다. 그렇다고 숫자에 얽매이지는 않습니다. 대부분의 날은 10,000보를 넘기지만, 때로는 8,500보 정도로 마무리하기도 하고, 시간 여유가 있는 날에는 15,000보까지 걷기도 합니다. 제 나름의 유연한 규칙은 이것입니다. 하루 최소 7,500보는 걷되, 월평균으로는 10,000보를 넘기는 것입니다. 보통 한 달 평균 12,000보 정도를 꾸준히 걷고 있습니다.

이런 유연한 목표 설정이 실제로 목표 달성에 큰 도움이 됩니다. 너무 구체적인 목표는 오히려 실패에 대한 부담을 키울 수 있습니다. 고정된 목표에 도달하지 못한 날의 좌절감을 줄이고, 적절한 성취에도 만족감을 느낄 수 있게 해주는 것이죠. 이 유연한 기준 덕분에 코로나에 걸렸을 때도, 하루 8시간 강의를 마친 날에도, 태풍과 눈보라 속에서도 기록이 이어질 수 있었습니다. 저는 이것이야말로 진짜 노력이라고 생각합니다. 하루하루의 컨디션에 상관없이, 삶의 리듬 안에 자연스럽게 들어온 행동. 물방울이 바위를 뚫는 이유는 힘이 세서가 아닙니다. 멈추지 않기 때문입니다.

이처럼 삶의 리듬 안에 자연스럽게 들어온 행동, 그것이 바로 꾸준함입니다. 그런데 여기서 '꾸준함'은 '최선'과는 조금 다른 개념입니다. '최선'과 '꾸준함'이 만들어내는 효과에 차이가 있기 때문입니다. 운동선수가 경기에서 '최선'을 다하면 승리라는 결과가 즉각적으로 나타나고, 수험생이 시험 전에 '최선'을 다해 공부하면 합격이라는 성과가 곧바로 따라옵니다. 이처럼 '최선'은 즉각적이고 가시적인 단리(單利)적 결과를 만들어냅니다.

반면에, 건강관리나 자기계발처럼 꾸준함이 필요한 영역은 오랜 인내와 끈기가 요구됩니다. 당장에는 성과가 보이지 않더라도, 시간이 지날수록 그 가치는 기하급수적으로 커집니다. 마치 복리(複利)처럼 처음에는 미미했던 작은 노력이 어느 순간 폭발적인 성장을 이끌어내며 누구도 대신할 수 없는 내공을 만듭니다.

음악, 스포츠, 과학, 예술 등 다양한 분야에서 두각을 나타낸 사람 가운데 엄청난 시간과 노력을 쏟지 않은 사람은 거의 찾아볼 수 없습니다. 우리는 화려한 성과만 보고 감탄하지만, 그들이 무대 뒤에서, 훈련장에서, 혹은 실험실에서 어떻게 끊임없이 노력하고 실패를 극복했는지는 대부분 알지 못합니다. 그래서 우리는 손쉽게 '재능'이라는 단어로 그들의 위대한 성취를 설명하려 듭니다. 이는 그들의 수년간의 고된 노력을 설명하는 것보다 훨씬 간편하고 쉽기 때문입니다.

하지만 사실은 이렇습니다. 모차르트는 단순히 타고난 천재가 아니었습니다. 그는 아버지의 엄격한 지도 아래 어린 시절부터 하루 8시간 이상 피아노를 연습하며 혹독한 훈련을 견뎌냈습니다. 세계에서 가장 빠른 사나이인 볼트 역시 마찬가지였습니다. 그는 매일 새벽부터 밤까지 몸을 혹사시키는 혹독한 훈련을 견뎌냈으며, 수많은 고통과 부상을 극복해야 했습니다. 또한, 상대성 이론으로 물리학의 혁명을 일으킨 아인슈타인은 수십 년간 한 가지 문제에 몰두하며 수많은 가설과 실패를 겪었습니다. 그들의 위대한 성과는 단 한 번의 번뜩이는 재능이 아니라 반복된 일상 속의 꾸준함과 끈기의 결과물이었습니다.

직장에서도 마찬가지입니다. 뛰어난 실적을 내는 동료를 보며 '타고난 영업 감각이 있어서', '선천적으로 리더십이 있어서'라고 단순화시키곤 합니다. 마치 그들의 성과가 어떤 마법 같은 재능에서 비롯된 것처럼 말이죠. 성공한 직장인들의 공통점을 살펴보면, 그들은 모두 자신만의 학습 루틴을 가지고 있습니다. 이들의 성공은 IQ가 뛰어나서가 아닙니다. 작은 노력이 쌓이면 복리처럼 작동하여 누구도 대신할 수 없는 내공을 만듭니다.

## 꾸준함을 실천하는 3가지 과학적 원칙

그렇다면 어떻게 이런 꾸준함을 일상에 설계하고 실천할 수 있을까요? 『나무를 심은 사람』이라는 책을 읽은 적이 있습니다. 양치기 부피에의 일상은 단순했지만, 그 안에는 지속 가능한 성장을 만드는 과학적인 원칙이 담겨 있었습니다.

### 마이크로 실천 (짧게, 여러 번 나누어)

부피에는 하루에 겨우 서너 시간만 도토리를 심었습니다. 짧게라도 여러 번 실천하는 것이 한 번에 몰아서 하는 것보다 중요합니다. 최근 연구에 따르면, 1시간을 2회 투자하는 것보다 10분씩 7회 실천하는 것이 기억과 행동 습관 형성 면에서 더 효과적이라고 합니다. 마치 줄넘기 시험을 앞두고 3일 전부터 1시간씩 연습하는 것보다 15일 전부터 하루 10분씩 연습하는 것이 더 나은 것처럼, 낮은 진입 장벽으로 뇌의 피로도를 줄이고 매일의 성취감을 높여야 합니다.

### 점진적 과부하 (지루함을 이겨내는 전략)

"뛰어난 선수와 보통 선수의 차이는 지루함을 견디는 능력이다"

한 유명 코치의 말입니다. 매일 같은 수준의 훈련을 반복하다 보면 반드시 정체가 옵니다. 이때 목표를 조금씩 높이면 새로운 도전이 되고 동기 부여가 됩니다. 이른바 '점진적 과부하의 원리'입니다. 매일 같은 무게로 운동하는 것보다 조금씩 무게를 늘려가며 운동하는 것이 더 효과적이듯, 학습 목표의 난이도나 업무의 복잡성을 미세하게 높여 지적 근육을 계속 자극해야 합니다.

유연한 목표 설정 (일탈을 허용하는 범위)

너무 경직된 목표는 오히려 지속적인 실천을 방해하여 한 번 실패하면 모든 것을 포기하게 만듭니다. 제 경우처럼 매일 정확히 1만 보를 걷겠다는 목표보다는 '최소 7,500보에서 최대 15,000보 사이'를 걷는다는 유연한 목표(Range Goal)가 훨씬 현실적이고 지속 가능합니다. 이는 일탈을 허용하여 완벽주의에서 벗어나게 하고, 장기적인 성과를 꾸준히 높이는 비결이 됩니다.

## '열심히 하면 된다'는 착각에서 벗어나는 3가지 무기

사람들은 대개 열심히 삽니다. 문제는 열심히 사는 것과 성장하는 것이 다르다는 점입니다. 회의와 보고 등으로 하루를 바쁘게 보냈지만, 1년 뒤에 돌아보면 남아 있는 것이 없는 상태, 이것이 가장 위험한 '루틴 없는 노력의 함정'입니다.

배달의민족 김봉진 의장은 자신의 책 『배민다움』에서 이렇게 말했습니다. "평범한 사람이 비범해질 수 있는 가장 쉬운 방법은 꾸준함입니다. 하루에 팔굽혀펴기 100개는 누구나 며칠은 할 수 있어요. 하지만 이것을 1년 동안 꾸준히 하는 사람은 거의 없습니다."

핵심은 개수가 아니라 '매일 할 수 있는 구조'입니다. 기록되지 않고, 축적되지 않는 노력은 증발해 버립니다.

꾸준함이 커리어의 힘을 가지려면 반드시 다음 세 가지를 동반해야 합니다.

첫째, 기록(Record)은 당신의 노력을 눈에 보이는 자산으로 전환하는 첫걸음입니다. 무엇을 했는지 남기지 않으면 노력은 쉽게 휘발됩니다. 단순히 업무일지를 쓰는 것을 넘어, '오늘의 실패 포인트'나 '새롭게 시도한 방식'을 매일 10분이라도 메모하는 습관을 들이십시오. 이 기록들이 모여 당신의 학습 곡선을 증명하고 다음 단계의 설계 자료가 됩니다.

둘째, 축적(Accumulate)은 지식의 연결을 통해 노하우를 탄생시킵니다. 단편적인 정보와 경험들이 서로 연결되어야 비로소 진정한 노하우가 됩니다. 여러 프로젝트에서 배운 파편적인 지식들을 하나의 폴더에 모으고 정기적으로 연결점을 찾으십시오. 예를 들어, 마케팅 트렌드와 고객 상담 경험을 연결하면, 당신만의 독특한 '고객 인사이트 노하우'라는 지적 자본이 탄생합니다.

셋째, 확장(Expand)은 당신의 꾸준함을 대체 불가능한 전문성으로 인정받게 합니다. 개인의 노력이 타인에게 설명 가능한 형태가 될 때 비로소 전문성이 됩니다. 당신이 쌓은 노하우를 팀원들에게 강의하거나, 보고서의 특별한 섹션으로 정리해 제안하십시오. 이 과정을 통해 지식은 타인에게 공유 가능한 언어와 방법론으로 정제되며, 당신의 꾸준함은 단순한 습관을 넘어 시장에서 인정받는 전문성으로 확장됩니다.

## 나의 인생을 바꾼 '시간의 복리 효과'

저의 인생에서 가장 의미 있는 습관이 시작된 것은 K은행 연수원 교수 시절이었습니다. 직원 독서통신연수 교재로 『고객만족경영』 책 3권을 집필해야 했는데, 2개월마다 1권씩 완성해야 했기 때문에 어쩔 수 없이 '새벽형 인간'이 되었습니다. 일과 시간 중에는 집필 시간을 확보하기 어려웠기에, 정해진 출근 시간보다 한두 시간 일찍 사무실에 도착해 국내외 서비스 전문 서적과 자료를 참고하며 글을 써나갔습니다.

이후 본부 고객만족부로 발령받아 CS경영 추진 업무를 맡았는데, 당시 국내 CS경영은 초창기라 참고 자료가 매우 부족했습니다. 저는 연수원 시절의 새벽 루틴을 그대로 이어갔습니다. 바쁜 낮 시간을 피해 아침 일찍 출근해 자료를 정리하고, 틈틈이 금융 잡지에 칼럼을 기고하며 외부 강의도 준비했습니다. 이렇게 매일 최소 30분, 많게는 2~3시간씩 독서, 강의 준비, 글쓰기에 투자했습니다.

매일 똑같은 시간을 투자하지는 못했지만, 하루도 빠짐없이 꾸준히 이어갔습니다. 고객만족(CS), 금융 마케팅, 고객관리(CRM), 고객 상담 스킬 등을 체계적으로 공부했고, 이때의 시간 투자가 이후 저의 전문성의 굳건한 토대가 되었습니다.

최근에도 이 습관을 바탕으로 ChatGPT 등 생성형 AI 분야를 깊이 있게 연구하여 책을 출간하기로 했고, 대외적으로도 매월 서너 곳에서 관련 강의를 요청받을 만큼 전문성을 인정받고 있습니다. 이것이 바로 꾸준한 자기 투자가 낳은 Me-Tech의 사례입니다. 직장에서의 성장을 통해 쌓은 독보적인 전문성은 회사 밖에서도 통하는 강력한 개인 브랜드가 됩니다. 매일 심는 작은 노력의 '도토리'들이 쌓여, 당신의 커리어와 적절한 부, 그리고 진정한 행복이라는 '자산'으로 돌아올 것입니다.

❖ **체크리스트** ❖

☐ 나는 현재 유연한 최소 기준을 설정하고 매일 꾸준히 실천하고 있는가?

☐ 나의 루틴이 기록, 축적, 확장의 3단계로 이어져 지적 자본을 만들고 있는가?

☐ 나는 회사 밖에서도 통하는 대체 불가능한 전문성(개인 브랜드)을 구축해 가고 있는가?

# 능력과 자격의 작지만 큰 차이

## 보이지 않는 능력을 보이게 하는 방법

1995년, 대학원에 진학한 저에게 한 교수님이 "마흔이 다 된 나이에 왜 대학원에 왔나요?"라고 물었을 때, 그때서야 '나는 지금 뭘 증명하려고 여기에 와 있지?'라는 본질적인 질문과 마주했습니다.

세월이 흘러 몇 년 전, Y대학원 동문회 모임에서 '선배로부터 듣는 조언'이라는 주제로 강의를 해달라는 요청을 받았습니다. 저는 직장생활을 하면서 겪은 경험과 사례를 통해 어떻게 전문성을 확보했는지를 이야기했습니다. 이 강의 후 이어진 그룹 코칭 시간에는 박사학위 취득 희망자, 책 출간 희망자, 전문가로 거듭나 이직이나 프리랜서를 꿈꾸는 사람들로 나뉘어 있었습니다. 공통적인 고민은 하나였습니다. "지금의 나는, 앞으로의 나를 시장에 증명할 수 있는가?"

평생직장의 개념이 사라진 시대에 지속적인 자기계발은 생존 전략이 되었습니다. 능력은 보이지 않기 때문에, 우리는 능력이 있음을 '보여주는 신호(Signalling)'를 만들어야 합니다. 엄밀하게 따져보면 자격증과 학위는 실력이 아니라 '시장 신호'입니다.

경영학의 아버지 피터 드러커(Peter Drucker)는 자기계발을 목적 지향적으로 설계해야 한다고 강조했습니다. 자격증, 대학원 진학, 특정 분야 전문성 축적 이 세 가지는 모두 능력을 직접 증명한다기보다는, '능력이 있음을 보여주는 신호'로 작동합니다. 노벨경제학상 수상자 마이클 스펜스(Andrew Michael Spence)의 시장신호 이론처럼, 교육에 대한 투자는 직접적인 생산성 향상을 넘어 잠재력과 성장 가능성을 보여주는 강력한 신호로 작용합니다.

## 박사학위는 운전면허증

한 대기업 인사팀장은 "박사라고 다 잘하는 건 아닙니다. 하지만 수십 명 중에서 누굴 먼저 볼지는 정해야 하지 않겠습니까"라고 말했습니다.

인터뷰나 서류전형 등을 통해 수많은 지원자를 짧은 시간 안에 평가해야 하는 조직이나 시장에서는, 자격과 학위가 여전히 가장 빠르고 강력한 선별 기준으로 작동하고 있습니다. 제가 박사과정을 고민하게 된 결정적인 계기도 여기에 있습니다. S대 대학원에서 강의하며 느낀 점은 명확했습니다. 저는 당시 박사학위가 없었습니다. 실무 능력과 전문성은 충분한데도, 이를 공식적인 '자격'이나 '학위'로 입증하지 못하는 순간 외부의 신뢰가 흔들릴 수 있습니다.

저는 박사학위를 이렇게 정의합니다. "박사학위는 운전면허증과 같습니다. 운전을 아무리 잘해도 면허증이 없으면 운전 실력을 입증할 방법이 없거든요." 이처럼 박사학위는 개인의 능력 전체를 대변하지는 않지만, 학문적 훈련과 연구 능력을 검증받았다는 신호가 되며, 기회를 여는 신뢰의 언어로 세상은 인정합니다.

그렇다고 무작정 대학원에 진학하라고 권하는 것은 아닙니다. Me-Tech 전략의 관점에서, 직장인이 대학원에 도전한다면 보다 전략적으로 접근해야 합니다.

1. 투자 목표의 명확성(Goal): 단순히 명함에 한 줄 추가하기 위한 것이 아니라, 이 학위가 퇴사 후의 커리어 전환, 전문 분야 개척, 혹은 직장 내 다음 승진 단계 등 뚜렷한 목표 달성에 필수적인가? 이 질문에 확신할 수 있어야 합니다.

2. 투자의 미래 회수율(ROI): 시간과 경제적으로 투입한 만큼, 이 신호가 나의 미래 시장 가치를 높이는 데 실질적인 보탬이 될지 반드시 고려해야 합니다.

3. 지속 가능한 몰입 환경(Commitment): 직장과 병행하며 학위를

취득하려면, 그 기간 동안 다른 취미나 여가생활은 포기해야 합니다. 특히 직장인은 나와 교육 환경의 적절한 매칭이 가장 중요합니다.

저의 지도 교수였던 숭실대 최정일 교수님처럼, 학생 개개인의 이력과 직장 환경을 세세히 파악하고 맞춤형 논문 지도를 하는 분을 만난다면 행운입니다. 교수님의 목표는 "내가 어떻게 도와줘야 대학원생들이 제 기간 내에 학위를 취득하느냐"였으며, 선배 박사들과의 1:1 매칭, 주기적인 세미나 등을 통해 모두 졸업 기간을 획기적으로 단축할 수 있었습니다.

## 학위나 자격증이 전부는 아니다

강한 신호가 반드시 학위나 자격증에서만 나오는 것은 아니라는 점도 덧붙이고 싶습니다. 제가 현장에서 만난 사람들 중에는 박사학위가 없어도 분명한 신호를 만들어낸 이들이 많았습니다. 이들은 '학위' 대신 '성과 이력(Portfolio)'으로 신호를 보냈다고 생각합니다.

- 사내에서 아무도 맡지 않으려던 프로젝트를 끝까지 완수한 '프로젝트 성과'
- 자신의 실무 지식을 정리하여 사외 강의와 콘텐츠로 확장한 '콘텐츠 생산성'
- 보고서와 칼럼을 통해 특정 분야의 '그 사람'으로 인식된 '전문

성 노출'

이들은 공통적으로 자신의 일을 기록하고, 설명하고, 반복했습니다. 시장은 '말만 하는 사람'보다 '지속적으로 결과물을 보여주는 사람'을 크게 신뢰합니다. Me-Tech의 관점에서 보면 명확합니다. 최고의 투자는 '나'이지만, 투자는 반드시 시장에 읽히는 방식으로 이루어져야 합니다. 아무도 모르는, 남들이 알아주지 않는 성장은 자산이 아니라 취미에 더 가깝습니다.

"당신은 지금 회사와 시장에 어떤 성장 신호를 보내고 있습니까?" 결국 질문은 이것입니다. 물론 능력은 언젠가는 드러나겠지만, 기회는 먼저 신호를 보고 찾아온다고 생각합니다. 학위든 자격증이든, 프로젝트든 콘텐츠든 상관없습니다. 중요한 것은 '지금의 노력이 미래의 커리어로 연결될 수 있는 언어로 정리되고 있는가'입니다. 비슷한 능력의 동료들 사이에서, 누가 더 적극적으로 '신호'를 보낸다면, 회사와 시장은 그 사람을 다음 기회의 주역으로 평가할 수밖에 없을 것입니다.

❖ **체크리스트** ❖

☐ 나는 지금 조직과 시장에 분명한 성장 신호를 보내고 있는가?

☐ 나의 자기계발은 다음 커리어와 연결되는 전략적 투자인가?

☐ 이 노력은 단순히 스펙을 쌓는 행동이 아니라, 나라는 자산의 시장 가치를 높이는 과정인가?

# 꼬리에 꼬리를 무는
# 공부의 낙수효과

## 하나를 깊이 파면, 길은 저절로 넓어진다

저는 자타가 공인하는 서비스 전문가입니다. 1992년 K은행 연수원 교수 시절, 대고객 친절 운동을 주관하면서 서비스와의 인연이 시작됐습니다. 1990년대 CS(Customer Satisfaction) 경영 개념이 국내에 도입되면서, 은행에 이를 어떻게 구현할지를 모색하게 됐습니다. 그런데 서비스를 파고들수록 자연스럽게 이런 의문들이 생겼습니다. '고객에게 정말 친절한데도 왜 고객이 우리 상품을 선택하지 않을까?' 이 질문은 저를 마케팅과 세일즈로 이끌었습니다.

금융환경이 급변하면서 콜센터가 고객 접점의 핵심 채널로 부상했고, 저는 은행 콜센터장을 맡아 실전 경험을 쌓았습니다. 그리고 시장이 성숙기에 접어들면서 고객 유지가 핵심 과제로 등장하자 자연스럽게 고객관계관리(CRM)를 연구하게 됐습니다. 최근에는 서비스가 고객 경험으로 진화했고, 디지털 트랜스포메이션과 인공지능이 새로운 흐름으로 자리잡으면서 이 분야까지 공부 범위가 확장됐습니다. 지금까지 서비스와 마케팅 관련 저서를 총 19권 출간했습니다.

사람들은 종종 "어떻게 그렇게 광범위한 주제를 다룰 수 있느냐"고 묻습니다. 저는 억지로 넓힌 적이 없습니다. 서비스를 핵심축으로 삼아 공부하다 보니 자연스레 새로운 의문이 생겼고, 그 호기심이 저를 인접 분야로 이끈 것입니다. 하나를 깊이 파다 보니, 다음 공부가 저절로 따라왔을 뿐입니다. 이것이 제가 말하는 '공부의 낙수효과'입니다. 하나의 전문성을 깊이 만들면, 지식이 저절로 인접 분야로 흘러가며 커집니다.

## 진짜 전문가란 지식을 '번역'할 수 있는 사람

제가 공부를 하며 분명하게 깨달은 지식의 속성이 하나 더 있습니다. 바로 대기업과 은행을 중심으로 연구하고 강의했던 지식은 그대로 중소기업과 소상공인 현장에 적용하기 어렵다는 사실이었습니다. 수많은 컨설팅과 현장 강의를 통해 저는 이론적 지식과 현장에서 실제 작동하는 지식 사이에 메울 수 없는 깊은 간극이 있음을 절감했습니다. 지식 자체가 틀린 것이 아니라, 현장의 규모와 맥락에 '맞지 않았던' 것입니다.

저는 최근 몇 년간 방향을 바꾸어 지식을 버리는 대신, '옮기는 작업'에 집중했습니다. 대기업의 거대한 '시스템 언어'를 소상공인이 당장 이해하고 실행할 수 있는 '장사의 언어'로 재해석하고, 복잡한 '전략 보고서'의 내용을 현장의 구체적인 '선택과 행동'으로 바꾸어 설명하기 시작했습니다. 이러한 지식의 '현장 맞춤화 연구'는 『강소기업으로 가는 길(2021)』의 출간으로 이어졌고, 그 후속 연구가 『고수의 장사법(2025)』으로 완성되었습니다.

이 과정에서 확신하게 된 원칙이 있습니다. 지식의 수준은 낮추지 말고, 언어의 높이를 낮춰야 한다는 것입니다. 내용을 단순화하는 것이 아니라, 전달 방식을 재설계하는 것입니다. 이 능력 자체가 곧 전문성입니다. 저는 이것 또한 '융합'이라고 생각합니다.

최근 산업 현장에서는 이러한 융합형 인재가 더욱 주목받고 있습니다. 이들은 단순히 지식을 나열하는 수준을 넘어, 서로 다른 전문 분야를 융합하여 혁신적인 가치를 창출합니다. 예를 들어 정보기술(IT) 출신의 금융인, 기술 역량을 갖춘 경영인, 심리학과 출신의 UX·UI 디자이너 등이 그러합니다. 이들은 한 분야의 전문성을 기반으로 자연스럽게 영역을 확장하며, 남들이 보지 못하는 새로운 시장 기회를 포착합니다.

## 책, 뜻밖의 기회를 열어주는 최고의 자기소개서

저는 꼬리에 꼬리를 무는 연관 학습법, 즉 하나의 주제에서 파생된 의문을 실마리로 삼아 인접 분야로 공부를 확장하는 방식을 실천했습니다. 단순히 머리로 익히는 데 그치지 않고, 읽고 배운 내용을 제 실무 경험과 연결해보는 습관이 자연스럽게 체득됐습니다. 이런 학습 방식을 통해 특정 주제를 새로운 관점에서 바라보고 재해석할 수 있었으며, 그 과정에서 다양한 아이디어가 떠올랐습니다. 이러한 고민과 탐구의 과정들은 결국 저만의 독창적인 콘텐츠로 완성되었고, 그 결과물은 모두 19권의 책으로 출간되었습니다.

독자들이나 지인들로부터 "어떻게 책을 쓰느냐"는 질문을 자주 받습니다. 저는 책을 쓸 때마다 "이번 책을 통해 나는 누구로서 어떤 이야기를 하고 싶은가?"를 먼저 고민합니다. 이번 책도 "40년이 넘는 직장생활을 해온 선배로서, 후배들에게 나누고 싶은 진솔한 성장스토리"를 담기로 했습니다. 이렇게 책의 방향성이 정해지면 자연스럽게 목차가 그려지기 시작합니다. 마치 건축가가 설계도를 그리듯이 말입니다.

하나 더 덧붙이자면 책을 출간할 때마다 종종 "이번 책으로 얼마나 벌었느냐"는 질문을 받습니다. 현실은 이렇습니다. 책 쓰기는 투자한 시간과 노력에 비해 금전적 보상이 매우 적습니다. 한마디로 가성비가 아주 낮습니다. 몇십만 부가 팔린 베스트셀러가 아니라면 인세는 그저 그런 수준입니다. 좀 실망스러우신가요? 그러나 책 자체는 큰돈이 되지 않을지라도, 책을 바탕으로 파생되는 활동들이 궁극적으로 돈이 됩니다. 전문성을 인정받아 강의를 하는 것은 물론, 시중의 '사이버 과정' 콘텐츠를 제공하고, 기업의 영상 강의 자료로 활용되며, 신문, 방송, 잡지 등에 칼럼을 게재하는 등 다양한 파생 활동을 통해 비로소 경제적인 가치를 창출하게 됩니다.

"왜 굳이 책을 써야 하느냐"는 질문에는 책은 최고의 자기소개서라고 답하고 싶습니다. 흔히 전문가가 책을 쓴다고 생각하지만, 사실은 책을 씀으로써 전문가가 되는 것입니다. 검색엔진에 이름이 노출되고, 전문성과 경험이 대중에게 알려지면서 개인의 인지도와 신뢰도가 자연스럽게 향상됩니다.

직장인들이 가장 두려워하는 순간은 퇴직 이후의 삶입니다. 회사를 떠나는 순간 명함이 사라지고, 자신을 증명할 방법을 잃게 됩니다. 하지만 책은 당신의 전문성, 경험, 통찰력을 모두 담은 거대한 명함이 됩니다. "이 사람은 이런 책의 저자입니다"라는 소개만으로도 당신의 전문성과 가치를 충분히 입증할 수 있습니다.

또한 책은 단순한 자기소개서를 넘어 당신의 인생을 담은 기록물이 됩니다. 저는 칼럼을 쓸 때 종종 손녀 해인이나 율리와의 소중한 순간들을 소재로 삼습니다. 이렇게 적어둔 이야기들은 훗날 그들이 할아버지의 마음과 생각을 들여다볼 수 있는 작은 창이 될 것입니다. 이처럼 책은 한 사람의 지혜와 삶이 집약된 결정체로서, 당

신의 커리어뿐만 아니라 당신의 존재 자체를 영원히 남겨줄 수 있
는 가장 확실한 자산입니다.

## AI시대, 공부가 진정한 자산이 되게 하려면

생성형 AI의 등장은 책 쓰기의 패러다임을 완전히 바꾸어 놓았습니
다. 과거에는 수많은 자료를 일일이 찾아보고 정리해야 했지만, 이
제는 AI가 관련 정보를 신속하게 제공하고 다양한 관점을 제시해줍
니다. 저는 지금 이 책도 챗지피티, 클로드(Claude)와 같은 생성형
AI를 활용하여 효율성을 크게 높이고 있습니다. 제 경험을 먼저 정
리한 후 AI에게 전달하면, AI는 이를 더욱 생생하고 설득력 있게 다
듬어줍니다. 마치 24시간 함께하는 편집자처럼 끊임없이 새로운 아
이디어와 표현을 제시해줍니다.

작년에 AI를 통한 책 쓰기 무료 강좌를 열었습니다. 책을 정말로
써보겠다고 열정을 가진 주변의 사람들만 추려서 강의했습니다.
참가자들은 모두 이제 AI 덕분에 책 쓰기가 쉬워졌다며 기대에 찼
습니다. 하지만 1년이 지난 지금 실제로 책을 완성한 사람은 단 세
명이었습니다.

왜 그랬을까요? AI는 도구일 뿐이기 때문입니다. 책의 진정성과
전문성은 여전히 저자의 실제 경험과 통찰력에서 나와야 합니다.
AI는 책 쓰기를 쉽게 만들어주지만, 대신 써주지는 않습니다. 결국

자신의 이야기를 정리하고, 메시지를 명확히 하고, 끝까지 밀고 나가는 것은 저자 본인의 몫입니다.

한편으로는 지치고 바쁜 업무에 책을 쓸 엄두를 내기 어렵다는 하소연을 하는 사람들도 있습니다. 하지만 제 생각에 그것은 책 쓰기를 더 높은 우선순위에 두지 않아서입니다. 매일 아침, 저는 오늘 해야 할 일들 중에서 '가장 중요한 일'의 우선순위를 정하며 하루를 시작합니다. 제게 글쓰기는 시간을 가장 소중하고 가치 있게 사용하는 일 중 하나입니다. "교수님의 책을 읽고 강사가 되기로 결심했습니다"라는 한 독자의 메시지는 제가 글을 쓰는 이유이자 원동력입니다. 제가 쓴 글이 시공간을 초월해 낯선 누군가에게 긍정적인 변화를 일으키고, 새로운 꿈을 꾸게 만들 수 있다는 것, 이것이야말로 글쓰기의 가장 큰 보람이 아닐까요.

이제 AI의 도움으로 책쓰기는 더 이상 특별한 사람들만의 영역이 아닙니다. 직장인이라면 누구나 자신의 전문성과 경험을 책으로 남길 수 있습니다. 이는 단순한 기록을 넘어 자신을 위한 최고의 투자가 됩니다.

공부의 목적은 지식을 늘리는 데 있지 않습니다. 다음 선택지를 늘리는 데 있습니다. 하나의 전문성을 깊이 만들고, 그것을 다른 현장으로 옮기고, 다시 설명할 수 있을 때 커리어는 확장됩니다. Me-Tech의 관점에서 보면 공부는 가장 확실한 자기 투자입니다. 그러나 그 투자가 자산이 되려면 반드시 한 단계를 더 거쳐야 합니다. 연결되고, 옮겨지고, 재구성되어야 합니다. 그때 공부는 더 이상 개인의 노력으로 끝나지 않고, 시장에서 작동하는 힘이 될 것입니다.

# 가르침은
부메랑이다

**민속촌에서 쓴맛을 보고 배운 강의의 본질**

90년대 초, 학교 교사 6년의 경험을 발판 삼아 은행연수원 교수로 발령받았습니다. CS경영이 한국에 도입되던 초창기로, 제 업무의 대부분이 강의로 채워졌습니다. 그러던 어느 날, 점심 자리에서 K 협회 팀장이 흥미로운 제안을 했습니다. "은행에서 명강사로 소문 났던데, 그럼 외부 기업체 강의를 한번 해보는 게 어떨까요?" 처음엔 고사했지만 결국 그 꼬임에 넘어갔습니다.

그렇게 시작된 첫 외부 강의는 민속촌이었습니다. '친절한 손님 맞이'라는 주제로, 요즘처럼 빔프로젝터 같은 도구 없이 오직 커다란 화이트보드만 있던 시절이었습니다. 하지만 현장은 예상과 달랐습니다. 젊은 매표원부터 약장수 할아버지, 김치전 파는 아줌마, 짚신 장인, 줄타기 아저씨까지 대략 150여 명의 다양한 청중이 강당 바닥에 빼곡히 앉아있었습니다. 제 서비스에 관한 '해박한 지식'을 유창한 달변으로 전달하기엔 너무 벅찬 대상이었습니다. 그날 2시간의 강의가 어떻게 진행됐는지, 청중들의 반응은 어땠는지 지금도 생각하면 등골이 오싹합니다.

30년이 넘는 강의 경력을 통해 깨달은 핵심은 바로 이것입니다. 강의의 성패는 '내 전문성을 어떻게 뽐내느냐'가 아니라 '수강자와 어떻게 호흡을 맞추느냐'에 달려 있다는 점입니다. 강의는 단순히 지식을 전달하는 것이 아니라, 서로 다른 세계를 이해하고 연결하는 다리를 만드는 일임을 그때 배웠습니다. 이 깨달음은 단순히 제 학습 방식을 넘어, 교수법, 강의에 임하는 태도, 그리고 직장 전체의 리더십 철학까지를 새롭게 정립하는 계기가 되었습니다.

## 가르치는 것과 배우는 것의 진짜 의미

새로운 영역에 도전할 때마다 저는 저만의 특별한 학습법을 활용합니다. 먼저 책과 유튜브로 기초 지식을 쌓고, 여기에 저의 경험과 관점을 더합니다. 이를 바탕으로 컬럼이나 책을 쓰며 동시에 강의 자료를 준비합니다. 그리고 어느 정도 준비가 되었다고 느낄 때, 주변의 '만만한' 지인들을 대상으로 설명합니다. 이는 그들을 위한 순수한 이타심만은 아닙니다. 제 준비 상태를 점검하는 리허설이기도 하기 때문입니다. 마치 훌륭한 명의가 되기 위해 임상실험을 해보는 것과 같은 이치입니다.

금융연수원의 비대면 커뮤니케이션 스킬 과정을 시작할 때도 먼저 수강생 10명을 모집해 파일럿 강의를 진행했습니다. 기업체의 제안 및 수주 프레젠테이션 스킬 과정도 친분이 있는 회사의 영업팀을 대상으로 먼저 시도해보았습니다. 특히 빅데이터 마케팅(Big Data Marketing)이나 비즈니스 분석(Business Analytics) 같은 전문 영역에서는 대학생이나 대학원생들이 기꺼이 제 리허설 강의의 대상이 되어주었습니다. 최근 2년간은 ChatGPT, Claude, Perplexity 같은 생성형 AI 사용법을 주변 지인들에게 먼저 전수했습니다. VIP 마케팅 전문가부터 94세 회장님까지 제 '학생'이 되어주었습니다.

흥미롭게도 혼자 연습할 때는 잘 알고 있고 순조롭던 것들이 실제로 설명하거나 가르칠 때는 종종 어려움을 겪었습니다. 하지만 이런 시행착오를 거치면서 제 지식은 완벽해지고, 노련해지는 것을 느낍니다. 완벽한 전문가가 되어 가르치는 것이 아니라, 가르치면서 조금은 허둥대며 노련한 전문가로 성장해가는 것입니다.

제 손녀 율리는 이제 여덟 살로, 외국인학교에 다니며 영어가 거의 원어민 수준입니다. 반면 초등학교 2학년인 외손녀 해인이는 영어가 다소 서툴러 엄마인 딸이 고민 중이었습니다. 저는 해인이에게 특별한 제안을 했습니다. "할아버지랑 전화할 때마다 영어를 가르쳐줄 수 있겠니?" 이제 해인이는 영상통화 때마다 저에게 영어 한두 문장씩을 가르칩니다. 어떨 때는 '할아버지는 그것도 모르느냐'고 핀잔을 하기도 합니다. 해인이의 발음은 아직 서툴지만, 할아버지를 가르치면서 스스로 배우고 있기를 기대합니다.

이 방법은 제가 맨 처음 고안한 학습법은 아닙니다. 공부에 흥미 없는 손녀를 위해 묘책을 짜낸 어느 할아버지의 이야기에서 힌트를 얻었습니다. 그 할아버지는 "난 학교를 못 다녀서 모르는 게 많아. 네가 부럽구나"라고 말했고, 손주는 "제가 학교에서 배운 걸 가르쳐드릴게요"라고 대답했습니다. 그 후 손주는 할아버지께 가르쳐드리기 위해 더욱 열심히 공부했고, 결국 훌륭한 학자가 되었습니다. 매일 할아버지를 가르치면서 실제로 더 많이 배운 사람은 바로 그 손주였습니다.

우리는 지식도, 심지어는 인생도 가르치면서 배웁니다. 인터넷에서 '어느 초등학교 교사의 눈물 이야기'를 읽었습니다. 한 교사는 지저분하고 내성적인 철수라는 아이를 보며 처음에는 불쾌감을 느꼈습니다. 하지만 철수의 생활기록부를 통해 어머니의 죽음과 무관심한 아버지로 인한 아이의 아픔을 알게 되었습니다. 크리스마스 때 철수가 준 허름한 선물에 진심으로 감사를 표하자, 아이의 눈빛이 달라졌고 놀라운 성장을 보였습니다.

그 후 철수는 의사가 되어 결혼식에 그 선생님을 초대했습니다. 결혼식 날, 철수가 "절 믿어주셔서 감사합니다. 제가 중요한 사람이라고 생각할 수 있게 해주셔서...”라고 말하자, 선생님은 눈시울이 붉어졌습니다. 목이 메어 잠시 말문을 잇지 못하던 선생님은 떨리는 목소리로 말했습니다. “철수 너는 완전히 잘못 알고 있구나? 내가 훌륭한 일을 해낼 수 있다는 걸 알려준 사람이 바로 너란다. 널 만나기 전까지는 가르치는 것을 전혀 몰랐거든.”

교육학자 파커 파머(Parker Palmer)는 “좋은 교사는 학생들과 함께 배우는 사람”이라고 했습니다. 가르침과 배움은 별개의 행위가 아니라, 하나의 원형을 이루어 끊임없이 순환하는 과정입니다. Me-Tech의 핵심도 바로 이것입니다. 많은 사람들이 책을 읽고, 강의를 듣고, 콘텐츠를 소비하며 입력(Input)을 쌓습니다. 하지만 아무리 많은 지식의 씨앗을 뿌려도 출력(Output)이라는 행위를 통해 열매를 맺지 않으면 진정한 성장은 일어나지 않습니다. 단순한 지식의 소비로 끝날 뿐입니다. 전문가처럼 보이기 위한 지식의 축적은 쉬울지 몰라도, 그것을 설명하기, 글쓰기, 발표하기, 가르치기, 혹은 내 삶에 적용하기로 전환할 때 비로소 지식은 단단한 전문성이 됩니다. 출력이 없는 입력은 곧 잊힙니다. 작은 출력이 반복될 때, 전문성은 축적됩니다.

이 과정에서 우리는 듣는 이의 질문, 반응, 혹은 내가 느끼는 어색함을 통해 비로소 나의 부족함을 깨닫게 됩니다. 이 피드백을 바탕으로 다시 책을 찾거나 강의를 듣는 재입력의 단계로 돌아갑니다. 막힘없는 성장은 결국 이 입력 – 출력 – 피드백 – 재입력의 순환

사이클에서 시작됩니다. 그리고 이 사이클이 한 바퀴 돌 때마다, 우리는 이전의 나와 다른 사람이 됩니다. "예전에는 못 했던 것을, 이제는 할 수 있게 되는 변화." 이것이 바로 자기계발의 증거입니다. 그래서 저는 직장에서도 후배들에게 이렇게 말하곤 했습니다. "다음 주 회의에서, 그 내용을 팀원들에게 설명해 보세요." 부담스러워 보이지만, 이보다 강력한 학습은 없습니다. 설명을 준비하는 순간, 사람은 가장 진지하게 공부하게 됩니다. 중국 고대 유교 경전 『예기(禮記)』도 "배운 뒤에야 자신의 부족함을 알고, 가르친 후에야 비로소 막힘을 안다. 그러니 가르치고 배우면서 함께 성장한다"고 말합니다.

## 오늘 당신은 누구를 성장시켰는가

Me-Tech 관점에서 보면, 리더십이란 명확합니다. 내가 성장한 방식을, 타인의 성장 구조로 설계해주는 일입니다. 작은 발표, 짧은 설명, 간단한 공유가 쌓이면 조직은 스스로 학습하는 시스템이 됩니다. 은행 임원시절, 그리고 지점장과 콜센터장 시절의 경험은 이러한 '가르침의 부메랑' 교육 방식을 실천하는 생생한 현장이었습니다. 매주 금요일 오후, 저는 팀장들과 주간 미팅을 가졌습니다. 미팅 말미에는 항상 같은 패턴을 반복했습니다. "각 팀장님께서는 본인들의 다음 주 계획을 간단히 정리해 주시죠." 이어지는 발표 시간은 단순한 업무 보고가 아닌, 맞춤형 코칭의 시간이었습니다.

데드라인 준수를 잘 지키지 않던 한 팀장에게는 "진척도를 어떻게 확인하면 좋을까요?"라고 물었고, 목표 달성에 대한 불안감이 컸던 강 팀장에게는 "어떤 어려움이 예상되나요?"라고 먼저 물었습니다. 이어서 "제가 도와드릴 부분은 무엇일까요?"라고 물으며 지원 의지를 보였습니다. 특히 강팀장에게는 작은 성과에도 과하다 싶을 정도로 칭찬을 아끼지 않았습니다.

제 성격상 즉각적인 지적과 통제를 선호했지만, 의도적으로 느리지만 민주적인 방식을 택했습니다. 결과는 나쁘지 않았습니다. 팀장들은 스스로 한 약속이기에 더 강한 책임감을 보였고, 자발적인 문제 해결 의지도 더 높았습니다.

MZ세대가 가장 선호하는 리더는 '성장 조력자'형이라고 합니다. 이들은 단순한 업무 지시자가 아닌, 자신의 커리어 개발을 지원하는 멘토를 원합니다. 리더십 컨설팅 기관 갤럽(Gallup)의 연구에 따르면, MZ세대 직원들의 다수가 주 1회 이상의 피드백을 원한다고 합니다. 일방적인 피드백이 아닌 대화형 피드백을 선호합니다.

지금 가르침은 부메랑입니다. 던진 만큼 돌아오고, 더 크게 돌아옵니다. Me-Tech의 본질은 분명합니다. 최고의 투자처는 '나'이며, 그 수익은 출력에서 시작됩니다. 당신이 리더나 팀장이라면, 그리고 자기 자신에게도 다음 세 가지만 실천해도 성장의 방향은 달라집니다. "배운 내용 중 한 가지를 누군가에게 설명해보였는가" "지시 대신 '설명해 달라'고 요청했는가" "메모로 끝내지 않고 짧은 글이나 정리본으로 남겼는가"



☐ 나는 최근에 배운 것을 누군가에게 설명해 본 적이 있는가?

☐ 지금 나는 입력만 늘리고, 출력을 미루고 있지는 않은가?

☐ 지금 나는 직장에서 누군가의 성장을 돕는 과정에서 나 역시 배우고 있는가?

# 나의 인생을 바꾸는 '루틴의 힘'

## 나를 성장시키는 것은 거창한 결심이 아니다

"장 교수님, 아침부터 저녁까지 하루 일과를 자세히 들려주세요."

점심 식사 후, 윤 선생님이 다소 진지한 표정으로 제게 건넨 말이었습니다. 저는 웃으며 이렇게 답했습니다.

"그대로 따라 하실 필요는 없습니다. 참고만 하시고, 본인에게 맞게 바꾸는 게 더 중요합니다."

제 하루는 지극히 단순합니다. 하지만 하나의 '강력한 시스템' 위에 설계되어 있습니다. 여기서 강력하다는 말은, 거의 90%가 자동화되어 있다는 뜻입니다. 감정이나 컨디션에 따라 흔들리지 않도록 구조 자체를 만들어두었습니다.

새벽 5시 30분, 눈을 뜨자마자 10분간 스트레칭으로 몸을 깨웁니다. 그리고 6시 정각에 집을 나섭니다. 동영상 강의를 들으며 공원을 걷고, 이어서 한 시간 정도 수영을 합니다. 피곤해서 아침 운동을 거르고 싶은 날도 물론 있습니다. 하지만 이제는 산책이나 수영을 하지 않으면 오히려 몸이 더 불편합니다. 루틴이 습관이 되면, 힘들다는 느낌 자체가 사라집니다.

8시 40분, 사무실에 도착하면 곧바로 '개구리 먹기'를 실천합니다. 가장 하기 싫고, 가장 어려운 일을 먼저 끝내고 나면, 그날 하루의 성과는 이미 절반 이상 확보된 셈입니다.

오후 5시 30분에는 과일과 떡으로 가볍게 저녁을 먹고 퇴근합니다. 차 안에서는 음악을 들으며 하루를 돌아봅니다.

'오늘의 기쁨은 무엇이었나?'

'감사할 일은 무엇이었나?'

'혹시 누군가를 섭섭하게 할 만한 말이나 행동은 없었나?'

하루 종일 몸과 머리를 충분히 써서인지, 밤 9시쯤이면 자연스럽게 잠자리에 듭니다. 집에서는 저를 두고 '신생아'라는 별명까지 붙였습니다.

특별할 것 없는 일상입니다. 하지만 이 단순한 루틴은 감정에 휘둘리지 않으면서, 매일 조금씩 자신에게 투자하게 만드는 핵심 성장 시스템입니다. 삶을 바꾸는 것은 거창한 결심이 아니라, 반복 가능한 구조라는 사실을 저는 이 일상 속에서 확인하고 있습니다.

## 루틴의 본질: 의지 소모를 막는 '환경 설계' 기술

제 자랑이 아닙니다. 루틴의 진짜 가치는, 의지력을 덜 쓰게 해준다는 데 있습니다.

사람들은 루틴을 지키지 못하면 흔히 이렇게 말합니다.

"내가 의지가 약해서 그래."

하지만 대부분의 경우 문제는 의지가 아니라 구조입니다. 루틴이 실패하는 순간은, 그것이 감정과 의지에 전적으로 맡겨지는 순간입니다.

반대로 생각해보면 답은 단순합니다. 하지 않으면 오히려 불편하도록 환경을 설계하면, 루틴은 자연스럽게 굴러갑니다. 저는 아침 운동 루틴을 지키기 위해 잠자리에 들기 전날 밤, 운동복과 수영복을 미리 가방에 넣어 현관 앞에 둡니다. 아침에 눈을 뜨자마자 운동 가방이 시야에 들어오면, '운동하러 갈까 말까?'를 고민할 틈이 없습니다. 생각보다 몸이 먼저 움직입니다. 이처럼 의지력을 소모할 상황 자체를 원천적으로 차단하는 것, 이것이 환경 설계의 핵심입니다.

'나에게 투자한다'는 관점에서 보면, 루틴은 가장 기본적인 기술입니다. 감정에 따라 흔들리는 삶이 아니라, 시스템에 의해 자동으로 성장하는 삶을 만드는 방식이기 때문입니다.

작은 습관의 조합이 몸의 반응을 얼마나 빠르게 바꿀 수 있는지,

저는 한 번의 경험을 통해 분명히 체감했습니다. 몇 년 전, 야간뇨 때문에 깊은 잠을 이루지 못하던 시기가 있었습니다. 영상의학과 의사인 아들에게 조언을 구했더니 이런 대답이 돌아왔습니다.

"아빠 연세에는 흔한 증상이에요. 우선 생활습관부터 조절해보세요."

처음에는 '이제 나이 들었다는 말인가' 싶어 마음이 조금 상했습니다. 하지만 곰곰이 생각해보니, 진짜 점검해야 할 것은 나이가 아니라 루틴이었습니다.

그래서 저는 몇 가지 작은 변화를 더했습니다. 잠들기 전 수분 섭취를 자제하고, 저녁 식사 후에는 숙면에 도움이 되는 바나나 한 개를 아몬드와 함께 먹는 루틴을 추가했습니다. 단 일주일 만에 밤중에 깨는 횟수가 한 번 정도로 줄었고, 깊은 잠을 자는 날이 눈에 띄게 늘어났습니다.

이 경험은 분명하게 말해줍니다. 삶의 질은 의지력의 문제가 아니라, 설계의 문제라는 것을요. 그리고 그 설계의 출발점이 바로 루틴입니다.

## 퇴근 후 시간을 '나를 위한 투자'로 바꾸는 법

많은 직장인이 퇴근 후 자기계발에 실패하는 가장 큰 이유는 '보상 심리'에 있습니다.

'오늘 하루 정말 열심히 일했으니, 저녁에는 쉬어도 되겠지.'

이 생각 자체가 잘못된 것은 아닙니다. 문제는 이 한마디가 저녁 시간을 통째로 잠식해 버린다는 데 있습니다.

저는 성장 시스템의 출발점이 이 보상 심리를 '투자 심리'로 전환하는 데 있다고 봅니다. 그러기 위해서는 무엇보다도 먼저, 뚜렷한 목표가 필요합니다. 목표가 있는 사람은 그 목표를 중심으로 시간을 재배치합니다. 반대로 목표가 없는 저녁 시간은 쉽게 흘러가 버립니다.

그래서 성장을 위한 기술은 의지를 자극하는 방식에서 시작되지 않습니다. 핵심은 목표 중심의 루틴을 어떻게 설계하느냐에 있습니다. 이 목표 설계는 퇴근 후 시간을 감정의 소모가 아닌, 시스템적 성장의 기회로 바꾸는 세 단계 구조로 이루어집니다.

첫째, 1단계는 '시동 걸기'입니다. 이 단계의 핵심은 행위 자체를 목표로 삼아 실패 가능성을 거의 0에 가깝게 만드는 데 있습니다. 예를 들어 '매일 헬스장에서 30분 운동하기'가 아니라, '매일 퇴근 후 헬스장 문 앞까지 가기'를 목표로 설정하는 것입니다. 결과가 아니라 행동에만 집중함으로써, 실패할 수 없는 가장 작고 쉬운 행동으로 루틴의 엔진에 시동을 겁니다. 중요한 것은 완벽한 실행이 아니라, 궤도에 진입하는 것입니다.

둘째, 2단계는 '출력 최적화'입니다. 루틴이 어느 정도 자리를 잡았다면, 이제는 측정 가능한 결과를 설정해 효율을 높일 차례입니다. 단순히 '매일 5분 책 펼치기'에서 한 걸음 더 나아가, '매일 책 10 페이지를 읽고 핵심 문장 2~3개를 필사하기'처럼 구체적인 산출물을 요구하는 목표로 전환합니다. 작은 성과를 눈으로 확인할 수 있을 때, 루틴은 훨씬 단단해지고 성장의 만족감도 커집니다.

셋째, 3단계는 '최종 검증'입니다. 이는 루틴이 쌓아온 힘을 삶의 변화로 증명해내는 도전의 단계입니다. 바디프로필 촬영, 하프 마라톤 완주, 혹은 오랫동안 써온 원고를 한 권의 책으로 출간하는 일처럼, 장기간의 투자가 헛되지 않았음을 눈으로 확인하는 경험입니다. 이 최종 검증은 성공의 기억을 뇌에 각인시키고, 다음 투자를 위한 강력한 동기를 만들어냅니다.

이렇게 설계된 퇴근 후 시간은 더 이상 감정에 맡겨지지 않습니다. 시스템에 의해 관리되고, 성장으로 이어집니다. 이것이 제가 말하는 진정한 Me-Tech입니다.


## 하루 1%의 파도를 설계하라

우리는 인생의 큰 파도를 두려워합니다. 그러나 실제로 우리를 흔드는 것은 거대한 사건이 아니라, 매일 반복되는 작은 파도들입니다. 늦잠, 무의미한 휴식, 흐트러진 저녁 시간 같은 사소한 선택들이 우리의 삶을 조금씩 침식합니다. 하루 1%에 불과한 작은 파도가 결국 산의 형태를 바꿉니다.

무의식적으로 반복해 오던 나쁜 습관 위에, 의식적으로 설계한 작은 루틴을 하나씩 덮어쓰는 것. 그것이 내가 나를 위해 할 수 있는 가장 확실한 투자입니다. 성장을 위한 기술은 거창한 결심에서 완성되지 않습니다. 매일 자동으로 굴러가는 1%의 성장 시스템 속에서 만들어집니다.

다만 습관이 바뀌는 과정에는 반드시 '낙담의 골짜기'가 존재합니다. 얼음이 녹기 직전, 영하 1도에서 0도로 올라가는 순간처럼 겉으로 보기에는 아무 변화가 없는 시간이 필요합니다. 이 시기는 변화가 없는 것이 아니라, 변화가 축적되고 있는 '잠재력 잠복기'에 가깝습니다.

그래서 뜻대로 되지 않는다고 해서 좌절할 필요는 없습니다. '나는 왜 이 모양일까'라는 자책보다는, 뇌가 새로운 패턴에 적응하는 시간을 이해하고 긴 호흡으로 접근하는 편이 훨씬 현명합니다. 변화는 의지의 문제가 아니라, 반복과 설계의 문제이기 때문입니다.

모든 변화의 출발점은 하루하루를 살아가는 방식에 있습니다. 우리는 머리로만 배우는 존재가 아니라, 몸으로 익히고 몸으로 생각하는 존재입니다. 결국 삶을 바꾸는 힘은, 오늘 하루를 어떻게 보내느냐에 달려 있습니다.

❖ 체크리스트 ❖

☐ 나는 하루를 자동으로 성장시키는 '나만의 루틴'을 가지고 있는가?
☐ 나는 퇴근 후 시간을 소비가 아닌 '나를 위한 투자'의 관점에서 쓰고
  있는가?
☐ 나는 '의지'가 아닌 '환경 설계'를 통해 루틴을 기본값으로 만들고 있
  는가?
☐ 나는 실패할 수 없는 작은 '시동 걸기' 목표부터 실천하고 있는가?

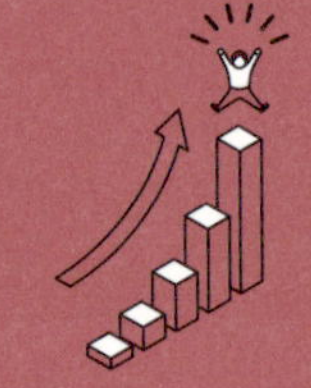

**Me-Tech**

# 2

# 일을 나의 '평생 자산'으로 만들어라

# 회사를 떠나도
# 살아남는 사람은?

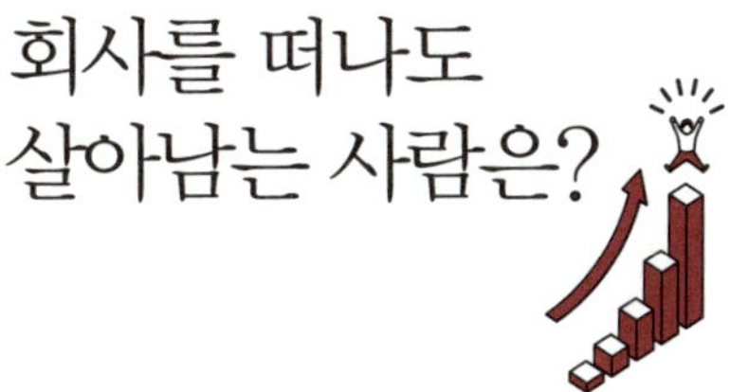

### 진짜 세일즈맨은 '문제 사냥꾼'

K은행 지점장 시절, 저는 점포 종합업적 평가에서 전국 1위를 달성한 경험이 있습니다. 당시 신용카드 신규 가입자 유치가 주요 업적 평가 항목 중 하나였습니다. 하지만 대부분의 고객이 이미 여러 장의 카드를 보유하고 있어 실적 달성이 쉽지 않은 상황이었습니다. 창구 직원들이 내방 고객들에게 열심히 권유해도 하루 한두 명의 신규 가입자를 얻는 것이 고작이었습니다.

그래서 저는 시선을 완전히 다른 곳으로 돌렸습니다. 바로 각 기업의 콜센터 상담원들이었습니다. 이전부터 K생명, L전자, S텔레콤 등 여러 기업의 콜센터장들과 운영 노하우를 나누며 쌓아온 친분을 떠올렸고, 저는 그들에게 '세일즈 마인드가 가장 좋은 분'을 소개해달라고 부탁했습니다. 그 결과는 놀라웠습니다. 한 기업에서 30~40장은 기본이고, 어떤 곳에서는 100장 넘게 신규 카드가 발급되기도 했습니다.

그러나 이 성과의 핵심은 단순히 힘 있는 인맥에 기댄 '줄'이 아니었습니다. 다른 은행들도 기업에 접근했지만, 내부 직원들의 소극적인 태도라는 벽을 넘지 못했습니다. 저는 오직 '세일즈 마인드가 가장 뛰어난 한 사람'을 찾았고, 그분은 동료 직원들에게 카드의 가치를 적극적으로 '판매'하는 내부 동력을 만들었습니다. 성공은 '누구'를 아느냐가 아니라, '누구의 마인드'를 활용하느냐의 문제였습니다.

저는 그때 확신했습니다. 최고의 세일즈맨은 답을 가진 해결사가 아니라, 문제를 낚아채는 '문제 사냥꾼'입니다. 이들은 고객이 겉으로 말하지 않은 결핍과 불편함을 먼저 발견합니다. 그리고 그 해결책을 단순한 제품이 아닌 '가치'로 전달합니다. 이처럼 숨겨진 맥락을 읽어내는 특별한 '뇌구조'(곧, 고객 중심의 마인드와 가치관)가 결국 압도적인 성과를 만들어냅니다.

애플의 창업자 스티브 잡스(Steve Jobs)는 "사람들은 자신이 무엇을 원하는지 잘 모른다"고 말했습니다. 그래서 세일즈의 본질은 고객의 '말'이 아니라 고객의 '맥락'을 읽는 능력입니다. 미래학자 다니엘 핑크(Daniel Pink)가 "최고의 세일즈맨은 문제 해결자가 아니라 문제 발견자"라고 말한 이유도 바로 여기에 있습니다.

정부의 소상공인 지원 사업인 '희망리턴패키지' 심사 과정에서 있었던 일입니다. 한 사업자가 사무실 밀집 구역 빌딩 지하에 과자 가게를 열겠다는 계획을 제시했습니다. 초기 전략은 단순했습니다. "직원들이 바쁠 테니까 가게에 주문 전화가 오면 회사까지 과자나 음료를 배달해 주겠습니다."는 것이었습니다. 저는 이것이 진정한 문제 해결이 아니라고 생각했습니다. 그는 문제를 제대로 찾아내지 못했기 때문입니다. 저는 그에게 질문을 던졌습니다.

"사장님, 직장인이 주 고객일 텐데, 그 빌딩의 회사들은 사장님 사업과 관련해서 어떤 문제를 갖고 있을까요?"

진짜 문제는 회사 탕비실 관리라는 숨겨진 영역에 있었습니다. 직원 복지 차원에서 간식을 비치하지만, 간식 부족, 탕비실 청결 유지, 보충 업무를 맡는 직원의 불만 등 총무팀에게 큰 골칫거리가 되는 '보이지 않는 부담'이 컸습니다.

저는 정기적인 탕비실 청소와 간식 보충 서비스를 제안했습니다. 이로써 총무팀의 골칫거리는 단숨에 해결되었습니다. 단순한 과자 판매가 아니라 거래처의 실질적인 페인 포인트를 해결하는 혁신적인 '솔루션 사업'으로 변모한 것입니다. 이는 담당자의 업무 부담을 덜어주면서, 동시에 안정적 매출을 확보할 수 있는 지속 가능한 비즈니스 모델이었습니다.

## AI 시대, 세일즈의 본질은?

이제 AI 시대가 열리면서 세일즈의 본질은 더욱 분명해지고 있습니다. 이제 고객은 더 이상 '정보'를 사지 않습니다. 정보는 AI가 대신 제공하기 때문입니다. 그렇다면 인간은 무엇을 팔아야 할까요? 바로 의미, 감정, 신뢰, 그리고 관계가 될 것입니다. AI는 빠르게 요약하고 비교하고 정리할 수 있지만, 고객의 진짜 의도 · 감정 · 동기 · 맥락을 해석하는 능력은 아직도 인간이 더 탁월합니다. 문제의 본질을 파악하고, 스토리텔링으로 설득하고, 고객의 상황을 감정적으로 이해하며, 신뢰를 쌓는 능력. 이 능력은 AI가 절대 대체할 수 없는 인간의 고유한 역량입니다.

흔히 "나는 영업 체질이 아니야"라고 말하지만, 사실 우리는 매일 세일즈를 하며 살아갑니다. 다니엘 핑크(Daniel Pink)는 『파는 것이 인간이다』에서 설득 · 영향력 · 커뮤니케이션 활동을 모두 '비판매 세일즈'라고 부릅니다. 프리랜서가 클라이언트에게 전문성을 어필하고, 유튜버가 구독자의 지속적인 관심을 끄는 것, 스타트업 창업자가 미래 비전으로 투자자를 설득하는 것, 모두가 세일즈의 일종입니다. 회사에서 새로운 프로젝트의 필요성을 제안하거나, HR 담당자가 복지 제도를 임원진에게 설명하는 모든 순간에 세일즈 능력이 필요합니다.

실제로 직장인의 업무 시간 중 40% 이상이 타인을 설득하고 영향을 미치는 '비판매 세일즈' 활동에 쓰인다고 합니다. 결국 세일즈의 본질은 물건이 아니라 가치와 의미를 전달하는 능력입니다. 그리고 이 능력은 곧 상대방의 마음을 얻는 것에서 시작됩니다.

## 고객의 마음을 얻는 3가지 법칙

세일즈의 본질은 상대방의 마음을 얻는 것입니다. 물건을 파는 것이 아니라 신뢰를 파는 것이며, 제품을 전달하는 것이 아니라 가치를 전달하는 것입니다. AI 시대에도 변하지 않는 고객의 마음을 얻는 세 가지 핵심 법칙을 살펴보겠습니다.

첫째, 상호성의 법칙을 실천하라

스타벅스가 신제품 출시 때 무료 샘플을 제공하면 고객은 자연스럽게 호의로 답합니다. 한 자동차 대리점은 시승 고객에게 전문 사진작가가 촬영한 가족사진을 선물했는데, 이는 단순한 시승을 특별한 경험으로 변화시켜 높은 구매율로 이어졌습니다. 컨설팅 회사가 잠재 고객에게 무료 진단 보고서를 제공하는 것도 같은 원리입니다.

둘째, 호감의 법칙을 기억하라

삼성전자의 한 판매점에서는 고객이 제품을 고르는 동안 아이들을 위한 장난감 공간을 제공하고, 노인 고객을 위해 큰 글씨로 된 제품 설명서를 준비했습니다. 이러한 세심한 배려는 고객의 호감도를 높이고 자연스럽게 구매로 이어졌습니다. 사소해 보이는 배려가 큰 영향력을 만드는 것입니다.

셋째, 진정성의 원칙을 실천하라

한 보험설계사는 고객에게 불필요한 보험 가입을 만류하고 기존 보험의 보장 분석을 해주었습니다. 단기적으로는 수익을 포기했지만, 이는 장기적으로 강력한 신뢰관계 구축으로 이어져 고객 추천과 재구매로 이어졌습니다. 고객이 진짜 원하는 것을 기준으로 행동하는 것, 이것이 진정성입니다.

AI 시대에도 이 세 가지 법칙은 변하지 않습니다. 오히려 더 중요해지고 있습니다. 왜냐하면 AI가 모든 것을 자동화해 줄수록, 사람들은 더 인간적인 감정·관계·신뢰를 원하기 때문입니다.

## 회사 밖에서도 살아남는 사람의 공통점

우리는 이전 세대보다 훨씬 오래 삽니다. 정년은 그대로인데 인생은 길어졌습니다. 결국 언젠가 우리는 회사를 떠나고, 그때부터는 회사 간판이 아니라 내 이름 석 자의 힘으로 살아가야 합니다. 이때 가장 중요한 능력이 하나 있습니다. 바로 스스로 고객을 확보하는 능력입니다.

대기업 출신들을 스타트업에 연결해주는 매칭 회사 대표의 말이 오래 기억에 남습니다. 그녀는 대기업 출신들이 스타트업에 적응하는 것이 "대부분 어렵다"고 말했습니다. 하지만 두 부류는 예외였답니다. 하나는 영업 전문가, 다른 하나는 정부 과제 수주 전문가였습니다. 이 두 부류의 공통점은 조직의 이름이 아닌 개인의 힘으로 결과를 만들어내는 경험에 있습니다. 대기업의 스태프 부서(전략, 인사, 재무)는 조직 내부 시스템에 의존하지만, 영업이나 외부 과제 수주 담당자는 맨땅에 부딪혀 고객이나 예산을 '획득'해야 합니다.

조직을 벗어났을 때, 진정으로 중요한 것은 화려한 직함이 아니라 스스로 고객을 모으고 시장을 개척하는 '자생형 고객 확보 능력'이라는 명백한 교훈을 얻을 수 있습니다. 아무리 실력이 뛰어나도 고객을 만들지 못하면, 조직 밖에서는 한 걸음도 나아갈 수 없습니다.

큰 인기를 끌었던 드라마 「김부장 이야기」를 재미있게 보았습니다. 과장된 장면도 있지만, 직장인의 현실을 너무나 생생하게 풀어낸 작품입니다 주인공은 영업부장 출신입니다. 저는 이 드라마가 주는 또 다른 메시지를 찾았습니다. '조직에서의 성공과 인생에서의 성공은 완전히 다른 게임'이라는 점입니다. 조직에서는 타이틀과 직함이 나의 가치를 만들어줍니다. 그래서 회사의 브랜드와 더불어 나의 영업력이 크게 발휘됩니다.

하지만 회사라는 조직의 간판을 벗어나는 순간, 타이틀은 사라집니다. 남는 것은 오직 '나라는 브랜드', 전문성, 그리고 관계 자본뿐입니다. AI 시대는 이 격차를 더욱 빠르게 심화시킵니다. Me-Tech가 필요한 이유가 바로 여기에 있습니다. AI가 모든 정보를 대신 제공하는 시대, 당신의 생존 역량은 기능보다도 인간의 '본질'에 더 크게 좌우됩니다. 따라서 평생 커리어를 설계할 때는 어떤 상황에서도 생존을 가능하게 하는 '파는 능력'을 핵심 역량으로 갖춰야 합니다. 그러므로 지금 스스로에게 물어야 할 가장 중요한 질문은 이것입니다. "나는 스스로 고객을 만들고, 평생 성장할 준비가 되어 있는가?"

❖ **체크리스트** ❖

☐ 나는 고객이 말하지 않은 '숨은 문제'를 발견하고 있는가?

☐ 나는 AI가 할 수 없는 감성·관계·신뢰의 능력을 키우고 있는가?

☐ 나는 회사 밖에서도 스스로 고객을 확보할 준비가 되어 있는가?

# 행운은
# '계획된 우연'에서 온다

## 나는 누구에게 '우연'이었을까

인생의 전환점은 대개 뜻밖의 순간에 찾아옵니다. 그리고 때로는, 내가 누군가의 인생을 바꾼 '우연'의 주역이었다는 사실을 아주 뒤늦게 깨닫기도 합니다.

얼마 전, K은행에서 지역그룹을 맡고 있는 김 대표와 점심 식사를 했습니다. 식사 도중 김 대표는 차장 시절 함께 근무했던 한 동료의 오래된 이야기를 꺼냈습니다. 신입행원 연수 중 부친상을 당했던 그 동료는, 연락을 받고 새벽에 안동으로 내려가며 연수원 당직 교수에게 이렇게 말했다고 합니다.

"은행을 그만두겠습니다."

아마 일이 적성에 맞지 않았던 모양입니다.

그때 연수원 당직 교수는 담담하게 이렇게 물었다고 합니다.

"장례를 치르고 나서 어떤 계획이 있나요?"

동료는 잠시 생각하다가 이렇게 답했습니다.

"아직 아무 계획이 없습니다."

그러자 교수는 짧게 조언했다고 합니다.

"금융 지식은 앞으로 사회생활을 하는 데 필수적인 상식이 될 겁니다. 당장 다음 계획이 없다면, 연수원 과정은 마치고 나서 그만두어도 늦지 않을 것 같습니다."

그 동료는 30년이 지난 지금까지도 그날의 조언을 잊지 못하고 있다고 했습니다. 이야기를 들려주던 김 대표는 제게 이렇게 물었습니다.

"그때 그 말 한마디가 한 사람의 인생을 바꾼 걸, 그 교수는 알고 있을까요?"

저는 잠시 생각하다가 "글쎄요…"라고 대답했습니다. 그런데 김 대표의 다음 말에 저는 깜짝 놀랐습니다. 그때 그 조언을 했던 연수원 교수가 바로 저였다는 사실을 알게 되었기 때문입니다.

솔직히 말씀드리면, 저는 그 생생한 장면을 전혀 기억하지 못하고 있었습니다. 다만 사무실로 돌아오는 길에, 그 동료의 이름이 '은주'였다는 것만을 어렴풋이 떠올릴 수 있었습니다.

우리는 이렇게 살아갑니다. 의도하지 않았던 말 한마디, 가볍게 건넨 조언 하나가 누군가의 인생에서는 방향을 바꾸는 전환점이 되기도 합니다. 그리고 그 사실을, 말한 사람은 끝내 알지 못한 채 지나가기도 합니다.

인생의 변화는 꼭 거창한 순간에서 시작되는 것은 아닙니다. 때로는 이렇게, 아무 준비 없이 건넨 한마디 말이 한 사람의 삶을 조용히 밀어 올립니다.


## 편지 한 통으로 달라진 인생의 방향

저 자신에게도 하나의 전환점이 있었습니다. 그것은 어린 농부로 살던 시절, 친구가 보내온 편지 한 통이었습니다.

가난한 살림에 아버지마저 일찍 돌아가시자, 장남이었던 저는 중학교를 졸업할 무렵 어머니의 뜻에 따라 농사일을 시작했습니다. 논에 농약을 치고, 밭에서 감자를 캐고, 분뇨를 지게에 지고 나르는 고된 노동이 하루도 빠짐없이 반복되었습니다. 흙먼지 속에서 하루하루를 보내다 보니, 마음속에 품고 있던 꿈도 서서히 희미해져 갔습니다.

그 무렵, 광주에서 학교를 다니던 중학교 친구에게서 편지 한 통이 도착했습니다. 편지에는 이런 문장이 적혀 있었습니다.

"너처럼 공부 잘하던 친구가 농사를 짓게 되다니 안타깝다. 그래도 꿈은 버리지 마라."

길지 않은 문장이었지만, 그 말은 제 안에서 잠자고 있던 무언가를 단번에 깨웠습니다. 그날 이후 제 마음은 격렬한 전쟁터가 되었습니다. '이대로 농사꾼으로 남을 것인가, 아니면 다시 공부를 시작할 것인가.' 그날 밤 저는 거의 잠을 이루지 못했습니다.

결국 며칠 뒤, 저는 짐을 꾸려 인근 도시로 향했습니다. 그리고 고등학교 입학시험을 준비하기 시작했습니다. 농사일에 익숙해진 손으로 다시 연필을 잡는 일은 결코 쉽지 않았습니다. 그러나 친구의 말 한마디와, 삶의 방향을 바꾸겠다는 마음이 저를 버티게 했습니다.

지금도 그 친구와는 연락을 주고받습니다. 흥미로운 사실은, 친구는 자신이 제 인생을 바꿀 만큼 중요한 편지를 썼다는 사실을 전혀 기억하지 못한다는 점입니다.

우연은 이렇게 찾아옵니다. 크지도, 요란하지도 않습니다. 그러나 이미 마음속 어딘가에서 결단할 준비가 되어 있던 사람에게는, 조용히 새로운 방향을 가리켜 줍니다.

## 우연은 준비된 사람에게만 기회가 된다

우연을 기회로 바꾸는 것은 운의 문제가 아니라, 태도의 기술입니다.

미국의 교육심리학자 존 크럼볼츠(John Krumboltz)는 성공의 약

80%가 우연에서 비롯된다고 말했습니다. 그는 인생의 방향을 바꾸는 결정적 계기는 대부분 계획되지 않은 사건에서 나오며, 중요한 것은 그 우연을 어떻게 받아들이고 활용하느냐에 달려 있다고 강조합니다.

이 태도를 잘 보여주는 상징적인 사례가 석유 왕국을 일군 존 D. 록펠러의 이야기입니다. 서부 개척시대, 그는 금을 찾아 땅을 팠지만 연이은 실패로 주변 사람들은 하나둘 떠났습니다. 그러나 그는 "지금 그만두면 바로 밑에 있을지도 모를 기회를 놓치게 된다"며 버텼고, 결국 금 대신 전혀 다른 차원의 자원인 석유를 발견했습니다. 결과만 놓고 보면 우연처럼 보이지만, 그 우연을 붙잡은 것은 그의 태도였습니다.

크럼볼츠는 이러한 '계획된 우연'을 기회로 만드는 사람들에게 공통적으로 나타나는 다섯 가지 태도가 있다고 설명합니다.

첫째는 호기심입니다. 자신이 잘 모르는 영역에도 문을 열어두고, 예기치 않은 상황 앞에서 "이 경험이 나에게 어떤 의미가 있을까?"라고 질문하는 태도입니다. 우연은 대개 낯선 얼굴로 찾아오기 때문에, 호기심이 없으면 그냥 스쳐 지나가버립니다.

둘째는 인내심입니다. 우연한 기회는 단번에 성공으로 이어지지 않습니다. 당장 눈에 보이는 성과가 없어도 그 과정을 견디고 지속하게 만드는 힘, 그것이 인내심입니다.

셋째는 유연성입니다. 처음 세운 계획을 절대적인 정답처럼 고집하지 않고, 예상치 못한 우연이 나타났을 때 기꺼이 방향을 조정할 수 있는 태도입니다. 계획보다 중요한 것은, 상황에 맞게 자신을 조정하는 능력입니다.

넷째는 낙관성입니다. 이는 무조건 잘될 것이라는 막연한 믿음이 아닙니다. 어려운 상황 속에서도 '이 경험을 통해 배울 수 있는 것이 있다'고 믿는 긍정적인 자기효능감에 가깝습니다. 이 태도가 있어야 실패조차 자산으로 전환됩니다.

다섯째는 위험 감수입니다. 새로운 기회는 언제나 익숙하고 안전한 영역 밖에 존재합니다. 손실의 가능성을 감수하더라도, 더 큰 성장을 위해 한 발 내딛는 용기가 필요합니다.

결국 같은 우연을 마주해도, 어떤 사람에게는 아무 일도 일어나지 않습니다. 우연은 누구에게나 찾아오지만, 그것을 기회로 바꾸는 일은 준비된 태도를 가진 사람에게만 허락되기 때문입니다.

## 우연이 준 기회를 잡는 것은 결국 '행동하는 나'

직장인에게 가장 큰 우연 중 하나는, 어떤 상사와 어떤 동료를 만나느냐입니다.

은행 과장 시절, 고객만족 업무를 맡아 일할 때 직속상사였던 류실장님은 저를 볼 때마다 늘 "장 과장, 우물 안만 보지 말고 우물 밖으로 나가야 합니다. 전문성을 인정받으려면 책을 쓰세요. 대외적으로 인정을 받아야 합니다.”

그때는 그 말이 다소 막연하게 들렸습니다. 하지만 그 한마디가 결국 수십 권의 책을 쓰는 작가로서, 전혀 새로운 커리어의 문을 여는 출발점이 되었습니다.

상사의 조언이 진짜 우연이 되려면, 반드시 나의 행동이 뒤따라야 합니다. 교육 컨설팅업을 하는 장 대표의 사례가 이를 잘 보여줍니다. 당시 저는 K은행 내방역 지점장이었고, 그는 사내 강사 과정에서 제 특강을 들은 수강생이었습니다. 그는 제 강의를 듣는 순간 강한 전율을 느꼈다고 말했습니다.

그날 밤, 그는 바로 제 연락처를 찾아 메일을 보냈고, 며칠 뒤에는 제가 근무하던 지점까지 직접 찾아왔습니다. 그리고 이렇게 말했습니다.

“저도 지점장님처럼 되고 싶습니다.”

이 용기 있는 선언을 계기로 그는 제게 멘토링을 받게 되었고, 몇 년 뒤 회사를 나와 자신의 컨설팅 회사를 성공적으로 시작했습니다. 그의 커리어를 바꾼 결정적인 계기는, 감동을 행동으로 옮긴 그 한 번의 선택이었습니다.

이런 경험들을 통해 저는 ‘계획된 우연’이란 단순히 준비된 사람이 만나는 기회가 아니라, 준비하고 행동하는 과정 자체가 우연을 끌어오는 기술이라는 확신을 갖게 되었습니다. 우리는 인생에서 수많은 사람과 사건을 만납니다. 그 모든 만남과 경험에는 배움의 가능성이 숨어 있습니다. 같은 전류가 흘러도 전구의 용량에 따라 밝기가 달라지듯, 같은 자극을 받아도 그것을 어떻게 해석하고 받아들이느냐에 따라 결과는 완전히 달라집니다.

직장 안에서 만나는 우연 역시 마찬가지입니다. 그것은 어느 날 갑자기 떨어지는 행운이 아니라, 태도의 누적이 만들어내는 결과에 가깝습니다. Me-Tech는 단기 성과를 위한 요령이 아니라, 커리어의 후반부까지 이어지는 장기 전략이기 때문입니다. 능력은 혼자서도 쌓을 수 있습니다. 그러나 기회는 대부분 타인을 통해 옵니다. 그리고 타인은 보이지 않는 사람을 선택하지 않습니다.

그래서 자신의 관심사와 목표를 은근하게 드러내는, 이른바 '보이는 사람'이 될 수 있도록 자신을 설계할 필요가 있습니다. 우연은 침묵하는 사람보다, 신호를 보내는 사람에게 훨씬 더 민감하게 반응합니다.

이러한 계획된 우연을 실제 성공으로 연결하기 위해서는 네 가지 실천 전략이 필요합니다. 첫째, 스쳐 지나간 자극을 머릿속에만 두지 말고 '기록'으로 남기는 것. 둘째, "훌륭한 강사가 되겠다"와 같이 분명한 목표를 설정하는 것. 셋째, 자신의 계획을 공개적으로 선언해 행동의 압력을 만드는 것. 넷째, 거절과 실패의 가능성을 감수하겠다는 용기를 갖는 것입니다.

우연한 기회를 의미 있는 성장의 발판으로 바꾸는 일은, 결국 행동하는 사람의 몫입니다.

❖ 체크리스트 ❖

☐ 나는 최근 1년간 우연처럼 다가온 제안을 그냥 흘려보내지는 않았는
가?

☐ 나는 나의 성장 목표를 누군가에게 명확하게 말해본 적이 있는가?

☐ 나는 누군가에게 인생의 방향을 바꿔준 '우연한 사람'이 되어본 적이
있는가?

# 허드렛일은
# 사소한 일일까?

## 허드렛일은 해석의 문제

저는 속리산 문장대 아래 마을에서 펜션을 운영하는 입사 동기, 안 사장을 돕고 있습니다. 블로그 글을 함께 다듬어 주고, 마케팅 아이디어를 나누는 정도의 소소한 응원입니다. 그러던 중 「일에서 예술을 창조하라」라는 칼럼을 읽고, 이 글은 꼭 안 사장에게 보여주어야겠다는 생각이 들었습니다.

칼럼에는 외관은 평범하지만 1년 치 주말 예약이 이미 가득 차 있는 한 펜션의 이야기가 나옵니다. 그 비결은 시설이나 가격이 아니라, 이른바 '우렁각시 서비스'였습니다. 부모와 아이들이 놀고 있는 동안 사장이 저녁 식사를 준비해주고, 식사가 끝나면 설거지까지 대신 해주는 서비스였습니다. 휴가지에 와서까지 부엌일을 하고 싶지 않은 부모의 마음을 정확히 읽어낸 선택이었습니다. 시설을 바꾼 것이 아니라, '일하는 방식'을 바꾼 것입니다. 그 결과, 이 펜션은 고객에게 오래 기억되는 특별한 경험이 되었습니다.

비슷한 사례로 도쿄의 네일 아티스트 마키코 나카무라(Makiko Nakamura)의 이야기도 눈여겨볼 만합니다. 그녀는 일반적인 네일숍과 달리, 고객의 직업과 생활 패턴을 고려한 '라이프스타일 맞춤형 네일 디자인'을 제안했습니다. 피아니스트를 위한 특수 보강 네일, 주부를 위한 내구성 강화 디자인처럼 고객의 삶을 기준으로 서비스를 재설계했고, 그 차별화는 큰 성공으로 이어졌습니다.

마케팅 전문가 세스 고딘(Seth Godin)은 『보랏빛 소가 온다』에서 이렇게 말합니다. "어느 분야에서 일하느냐보다, 어디에 있든 차이를 만들어낼 수 있는 사람이 되는 것이 중요하다." 평범한 일상 속에서도 '보랏빛'을 만들어낼 수 있다는 뜻입니다. 세계적인 호텔 체인 리츠칼튼에서 청소부로 일했던 버지니아 아주엘라(Virginia Azuela)의 사례도 이를 잘 보여줍니다. 그녀는 고객의 취향과 습관을 작은 수첩에 꼼꼼히 기록했습니다. 재방문한 고객에게 이전과 똑같이 편안한 환경을 제공하기 위해서였습니다. 직무의 높고 낮음이 아니라, 일을 대하는 태도가 경험의 품질을 바꾼 것입니다.

좋은 노동과 허드렛일의 차이는 단순히 일의 종류나 급여에 있지 않습니다. 그 일이 어떤 의미를 품고 있느냐에 달려 있습니다.

철학자 헨리 데이비드 소로(Henry David Thoreau)가 강조했듯이, 삶의 의미를 담아낼 수 있는 일이야말로 진정한 가치를 지닙니다. 한 사람의 인생에서 노동이 차지하는 시간은 그 어떤 활동보다도 깁니다. 자신의 일에서 의미를 찾지 못한다면, 삶의 상당 부분이 공허해질 수밖에 없습니다.

요즘 '대퇴사'와 '조용한 퇴사'라는 말이 낯설지 않습니다. MZ세대 직장인 가운데 상당수가 입사 후 짧은 시간 안에 회사를 떠나고 있습니다. 많은 사람들이 회사를 그만두는 이유 중 하나는 '내가 이런 일을 하려고 입사한 게 아닌데'라는 생각, 즉 단순 반복 업무, 이른바 허드렛일에 대한 거부감입니다.

하지만 저는 질문을 이렇게 바꿔보고 싶습니다. '이 일이 허드렛일이어서 문제일까요, 아니면 이 일을 통해 아무것도 축적되지 않아서 문제일까요?'

노벨경제학상 수상자인 대니얼 카너먼(Daniel Kahneman)은 성공이 재능보다도 '어떻게 해석하느냐'에 더 크게 좌우된다고 말합니다. 같은 일을 하더라도, 어떤 사람은 시간을 소모하고 어떤 사람은 자산을 축적합니다. 결국 허드렛일이냐 아니냐를 가르는 기준은 일이 아니라, 그 일을 통해 무엇을 남기느냐에 달려 있습니다.

## 관찰이 곧 성장의 발판

외국계 은행 근무 시절의 이야기입니다. 신입 직원들은 대부분 글로벌 업무, 마케팅 전략, 펀드 운용과 같은 일을 꿈꿨습니다. 그러나 경험 없는 신입이 곧바로 그런 일을 맡을 수는 없었습니다. 저는 신입사원들을 모두 콜센터에 배치했습니다. 퇴사자도 생겼고, 불만도 많았습니다. 하지만 저는 콜센터야말로 고객의 니즈와 불편을 이해하고, 그들의 언어, 감정, 문제를 가장 생생하게 관찰하며 배울 수 있는 최고의 훈련장이라고 생각했습니다.

이때 중요한 것은 단순히 전화를 받는 것이 아니었습니다. 어떤 질문이 반복되는지, 어떤 설명에서 고객이 안심하는지, 어떤 말투에서 분노가 누그러지는지를 관찰하는 일이었습니다. 이 경험은 이후 마케팅, 상품기획, 커뮤니케이션 역량으로 그대로 이어졌습니다. 허드렛일이 아니라, 고객을 관찰하며 이해하는 서비스 훈련장이었던 셈입니다.

콜센터 상담원 K씨의 사례도 그렇습니다. 매일 수십 통의 고객 불만 전화를 받는 그의 업무는 겉보기에 단순 응대로 보일 수 있습니다. 하지만 K씨는 이 일을 '고객의 감정을 회복시키는 일'로 재정의했습니다. 화가 난 고객의 말에 진심으로 귀 기울이고, 그들의 불편함에 공감하며, 문제해결을 위해 최선을 다하는 과정에서 자신의 일이 단순한 응대를 넘어 한 사람의 하루를 변화시키는 의미 있는 역할로 관점을 바꾼 것입니다. 특히 짜증을 내며 전화를 걸었던 고객이 웃으며 통화를 마치거나, '당신 덕분에 기분이 좋아졌다'는 말을 들을 때면 더욱 큰 보람을 느낍니다.

남들이 허드렛일이라고 생각하는 업무에 조직의 비효율, 고객의 불편, 반복되는 문제가 고스란히 담겨 있습니다. 이것을 보는 사람이 성장합니다.


## 허드렛일을 자산으로 바꾸는 기술

그렇다고 해서 "마음가짐만 바꾸면 된다"는 식의 이야기를 하려는 것은 아닙니다. 현실적으로 허드렛일이 과도한 조직도 분명히 존재합니다. 실제로 맥킨지의 조사에 따르면, 직장인들은 근무 시간의 약 21% 이상을 본업과 직접적인 관련이 없는 부수적 업무에 사용하고 있습니다. 이는 개인의 전문성 축적을 방해하는 구조적 요인으로 작용합니다. 그래서 중요한 것은 막연한 감내가 아니라, 구조와 접근 방식의 변화입니다.

먼저 개인의 차원에서 필요한 변화는 분명합니다. '누구나 할 수 있는 일'을 '나만이 할 수 있는 방식'으로 바꾸는 것입니다. 같은 일을 하더라도 기록하는 사람, 정리하는 사람, 개선안을 제시하는 사람은 분명히 다릅니다. 업무 지식이 쌓이고, 남들과 구별되는 노하우가 만들어지는 순간, 그 일은 더 이상 허드렛일이 아닙니다. 여기에 추진 과정에 대한 친절한 설명과 함께 일하는 사람에 대한 배려까지 더해진다면, 그 일에는 분명히 '나만의 흔적'이 남습니다.

예를 들어 커피 심부름도 접근 방식에 따라 전혀 다른 결과를 낳을 수 있습니다. 단순히 커피를 타는 데서 끝나는 것이 아니라, 구성원 각자의 기호를 기록하고, 소비 패턴을 정리하며, 비용 절감을 위한 개선안을 제시한다면, 그 일은 단순한 잡무를 넘어 지식경영의 영역으로 확장됩니다.

또 하나 중요한 요소는 일의 '완결성'입니다. K은행 대리 시절, 저는 연수원 서비스 담당 교수로 발령을 받았습니다. 신입행원부터 저보다 직급이 높은 차장급 직원까지를 대상으로 강의를 진행하는 일은 보람 있고 즐거웠습니다. 그러나 동시에 교재 배부, 숙소 배정, 외부 강사 접대, 심야 숙소 관리, 연수생 다과 준비 등 온갖 부수적인 업무도 함께 떠안아야 했습니다. 처음에는 부담스러웠지만, 시간이 지나면서 이 모든 요소가 모여야 비로소 '좋은 교육'이 완성된다는 사실을 받아들이게 되었습니다.

이처럼 개인 차원에서 일의 완결성이 만족도와 직결되듯, 조직 차원에서도 분절된 업무를 자기완결형으로 확장하는 노력이 필요합니다. 실제로 아마존의 물류센터는 기존의 분업화된 포장 방식을 '주문부터 발송까지'를 한 사람이 책임지는 구조로 전환했습니다. 그 결과 직원 만족도는 63% 상승했고, 작업 오류는 45% 감소했습니다. 일의 의미와 결과가 연결될 때, 몰입도와 성과는 함께 높아집니다.

허드렛일을 대하는 태도는 직장 이후의 삶과도 깊이 연결됩니다. 회사를 떠난 뒤 남는 것은 직무명이 아니라, 내가 반복해서 해결해 온 문제의 목록입니다. 고객의 불편, 프로세스의 비효율을 개선해본 경험은 훗날 콘텐츠가 되고, 컨설팅으로 이어지며, 새로운 일로 확장될 수 있는 확실한 자산이 됩니다.

Me-Tech란 거창한 기술이 아닙니다. 지금 맡은 일을 관찰하고, 기록하고, 차별화하며 축적해 온 경험의 총합입니다. 결국 허드렛일은 해석에 따라 시간을 소모하는 일이 될 수도 있고, 가장 확실한 자기투자가 될 수도 있습니다. 그 갈림길은 언제나, 우리가 일에 어떻게 접근하느냐에 달려 있습니다.



☐ 나는 지금 맡고 있는 일을 단순한 반복이 아니라 관찰과 축적의 기회로 바라보고 있는가?

☐ 나는 남들이 허드렛일이라 부르는 일 속에서 어떤 문제를 반복해서 해결해 왔는가?

☐ 이 경험을 언젠가 직장을 떠난 뒤에도 나만의 전문성 사례로 설명할 수 있는가?

# 일에 의미를<br>부여하는 법

**"저는 결혼기념일이 두 번인데요…"**

"이렇게 좋은 실적을 낸 비결이 뭐예요?"

K은행 콜센터장 시절, 실적 우수 직원 시상식 자리에서 여은아 상담원에게 던진 질문이었습니다. 여은아 씨는 잠시 웃더니 이렇게 말했습니다.

"보통은 주소나 전화번호, 이메일 정도만 확인하시잖아요. 그런데 그런 정보는 이미 바뀌어 있는 경우가 많아요. 저는 결혼기념일도 꼭 여쭤봐요."

남편 대신 아내가 전화를 받는 경우가 많다 보니, 결혼기념일은 대화를 자연스럽게 이어가는 데 도움이 된다는 설명이었습니다. 그러다 한 번은 이런 일이 있었다고 합니다.

"고객님이 대답을 망설이시길래, 커피 쿠폰을 보내드리고 싶다고 말씀드렸더니 재혼이라 결혼기념일이 두 개라고 하시더라고요."

그녀의 말에 시상식장은 웃음바다가 되었습니다. 하지만 그녀의 성과는 단순히 고객 정보를 많이 수집한 요령 때문이 아니었습니다. 고객의 삶에 공감하며 자신의 업무를 새롭게 해석한 결과였습니다. 그녀는 자신의 역할을 단순한 데이터 입력이 아니라, '고객의 삶과 회사를 연결하는 가치 창출'로 받아들이고 있었습니다.

당시 콜센터에서는 상담원 성과지표로 고객 정보 변경 건수를 중요하게 관리하고 있었습니다. 많은 상담원에게 이 업무는 귀찮은 추가 과제에 불과했습니다. 저는 시상식에서 상금만 전달하지 않았습니다. 이렇게 덧붙였습니다.

"이 정보 하나가 고객 서비스를 바꾸고, 맞춤형 금융의 출발점이 됩니다."

현대 마케팅의 핵심은 초개인화입니다. 결혼기념일 같은 정보는 단순한 숫자가 아닙니다. 고객의 삶과 연결되는 중요한 접점입니다.

그날 저는 다시 한번 확신하게 되었습니다. 사람들은 일을 싫어하는 것이 아니라, 의미 없는 일을 싫어한다는 사실을 말입니다.

## 일의 의미는 누가, 어떻게 판단하는가

돌이켜보면 저는 새로운 일을 직원들에게 지시할 때마다 늘 '왜 이 일이 중요한가'를 설명하려 애썼습니다. 대단한 리더십 교육을 받아서라기보다, 제 개인적인 경험에서 비롯된 일종의 집착에 가까웠습니다.

6년간 교직 생활을 하다 K은행 신입행원이 되었을 때, 저는 동기들보다 나이가 많았고 무엇보다 주산 계산이 서툴렀습니다. 전산화 이전 시절, 주택부금 원장을 손으로 정리하는 일은 그야말로 단순 반복 노동이었습니다. 허리는 늘 아팠고, 출근길은 하루하루가 고통이었습니다.

몇 달 뒤 저는 당좌주임, 서무주임으로 자리를 옮기게 되었습니다. 새 업무를 맡을 때마다 집에 돌아와 아내에게 이렇게 말하곤 했습니다.

"이번엔 지점 전체 살림을 내가 맡았어. 주로 고참들이 맡던 아주 중요한 자리야."

그러자 아내는 이렇게 말했습니다.

"당신은 맡는 일마다 다 중요하다고 하네."

그 말은 제게 상처로 남았습니다. 그리고 돌이켜보면, 바로 그 상처가 이후 제가 '일의 의미'에 집착하게 만든 출발점이 되었습니다.

최근 직장인의 애환을 다룬 드라마 한 장면을 보다가, 문득 그때의 기억이 떠올랐습니다. 평생을 바친 회사에서 희망퇴직을 하고 돌아온 남편에게 아내가 말합니다.

"수고했어, 김 부장."

그 말과 함께 건네는 따뜻한 포옹. 세상의 어떤 화려한 위로보다도, 한 사람의 인생과 노동을 그대로 인정해 주는 그 한마디가 남은 삶을 살아가게 하는 가장 큰 힘이 된다는 사실을 새삼 느꼈습니다.

객관적으로 보면 서무주임은 대단한 자리가 아닐 수도 있습니다. 하지만 저는 그 자리가 자랑스러웠습니다. 일의 의미는 업무의 크기나 직함에서 만들어지는 것이 아니라, 그것을 받아들이는 사람의 마음에서 만들어진다는 사실을 그때 처음 배웠기 때문입니다.

매년 N금융그룹 직원용 교재를 집필하던 어느 해, 저는 원고가 채택되지 않았다는 통보를 받았습니다.

"교수님 원고가 부족해서는 아닙니다. 올해는 비슷한 주제를 다룬 교재가 많아서요."

계약에 따라 원고료는 지급됐지만, 허탈감은 쉽게 사라지지 않았습니다.

'나는 도대체 무엇을 위해 몇 달을 애쓴 걸까.'

문제는 돈이 아니라, 제 노력의 의미였습니다. 아이러니하게도 그 교재에서 제가 가장 강조한 주제가 바로 '일의 의미 부여'였습니다. MZ세대에게는 'Why'가 중요하다고 썼습니다. 단순히 일을 시키는 것이 아니라, 이 일이 고객과 조직, 그리고 개인에게 어떤 가치를 만드는지 설명해야 한다고 강조했습니다. 그런데 정작 그 말을 쓴 제 자신이, 제 노동의 의미를 잃고 있었던 셈입니다.

도스토옙스키는 이런 말을 남겼습니다.

"어떤 사람을 완전히 바보로 만들고 싶다면, 그에게 완전히 무의미한 일을 주어라."

의미 없는 노동은 단순한 피로를 넘어, 사람을 서서히 무너뜨립니다.


## 상사 없이도 의미를 연결하는 힘

어린 시절 우리가 즐겨 하던 '점잇기 놀이'를 떠올려봅니다. 흰 종이에 무작위로 찍힌 점들만 바라보고 있으면 아무런 형태도 보이지 않습니다. 하지만 1번부터 차례대로 점을 연결해 나가다 보면, 어느새 커다란 코끼리가 눈앞에 나타납니다. 긴 코와 큰 귀, 튼튼한 다리가 하나씩 모습을 드러내며, 처음에는 전혀 알 수 없었던 전체 그림이 또렷해집니다. 이것이 바로 리더가 해야 할 '의미 부여'의 역할과 닮아 있습니다.

리더는 두 개의 핵심 지점에서 의미의 점을 찍고 연결해야 합니다. 하나는 '고객 가치'이고, 다른 하나는 '개인의 성장'입니다. 의료기기 회사 메드트로닉의 사례처럼, 지금 하는 일이 실제 고객의 삶에 어떤 긍정적인 변화를 만들어내는지 구체적으로 보여주는 것이 필요합니다. 동시에 경제적 보상을 넘어, 이 업무가 개인의 역량과 장기적인 경력 발전에 어떤 기여를 하는지도 분명히 설명해야 합니다.

조직의 성과는 개인의 성장과 조화를 이룰 때 지속될 수 있습니다. 리더가 가진 넓은 시야와 정보를 활용해, 지금 이 일이 직원들의 미래와 어떻게 연결되는지를 보여주는 것, 그것이 의미 부여의 핵심입니다. 일도 마찬가지입니다. 개별 업무는 점에 불과하지만, 의미는 연결될 때 비로소 생깁니다.

여기서 한 가지 중요한 질문이 떠오릅니다. 의미는 반드시 리더가 만들어줘야 할까요? 그렇지 않습니다. 같은 조직, 같은 직무 안에서도 어떤 사람은 성장하고, 어떤 사람은 제자리에 머뭅니다. 차이는 단 하나입니다. 상사가 없어도 스스로 의미를 연결할 수 있는가의 문제입니다.

다만 조심해야 할 것이 있습니다. '의미 부여'가 아니라 '의미 훼손'입니다. 어느 날 밤, 한 신입사원이 회의실에서 제안서를 수정하고 있었습니다. 회사의 새로운 비즈니스 모델로 이어질 수도 있는 프로젝트였습니다. 그때 팀장이 이렇게 말합니다.

"제안서는 늘 있는 거예요. 떨어져도 그만이니까 이제 들어가요."

야근을 말리려는 의도였을지 모릅니다. 하지만 그 한마디는 의미의 연결을 끊어버렸습니다. 방금 전까지 '회사의 미래'였던 일은,

순식간에 '아무 일도 아닌 것'이 되어버렸습니다. 이것이 의미 훼손입니다.

회사를 떠난 뒤에는 누구도 의미를 대신 설명해주지 않습니다. 그때 필요한 능력은 무엇일까요? 지금 하고 있는 일을 '회사에서 시키는 업무'가 아니라, '회사 밖에서도 통하는 역량'으로 해석하는 힘입니다. 사실 회사 안에서 쌓는 역량의 대부분은 '회사 전용'이 아닙니다. 고객을 이해하는 능력, 문제를 구조화하는 힘, 데이터를 해석하는 감각, 사람을 설득하는 커뮤니케이션 능력은 조직을 떠난 뒤에도 그대로 따라옵니다.

앞서 이야기한 저의 경험도 마찬가지입니다. 당시에는 회사 안에서만 의미 있어 보이던 일들이, 지금은 회사 밖에서도 그대로 활용 가능한 저만의 자산으로 연결되어 있습니다.

고객 가치, 나의 성장, 그리고 다음 커리어. 이 세 가지 점을 연결할 수 있는 사람만이 회사 안에서도, 회사 밖에서도 오래 살아남습니다. 사람들은 일을 싫어하지 않습니다. 의미 없이 시키는 방식을 싫어할 뿐입니다. 그리고 언젠가 상사가 사라진 자리에서, 당신의 커리어를 지켜주는 것은 단 하나입니다. 지금 이 일을 어떻게 의미 있게 연결해왔는가입니다. 이것이 바로 Me-Tech가 말하는 '최고의 투자처는 바로 나 자신'이라는 명제의 핵심입니다.

❖ 체크리스트 ❖

☐ 내가 지금 하고 있는 일이 회사 밖에서도 쓸 수 있는 역량인지 설명
할 수 있는가?

☐ 의미 없어 보였던 경험을 나만의 자산으로 재해석해본 적이 있는가?

☐ 지금의 일이 나의 다음 커리어와 어떻게 연결되는지 점을 잇고 있는
가?

# 하루를 일해도 사장처럼?

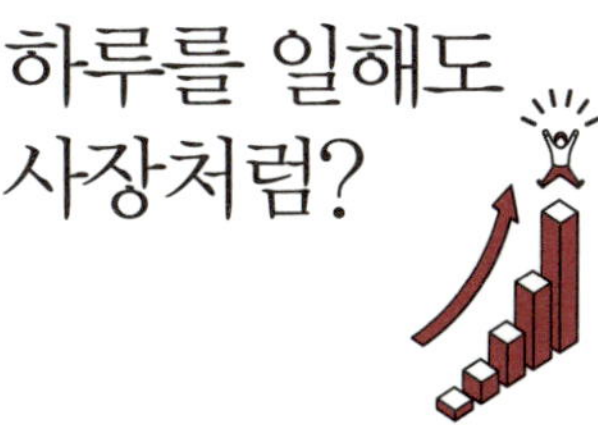

## 내 회사가 아닌데 웬 주인정신?

약 10년 전, 저는 『하루를 일해도 사장처럼』이라는 제목으로 주인정신을 다룬 책을 쓴 적이 있습니다. 공감해 주신 분들도 많았지만, 동시에 이런 반응도 적지 않았습니다.

"회사가 내 것도 아닌데, 왜 주인정신을 가져야 합니까?"

시간이 흐를수록 저는 이 질문이 개인의 이기심이라기보다, 주인정신이라는 개념이 얼마나 심각하게 왜곡되어 왔는지를 보여주는 증거라는 생각이 들었습니다. 많은 사람들이 주인정신을 '회사 주인처럼 헌신하라'는 요구로 받아들이고 있었기 때문입니다.

그러나 주인정신은 회사의 주인이 되라는 말이 아닙니다. 주인정신이란 내가 맡은 일의 결과와 방향에 대해 책임지는 태도, 다시 말해 그 일을 수행하는 과정에서 스스로를 '일의 오너'로 인식하고 행동하는 자세를 뜻합니다.

문제는 이 개념이 오랜 시간 동안 전혀 다른 의미로 사용되어 왔다는 데 있습니다. 야근을 감수하라는 말로, 불합리한 지시에도 참고 따르라는 말로, 회사 편에서 더 헌신하라는 압박의 언어로 변질되어 왔습니다. 이것은 주인정신이 아니라, 주인정신의 이름을 빌린 책임 전가에 가깝습니다.

우리는 식당에서 가끔 이런 직원을 만납니다. 주문을 받는 태도 하나, 손님이 필요한 것을 살피는 눈빛 하나만 봐도 '아, 저 사람은 아마 사장일 거야'라는 생각이 들게 만드는 사람 말입니다. 그런데 알고 보면 직원입니다.

그렇게 보이는 이유는 단 하나입니다. 그 사람은 자기 일을 '회사 일'이 아니라 '내 일'로 다루고 있기 때문입니다. 직함이 아니라 태도가, 소유가 아니라 책임감이 그 사람을 주인처럼 보이게 만드는 것입니다.

우리는 이렇게 질문해야 합니다. '왜 내가 주인정신을 가져야 하는가?'가 아니라, '이 일을 통해 나는 무엇의 주인이 되고 있는가?'

바로 이 질문에서 출발합니다.

## 진정한 주인정신이란?

연말이 되면 사무실마다 새해 달력이 놓입니다. 이 달력을 바라보는 사람들의 반응이 직급에 따라 다르다는 이야기가 있습니다. 사장은 검은색으로 표시된 영업일을 먼저 보고, 직원은 빨간색으로 표시된 휴일부터 확인한다는 것입니다. 농담처럼 들릴 수 있지만, 이 짧은 이야기 안에는 주인정신의 본질이 응축돼 있습니다. 무엇을 먼저 보는가, 어디에 시선이 머무는가가 그 사람이 무엇을 책임지고 있다고 느끼는지를 보여주기 때문입니다.

어린 시절 농촌에서 보았던 주인과 머슴의 태도는 주인정신의 본질을 가장 분명하게 보여줍니다. 논에서 피를 뽑을 때 주인은 날이 어두워질 때까지 하나라도 더 제거하려 애썼습니다. 피를 방치하면 수확량이 줄어든다는 사실을 몸으로 알고 있었기 때문입니다. 반면 머슴은 눈에 띄는 것만 대충 처리하고 하루 일을 서둘러 마치려 했습니다. 논은 자신의 것이 아니었고, 결과에 대한 책임도 지지 않았기 때문입니다. '병든 주인이 상머슴 열 못 한다'는 속담은 바로 이 책임감과 몰입의 차이를 설명해 줍니다. 같은 논에서 같은 시간을 보내도, 누가 주인으로 일하느냐에 따라 수확량은 전혀 달라집니다.

잭 웰치는 "직원들의 몰입도야말로 기업의 건강 상태를 측정하는 가장 중요한 척도"라고 말했습니다. 이 말의 핵심은 단순합니다. 사람은 자신이 주인이라고 느끼는 일에만 몰입한다는 것입니다. 일을 '회사 일'로 처리할 때와 '내 일'로 받아들일 때, 태도와 결과는 완전히 달라집니다. 주인의식이란 바로 그 차이를 만들어내는 힘입니다.

오늘날 MZ세대 직장인의 다수는 회사를 평생 몸담을 터전으로 보지 않습니다. 조직은 자신의 성장을 위한 하나의 플랫폼일 뿐, 인생의 목적은 아닙니다. 이런 인식 속에서 주인정신은 회사에 헌신하라는 구시대적 구호로 들릴 수밖에 없습니다. 자기 성장과 연결되지 않는 주인정신은 이들에게 아무 의미가 없습니다. 무조건적인 충성과 희생을 전제로 한 "주인의식을 가져라"라는 말이 오히려 반감을 사는 이유도 여기에 있습니다.

그래서 저는 주인정신이라는 개념을 이렇게 다시 정의하고 싶습니다. 정해진 시간과 조건 안에서 조직의 목표와 나의 성장을 동시에 설계하는 자기주도성. 이것이 오늘날 우리가 다시 회복해야 할 주인정신입니다. 회사의 편에 서라는 요구가 아니라, 내가 맡은 일을 통해 나 자신의 가치를 키우겠다는 선택 말입니다.

## '링겔만 효과'에서 배우는 커리어의 격차

110여 년 전 독일의 심리학자 막스 링겔만은 줄다리기 실험을 통해 흥미로운 사실을 밝혀냈습니다. 혼자 줄을 당길 때는 100의 힘을 발휘하던 사람이 두 명이 되면 186, 여덟 명이 되면 512의 힘밖에 내지 못했습니다. 인원이 늘어날수록 전체 힘은 커지지만, 1인당 기여도는 급격히 떨어졌습니다. 이것이 이른바 '링겔만 효과'입니다.

이 현상은 조직에서도 그대로 반복됩니다. 규모가 커질수록 책임은 희석되고, '누군가 하겠지'라는 태도가 자연스럽게 자리 잡습니다. 문제는 이 태도가 단순한 업무 태도의 차이로 끝나지 않는다는 점입니다. 시간이 지날수록 어떤 사람은 분명히 성장하는 반면, 어떤 사람은 늘 제자리에 머뭅니다. 이 차이는 결국 커리어의 격차로 이어집니다.

인사 시즌이 되면 이런 말이 자주 나옵니다. "실적은 제가 더 좋았는데, 왜 다른 사람이 승진했습니까?" 하지만 평가자는 숫자만 보지 않습니다. 일을 바라보는 관점, 책임을 대하는 태도, 조직 전체를 읽는 눈을 함께 봅니다. 회사 일을 자기 일처럼 하는 사람은 결국 성장하고, 자기 일을 회사 일처럼 여기는 사람은 어느 순간 한계에 부딪힙니다.

글로벌 컨설팅 기업 맥킨지의 연구에서도 장기적으로 성장하는 인재의 공통점은 단기 실적이 아니라 '일에 대한 오너십'이었습니다. 주인정신은 단기간에 훈련하기 어려운 태도이기 때문입니다. 이 태도는 연봉과 승진 속도, 그리고 기회의 크기까지 바꿉니다. 글로벌 인재 컨설팅 기업 켈리 서비스(Kelly Services)의 조사에 따르면,

주인정신을 가진 직원들은 그렇지 않은 직원들에 비해 평균 연봉이 23퍼센트 더 높았고, 승진 속도도 1.8배 빨랐습니다. 이는 주인정신이 단순한 충성심의 문제가 아니라, 실질적인 경력 성장의 핵심 요소임을 분명하게 보여줍니다.

## 회사 안에서 나만의 사업을 연습하다

"회사에서 그렇게까지 할 필요가 있나요?"

많은 사람들이 이렇게 묻습니다. 저는 늘 이렇게 답해왔습니다. "그렇게 하지 않으면, 회사 밖에서 할 수 있는 일이 너무 적어집니다." 저는 직장 생활 내내 스스로에게 같은 질문을 던졌습니다. '이 일이 내 사업이라면, 나는 어떻게 할까?' 보고서 하나를 쓸 때도, 프로젝트 하나를 맡을 때도, 비용을 처리할 때도, 고객 한 분을 대할 때마다 이 질문을 반복했습니다. 그러면 일의 깊이가 달라집니다. 비용 구조가 보이고, 리스크가 보이며, 개선의 여지가 눈에 들어오기 시작합니다. 그 순간부터 회사는 단순한 직장이 아니라, 사업을 연습하는 공간이 됩니다.

HSBC에서 고객경험 총괄관리자로 근무하던 시절, 개인금융그룹 대표였던 세바스찬은 은행의 상품이나 서비스가 출시되거나 변경될 때마다 제게 이렇게 물었습니다. "JB의 생각은 어떻습니까?" 이는 단순한 의견 청취가 아니라, 고객 관점에서의 최종 검증 과정이었습니다. 저는 국내 은행 근무 시절부터 한결같이 주장해왔습니다. 각 부서가 자기 논리로 움직이는 조직이 아니라, 은행 전체가 고객 중심의 관점으로 정렬되어야 한다는 점이었습니다. 특히 고객만족 부서를 다른 부서와 통폐합하려는 움직임에 고집스럽게 반대하며 가장 안타까워했던 사람도 바로 저였습니다.

지금 돌이켜보면, 그때의 고집스러운 태도야말로 주인정신의 발현이었다고 생각합니다. 주인정신은 단지 열심히 일하는 태도를 뜻하지 않습니다. 조직과 고객을 동시에 걱정하고, 필요하다면 불편한 질문을 던질 수 있는 용기입니다. 그리고 이런 경험은 회사를 떠나도 사라지지 않습니다. 직함은 사라져도, 문제를 정의하고 구조를 설계하는 능력은 사라지지 않습니다.

파친코 업계의 대부로 불리는 한창우 마루한 회장은 주인정신에 대해 이렇게 말합니다. "주인의식을 갖고 일하는 게 사실 큰 노력이 드는 것은 아니다." 그는 이어서 이렇게 설명합니다. "발상을 바꾸고 나니 업무가 전혀 다르게 보였다. 종업원 마인드로는 몇 년을 일해도 발전이 없었는데, 주인의 마인드로 일했더니 하루하루 나의 능력이 쌓여가는 것을 느끼게 되었고, 무심코 지나치던 것에서 운영의 노하우를 체득하게 되었다." 이 말은 주인정신이 조직과 개인 모두에게 윈윈이 되는 태도임을 잘 보여줍니다. 조직의 성과는 높아지고, 개인의 전문성과 경력, 나아가 자아실현까지 선순환이 만들어집니다.

세계적인 투자자 워런 버핏은 "나는 탭댄스를 추며 출근한다"고 말합니다. 과장이 섞인 표현이지만, 출근길이 설레는 삶이 어떤 상태인지는 분명히 전해집니다. 대부분의 사람들에게 설레는 시간은 퇴근 후 '나'를 만나는 순간입니다. 그러나 일이 곧 나의 성장으로 연결되는 순간, 감정의 방향은 완전히 달라집니다.

출근이 설레는 삶은 운이 아니라 설계의 결과입니다. 지금 하고 있는 일을 내가 주도하는 일로 재정의하고, 원칙을 세우고, 과정을 설계하는 순간 출근은 '시간의 소비'가 아니라 '미래를 향한 투자'가 됩니다.

❖ 체크리스트 ❖

☐ 나는 지금 맡은 일을 내 사업의 일부처럼 해본 적이 있는가?

☐ 나는 오늘의 업무가 어떻게 내 커리어 자산으로 남을지를 고민했는가?

# 한 걸음만 더,
# 엑스트라 마일의 힘

## '한 걸음 더'가 만드는 큰 격차

"100미터를 뛰는 사람에게 200미터를 더 뛰라고 하면 누구라도 포기할 것입니다. 하지만 10미터만 더 뛰라고 하면, 그건 누구나 뛸 수 있습니다."

이 말은 천호식품의 김영식 회장이 자주 강조해온 이야기입니다. 우리 대부분은 이미 각자의 자리에서 100미터를 뛰고 있습니다. 인생과 커리어의 차이는 대단한 재능에서 갈리는 것이 아니라, 바로 이 '약간의 차이'에서 만들어집니다.

2020년 넷플릭스 다큐멘터리 「마지막 댄스」에서 NBA 역사상 최고의 슈팅 가드로 평가받는 마이클 조던은 이런 말을 남깁니다.

"나는 연습할 때마다 늘 5분만 더 하자고 다짐했다." 그 5분이 쌓여 전설적인 선수를 만들었습니다. 그는 특별한 재능을 타고난 존재라서가 아니라, 매번 '조금 더' 하려는 태도를 끝까지 놓지 않았던 사람입니다.

몇 년 전에는 한 증권사 신입 직원의 이야기가 업계에서 화제가 된 적도 있습니다. 그는 입사 후 매일 아침 30분 일찍 출근해 전날의 시황과 주요 지표를 A4 한 장으로 정리했습니다. 처음에는 혼자 공부하려는 목적이었지만, 어느 순간 팀원들과 자료를 공유하기 시작했고, 점차 다른 부서에서도 받아보고 싶다는 요청이 들어왔습니다. 그렇게 6개월이 지나자 그의 자료는 전사 '모닝 브리핑'으로 자리 잡았고, 그는 입사 2년 만에 최연소 대리로 승진했습니다. 그가 한 일은 거창한 혁신이 아니었습니다. 매일 반복한 '엑스트라 마일', 바로 조금 더 간 수고의 축적이었습니다.

저 역시 매일 밤 원고를 쓸 때 이 원칙을 지키려고 노력합니다. 피곤해서 여기까지만 하고 싶을 때도 스스로에게 이렇게 말합니다. "한 쪽만 더 쓰자." 그러다 보면 어느새 글의 흐름이 살아나고, 계획했던 분량을 넘겨 새벽까지 쓰게 되는 날도 적지 않습니다. 바쁜 강의 일정 속에서도 꾸준히 책을 쓸 수 있었던 이유는 바로 이 '조금 더'의 습관 덕분이었습니다.

인간은 다 거기서 거기입니다. 내가 하고 싶은 만큼만 하고 멈추면, 남들도 대부분 그 지점에서 멈춥니다. 그래서 남들과 달라지기 위해 필요한 것은 압도적인 재능이 아니라, 남들보다 아주 약간 더 들이는 수고와 시간입니다. 그 차이가 쌓일 때, 비로소 인생의 궤적은 다른 방향으로 움직이기 시작합니다.

## 엑스트라 마일, 성실이 아니라 전략

몇 해 전, 어깨 통증으로 동네 한의원에서 꽤 오랫동안 침 치료를 받은 적이 있습니다. 사무실에서 가깝고 공휴일에도 진료를 해서 접근성은 좋았습니다. 문제는 진료를 받을 때마다 한 한의사가 "이 기회에 보약을 함께 드시는 게 좋습니다"라며 반복적으로 권유했다는 점입니다. 서너 번이나 같은 말을 듣다 보니 불편함이 쌓였고, 결국 "우선 어깨 통증이 치료되면 그때 생각해보겠습니다"라고 분명히 선을 그었습니다. 그러자 분위기가 눈에 띄게 어색해졌습니다. 관계가 형성되기도 전에 판매부터 앞세운 전형적인 실패 사례였습니다.

시장이 성숙해질수록 신규 고객을 확보하는 일은 점점 어려워집니다. 그러다 보니 많은 기업과 개인이 성급한 판매에 매달립니다. 하지만 앞선 사례의 한의사가 먼저 전문성을 충분히 보여주고, 남다른 서비스로 신뢰를 쌓았다면 결과는 달라졌을 것입니다. 반대로 엑스트라 마일의 힘을 보여주는 사례도 있습니다. 한 자동차 정비소는 점검을 마친 뒤 사진과 동영상으로 정비 과정을 상세히 설명해줍니다. 추가 정비가 필요 없을 때는 "관리 잘하셨습니다"라는 말과 함께 고객을 그대로 돌려보냅니다. 이 정직한 태도 덕분에 지금은 예약이 1~2주 이상 밀릴 정도로 고객이 몰리고 있습니다.

저는 서비스와 마케팅을 강의하거나 책에서 소개할 때 이런 행동을 '엑스트라 마일(Extra Mile)'이라고 정의합니다. 엑스트라 마일이란 한 걸음 더 나아가 도와주는 태도, 즉 상대가 기대한 수준을 정확히 넘어서는 행동을 말합니다. 커피를 부탁받았을 때 쿠키를 하나 더 사 오는 것처럼 아주 작지만 기억에 남는 배려입니다. 주유소 직원이 자발적으로 자동차 창문을 닦아주는 행동도 마찬가지입니다.

이 개념은 '마이크로 밸류 마케팅(Micro Value Marketing)'과도 맞닿아 있습니다. 노벨경제학상을 수상한 행동경제학자 리처드 탈러의 '심적 회계' 이론에 따르면, 사람들은 예상하지 못한 작은 혜택을 실제보다 훨씬 크게 평가합니다. 그래서 '100에 1을 더했을 뿐인데 체감 가치는 200이 되는' 현상이 나타납니다. 엑스트라 마일은 감정적인 친절이 아니라, 충분히 설계 가능한 전략입니다.

차과장 시절, 저는 부장님께 기획안을 보고할 때 늘 한 가지를 더 준비했습니다. 보고서 결론에 이르기 전에 상무님이 던지실 법한 질문 서너 개를 미리 예상해 정리하고, 그에 대한 답변을 별도로 덧붙였습니다. 마치 부장님과 함께 보고 리허설을 하듯, 예상 질문과 답변을 함께 점검하기도 했습니다. 결재를 받고 돌아오신 부장님은 종종 "자네는 어떻게 그런 질문을 미리 알았나?"라며 칭찬하셨습니다. 이것이 바로 제 나름의 엑스트라 마일이었습니다.

직장에서의 일하는 태도는 크게 다섯 단계로 나눌 수 있습니다. 감시와 관리가 필요한 사람, 시킨 일은 하지만 품질에 문제가 있는 사람, 주어진 일을 안정적으로 해내는 사람, 주어진 일에 새로운 가치를 더하는 사람, 그리고 기존의 틀을 바꾸는 혁신적 제안을 하는 사람입니다. 대부분의 직장인은 세 번째 단계에 머뭅니다. 네 번째와 다섯 번째 단계가 바로 엑스트라 마일의 실천자들입니다.

래리 페이지는 "우리는 항상 기대 이상을 해내는 사람을 찾는다"고 말했습니다. 예를 들어 시장조사를 지시받았다면, 국내 시장 분석에 그치지 않고 글로벌 트렌드까지 함께 정리해 보고하는 것이 네 번째 단계입니다. 더 나아가 "이 트렌드를 활용해 우리 회사가 이런 새로운 사업을 시도해보면 어떨까요?"라고 제안하는 것이 다섯 번째 단계입니다.

건축 설계회사 팀하스(Timhaahs)의 회장이자 오바마 정부에서 건축자문위원을 지낸 하형록 회장은 이렇게 말합니다. "상사가 열 개를 하라고 하면 저는 열한 개를 했습니다. 물을 가져오라면 냅킨까지 함께 챙겼습니다." 그는 20대 후반에 중역이 될 수 있었던 비결을 이 엑스트라 마일의 습관에서 찾습니다. 작은 하나를 더하는 태도가 인생의 궤적을 바꾼 것입니다.

이런 이야기를 하면 많은 직장인들이 묻습니다. "중간만 하면 되는 것 아닐까요?" "괜히 튀었다가 손해 보는 건 아닐까요?" 하지만 이런 생각은 스스로를 '평균의 함정'에 가두는 선택입니다. 동시에 최고의 투자 대상인 '나 자신'에 대한 투자를 멈추는 행위이기도 합니다. 투자를 멈춘 자산은 가치 하락을 피할 수 없습니다. 정말로 튈까 걱정해야 할 만큼 압도적인 역량을 이미 갖추고 있다면 그 불안을 이해할 수 있습니다. 그러나 우리 대부분은 '튀지 않을 만큼'의 역량을 갖고 있을 뿐입니다. 지금은 하향평준화에 안주할 때가 아니라, 나만의 전문성을 구축해야 할 골든 타임입니다.

## 우회축적, 미래를 위한 현재의 투자

아주 작은 '조금만 더'의 가치가 얼마나 중요한지를 일깨워주는 개념으로 '우회축적(迂廻蓄積)'이 있습니다. '한국의 피터 드러커'로 불리는 윤석철 교수는 이렇게 말합니다. "무한경쟁사회에서는 능력을 기른 자만이 살아남습니다. 인간의 능력도 무에서 갑자기 솟아나는 것이 아니라, 축적된 무엇이 발산되면서 나오는 선축적, 후발산의 과정에서 만들어집니다."

우회축적이란 눈앞의 이익을 좇기보다, 장기적인 안목에서 힘을 차곡차곡 쌓아 조직과 개인의 역량을 강화하는 방식을 뜻합니다. 길을 가다 폭 2미터 남짓한 개울을 만났다고 가정해봅시다. 바로 앞에서 뛰면 물에 빠질 가능성이 큽니다. 하지만 10여 미터 뒤로 물러나 도움닫기를 하고 충분한 속도를 낸 뒤 뛰면, 훌쩍 넘어갈 수 있습니다. 에너지를 먼저 축적한 뒤 발산함으로써 목표를 달성하는 지혜, 이것이 바로 우회축적입니다.

10년, 20년 뒤에도 압도적인 성과를 내는 '나'를 만들기 위해서는 지금 이 순간부터 의도적인 역량 강화에 투자해야 합니다. 이는 '나'라는 자산의 가치를 극대화하기 위해, 현재의 작은 보상을 내려놓고 미래의 큰 보상을 선택하는 전략적 결정입니다. 그래서 남들이 기피하는 '귀찮음'과 '고생'은 당장 수입을 늘려주지는 않지만, 나의 전문성이라는 장기 자산의 가치를 가파르게 끌어올립니다. 겉으로 보면 남의 일을 도맡는 우직한 곰처럼 보일지 모릅니다. 그러나 속으로는 희소성 높은 경험 자산을 축적하며 성장의 씨앗을 심고 있는, 매우 영리하고 전략적인 여우입니다. 최고의 투자자처럼, 이들은 현재의 불편을 기꺼이 감수하며 자신의 미래 가치에 베팅합니다.

세계적인 바이올리니스트 정경화는 "실력이란 시간 투자의 결과"라고 말합니다. 그는 50대가 되어서도 하루 8시간 이상 연습을 이어갔다고 알려져 있습니다. 만화가 이현세 역시 "하루를 마무리할 때 그림 한 장만 더 그리자"고 말합니다. 이렇게 한 장을 더 그리는 마음으로, 하루에 아주 조금씩 더 쌓아가는 사람이 결국 성공의 주인공이 됩니다.

성과가 즉시 보이지 않을 수도 있습니다. 그러나 축적된 역량은 반드시 발산됩니다. 직장 안에서는 성과와 신뢰로, 직장 밖에서는 나만의 전문성으로 모습을 드러냅니다. 이것이 바로 Me-Tech의 본질입니다. 최고의 투자처는 결국 언제나 나 자신입니다.

## 오늘 당장 시작하는 엑스트라 마일 실천법

엑스트라 마일을 일상에 적용하려면 '항상 조금 더'를 추상적인 다짐으로 두지 말고, 구체적인 행동으로 정해 작고 반복 가능한 습관으로 만드는 것이 좋습니다. 핵심은 남과의 비교가 아니라, 언제나 '어제의 나'를 기준으로 추가 행동을 설계하는 데 있습니다. 이렇게 접근하면 무리한 경쟁으로 인한 번아웃보다, 스스로 성장하고 있다는 감각을 훨씬 강하게 느낄 수 있습니다.

먼저 각 영역을 나눠봅니다. 일과 업무, 학습, 인간관계, 건강입니다. 그리고 각 영역에서 이미 하고 있는 행동을 적은 뒤, 거기에 덧붙일 '+1 행동'을 하나씩 정합니다. 기준은 분명해야 합니다. 도전적이어서가 아니라, 매일 해도 부담 없을 정도여야 합니다. 예를 들어 하루 30분 공부를 목표로 하고 있다면, 엑스트라 마일은 1시간이 아니라 5분을 더 하는 방식으로 정의하는 것이 적절합니다.

일과 업무에서는 보고서나 메일을 보낼 때 '요약 한 줄' 또는 '간단한 제안 한 줄'을 항상 추가하는 것을 기본 원칙으로 삼을 수 있습니다. 회의 전에 자료를 미리 읽고 질문 한두 가지를 준비하는 것도 훌륭한 엑스트라 마일입니다. 이런 태도는 단순히 성실함을 넘어, 책임감과 주도성으로 인식됩니다. 그 결과는 신뢰로 이어지고,

신뢰는 결국 커리어의 속도를 바꿉니다.

학습에서도 마찬가지입니다. 정해진 분량을 끝냈다면, 그 자리에서 핵심을 정리한 세 줄 메모나 질문 하나를 반드시 남깁니다. 새로운 개념을 배운 날에는 '이걸 현장에서 어떻게 써먹을 수 있을까'라는 적용 아이디어 한 가지를 적는 것으로 마무리합니다. 강의나 컨설팅을 준비한다면, 고객이 요청한 내용에 더해 실제 사례 하나와 간단한 적용 체크리스트를 함께 준비하는 것을 나만의 엑스트라 마일 기준으로 삼을 수 있습니다.

인간관계에서는 감사 표현의 밀도를 높이는 방식이 효과적입니다. "고맙습니다"라는 말에서 끝내지 않고, 무엇이 왜 좋았는지를 한 문장으로 덧붙입니다. 메시지를 보낼 때도 용건만 전달하는 대신, 짧은 칭찬이나 감사 한 줄을 함께 전하는 습관을 들입니다. 이 작은 차이가 관계의 온도를 바꿉니다.

하루 루틴 속에 엑스트라 마일을 자연스럽게 넣는 방법도 있습니다. 아침에는 침대를 정리한 뒤 3분 스트레칭을 더합니다. 낮에는 가장 중요한 일 한 가지를 끝낸 후, 그 일과 관련해 '추가로 할 수 있는 작은 개선' 한 가지를 실행합니다. 밤에는 오늘 실천한 엑스트라 마일을 한 줄로 적고, 내일 어디에서 '조금 더' 할지 한 가지만 미리 정합니다.

이렇게 작고 단순한 습관들은 하루하루 눈에 띄는 변화를 만들지 않을 수도 있습니다. 그러나 이 차이는 분명히 누적됩니다. 그리

고 그 축적은 10년 뒤의 나를, 지금과는 전혀 다른 사람으로 만들어
놓습니다. 결국 엑스트라 마일이란 대단한 결심이 아니라, 오늘 한
걸음을 어제보다 조금 더 내딛는 삶의 방식입니다.



☐ 나는 지금 편안한 선택이 아니라 미래의 보상이 될 선택을 하고 있
는가?

☐ 남들과 비슷해 보이지 않기 위해 나만의 엑스트라 마일을 의식적으
로 쌓고 있는가?

☐ 오늘 하루 중 '조금 더' 할 수 있었던 순간은 언제였는가?

# 워라밸을 버려야 워라밸이 생긴다

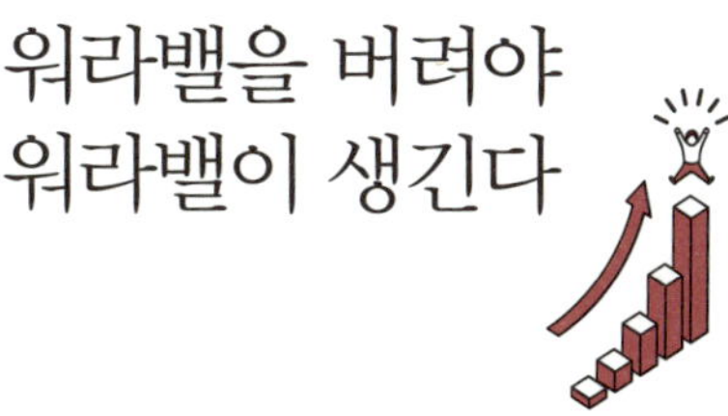

## 몰입과 기록으로 나만의 브랜드가 시작되다

시작은 K은행 과장 시절이었습니다. 당시 연수원에서는 전 직원 교육용 CS 경영 통신연수 교재를 출간하는 계획이 추진되고 있었습니다. 막대한 시간과 노력이 필요한 집필 작업이었고, 다른 교수들은 하나같이 이를 피했습니다. 결국 그 임무는 막내였던 제게 돌아왔습니다.

정해진 기한 안에 결과물을 만들어내기 위해 저는 퇴근 후 연수원장 사택의 빈방으로 향했습니다. 마침 비어 있던 그 공간이 저의 임시 집필실이 되었습니다. 낮에는 근무를 하고, 밤에는 집필에 몰두하는 생활이 이어졌습니다. 하루 12시간에서 13시간에 이르는 강행군이었습니다. 아이디어를 더하고, 문장 하나를 완성할 때마다 묘한 희열이 밀려왔습니다.

그 시간을 버틸 수 있었던 것은 단순한 근성 때문만은 아니었습니다. 저는 매일의 집필 과정을 체계적으로 정리하고 축적했습니다. 무엇을 조사했는지, 무엇을 배웠는지, 그리고 그것을 은행 현장에 어떻게 적용할 수 있을지를 빠짐없이 기록했습니다. 원고뿐 아니라 자료 목록, 사례 메모, 문장 초안까지 모두 남겼습니다. 이 기록들은 시간이 흐르면서 저만의 서비스 관점이 되었고, 하나의 체계로 정리되었습니다. 그렇게 6개월 동안 국내외 관련 자료와 영상을 샅샅이 뒤지며 『CS 통신연수』 3권을 완성했습니다.

이 6개월은 제 인생의 결정적 전환점이었습니다. 단순히 교재를 집필한 것이 아니라, 서비스 분야를 깊이 있게 바라보는 시각과 현장에 적용할 수 있는 실전 감각을 갖춘 전문가로 성장할 수 있었기 때문입니다. 이 경험은 이후 18권의 서비스 관련 서적을 집필하는 토대가 되었고, 저는 '서비스 전문가'라는 확고한 퍼스널 브랜드를 갖게 되었습니다. 은행 안에서 '장정빈'이라는 이름은 곧 'CS 전문가'를 의미하는 고유명사가 되었습니다. 지금도 많은 기업과 기관이 저를 찾는 이유는, 바로 그 시절의 몰입과 기록이 하나의 브랜드로 축적되었기 때문일 것입니다.

퍼스널 브랜딩은 겉모습을 꾸미거나 이미지를 관리하는 일이 아닙니다. 자신만의 전문성과 독특한 역량을 개발하고, 이를 일관되게 기록하고 축적해 보여주는 전략적 과정입니다. 치열한 직장 생활 속에서 살아남기 위해서는, 남들과 구별되는 강점을 갖추고 그것을 조직 안팎에서 인식시키는 일이 필수적입니다. 만약 누군가를 떠올릴 때 "그 문제라면 당연히 ○○○ 씨지"라는 말이 자연스럽게 나온다면, 그 사람은 이미 직장 안에서 독보적인 브랜드가 된 것입니다. 이는 개인의 시간과 노력이 '전이 가능한 가치'로 전환되었음을 의미합니다.

성공적인 브랜딩을 위해서는 저의 집필 경험처럼, 일정 기간 동안의 '성장 몰입'이 필요합니다. 특히 젊은 시절에는 자신의 분야에서 전문성을 쌓기 위해 시간과 에너지를 집중적으로 투자해야 합니다. 밥 먹고 쉬는 시간을 제외한 거의 모든 시간을 역량 강화에 쏟아붓는 삶은 평생 지속할 수는 없습니다. 그러나 그것은 목표에 도달하기 위해 반드시 거쳐야 할, 단 한 번의 '성장의 시기'입니다. 이 시기를 통과한 사람만이 이후의 커리어에서 압도적인 차이를 만들어낼 수 있습니다.


## 워라밸에 관한 착각

요즘 직장인들의 최대 화두는 단연 '워라밸(Work and Life Balance)'입니다. 이 개념은 직장의 업무와 개인의 사생활은 분리되어야 한다는 문제의식에서 출발했고, 52시간 근무제가 제도화되는 데에도 중요한 역할을 했습니다. 그래서 흔히 오가는 질문이 있습니다. "회사 워라밸 어때?" 이 말은 곧 "퇴근 시간에 눈치 보지 않고 제대로 퇴근할 수 있는 분위기인가?"라는 뜻으로 요약됩니다.

그러나 저는 '워크와 라이프는 서로 다른 것'이라는 전제 자체에는 크게 공감하지 않습니다. 워라밸은 시간을 50대 50으로 기계적으로 나누는 문제가 아니기 때문입니다. 진짜 중요한 질문은 이것입니다. 내가 가진 시간이 얼마나 되는지를 정확히 알고 있는가, 그리고 그 시간을 주도적으로 사용하고 있는가.

많은 직장인들이 입버릇처럼 "시간이 없다"고 말합니다. 하지만 실제로 하루를 어떻게 쓰고 있는지 물어보면, 명확하게 답하지 못하는 경우가 대부분입니다. 그래서 저는 자기계발의 출발점을 늘 '시간의 가시화'라고 강조합니다. 음식 일기를 쓰면 과식의 원인을 알 수 있듯이, 시간 일기를 쓰면 숨어 있던 시간이 보이기 시작합니다. 하루를 30분 단위로 기록해 보십시오. 생각보다 많은 구멍이 드러납니다. 출퇴근길에 멍하니 보내는 시간, 의미 없이 흘려보내는 휴식 시간, 습관처럼 켜두는 영상 시청 시간들입니다. 문제는 시간이 없다는 데 있지 않습니다. 시간을 어떻게 쓰고 있는지조차 인식하지 못하는 데 있습니다.

진정한 균형이란 일과 삶을 기계적으로 반으로 나누는 것이 아닙니다. 삶의 한 영역이 다른 영역을 완전히 잠식하지 않도록 조율하는 상태에 가깝습니다. '워라밸을 추구한다'는 말이 곧 '일을 덜

한다'는 의미로 오해되어서는 안 됩니다. 일에 몰입하는 시간 자체가 문제는 아닙니다. 핵심은 그 시간이 나에게 무엇으로 남느냐입니다. 기록되지 않은 시간은 지나가면 허망하게 사라집니다. 그러나 기록된 시간은 경험이 되고, 콘텐츠가 되며, 결국 나의 자산으로 전환됩니다.

일과 삶은 반드시 분리되어야 한다는 생각 역시 하나의 오해라고 봅니다. 제 주변에는 직장을 나와 독립적인 커리어를 구축한 사람들이 적지 않습니다. 흥미로운 점은, 그들이 직장에 다닐 때보다 오히려 더 많은 시간을 일에 쓰고 있음에도 훨씬 즐겁게 일한다는 사실입니다. 시간 가는 줄 모르고 몰입합니다. 저 역시 책을 쓰는 과정 자체가 스스로 성장하고 전문성을 확장하는 시간이라는 생각에 큰 보람을 느낍니다. 이때 일은 노동이 아니라 노력으로 다가옵니다.

이 지점에서 워라밸에 대한 해석을 다시 생각해볼 필요가 있습니다. 일하는 이유를 알고, 나를 위해 일하는 것은 '노력'입니다. 반대로 일하는 이유를 모른 채, 남의 목표를 대신 수행하는 일은 '노동'이 됩니다. 내가 세운 목표와 연결되어 있다면 고된 업무도 성장의 연료가 되지만, 타인의 목적에 종속된 일은 쉽게 소진을 낳습니다.

따라서 진정한 워라밸이란 시간의 분배 문제가 아니라, 일과 삶을 통합하는 관점의 문제입니다. 남 좋은 일인 회사 일이 동시에 나에게도 좋은 일, 즉 개인의 성장과 연결될 때 균형은 자연스럽게 만들어집니다. 이런 상태를 저는 워라밸이 아니라, 워라블(Work and Life Blend)이라고 부르고 싶습니다. 일을 통해 성장하고, 성장 속에서 자아실현과 행복이 함께 이루어지는 상태입니다. 자기가 하는 일을 '노력'으로 재정의하는 순간, 우리의 삶은 전혀 다른 궤도로 움직이기 시작합니다.

## 경험을 나만의 자산으로 만드는 방법

대부분의 직장인은 "일을 잘하면 오래 살아남을 수 있다"고 생각합니다. 그러나 현실은 그렇지 않습니다. 일을 잘하는 사람은 회사 안에서는 인정받을 수 있지만, 회사 밖에서도 통하는 사람은 전혀 다른 조건을 갖고 있습니다. 그 차이는 분명합니다. 경험을 그때그때 소모하고 끝내는 사람인가, 아니면 경험을 체계화해 자산으로 만드는 사람인가의 차이입니다.

일을 잘하는 사람은 주어진 일을 정확히 수행하는 데 집중합니다. 반면, 직장 밖에서도 전문가로 살아남는 사람은 일을 하면서 반드시 기록을 남깁니다. 무엇을 배웠는지, 어떤 기준으로 판단했는지, 왜 그런 선택을 했는지를 스스로 정리합니다. '보고서를 잘 쓰는 능력'과 '보고서를 잘 쓰는 원리를 정리해 콘텐츠로 만드는 능력'은 완전히 다른 차원의 역량입니다.

저의 집필 경험 역시 그랬습니다. 단순히 열심히만 일했다면, 그 경험은 그 자리에서 끝났을 것입니다. 그러나 자료를 정리하고, 사례를 문서화하고, 생각을 문장으로 남겼기 때문에 그 경험은 직장을 넘어 작동하는 전문성이 되었습니다. 경험이 기록을 만나는 순간, 개인의 노력은 일회성이 아닌 축적 가능한 자산으로 전환됩니다.

그래서 자기계발은 이것저것 손대는 일이 아닙니다. 특히 시간이 부족한 직장인일수록, 지금 하고 있는 일과 직접 연결된 한두 가지 영역에 집중해야 합니다. 배움은 정리하지 않으면 기억 속에서 빠르게 사라지지만, 콘텐츠로 전환되는 순간 영속적인 가치를 갖게 됩니다.

이 지점부터 변화가 시작됩니다. 일은 더 이상 삶을 소모시키는 대상이 아니라, 성장을 만들어내는 재료가 됩니다. 워라밸은 억지로 추구하지 않아도 자연스럽게 워라블, 즉 일과 성장이 섞이는 단계로 넘어갑니다. 일을 잘하는 사람에서, 일을 통해 스스로를 확장하는 사람으로 이동하는 순간입니다.

## 진정한 워라밸은 나를 위한 미래 설계 전략

워라밸의 본질은 시간의 양이 아니라 삶의 질을 높이는 데 있습니다. 진정한 워라밸을 가늠하는 기준에는 세 가지 질문이 있습니다.

첫째는 자율성입니다. 나는 내 시간을 어떻게 쓸지 스스로 결정하고 있는가를 점검해야 합니다. 스스로 시간의 주인이 되어 계획하고 실행할 때, 일의 의미는 달라집니다. 그 순간 회사에 종속된 시간이 아니라, 나를 위해 쓰는 '노력의 시간'으로 전환됩니다.

둘째는 재충전입니다. 단순히 쉬는 시간이 아니라, 창의성과 활력을 회복하는 질적인 재충전이 이루어지고 있는지를 돌아봐야 합니다. 이 재충전은 낭비가 아니라 다음 몰입을 위한 전략적 투자이며, 장기적인 생산성의 기반이 됩니다.

셋째는 다양성입니다. 삶의 의미를 오직 하나의 역할, 즉 '직장인'이라는 정체성에만 걸어두고 있지는 않은지 자문해야 합니다. 직장 밖에서 나를 지탱해 줄 취미, 인간관계, 학습이라는 여러 기둥을 세워두는 것은, 언젠가 직장을 떠나더라도 쉽게 흔들리지 않을 나만의 정체성을 확보하는 과정이기 때문입니다.

이 세 가지를 가능하게 하는 가장 현실적인 방법이 바로 경험의 체계화입니다. 정리하고 남기는 습관은 나의 시간을 객관화하고, 성장을 가시화하며, 미래를 설계하게 만듭니다. 특히 언젠가 직장을 나왔을 때 무엇을 할 것인가를 고민하는 사람이라면, 지금 하고 있는 일을 어떻게 자산으로 전환할 것인지부터 생각해야 합니다.

결국 진정한 워라밸이란 일과 삶을 시간으로 나누는 문제가 아닙니다. 현재의 일을 통해 미래의 경쟁력을 준비하는 전략적 선택입니다. 삶의 질을 높이는 워라밸은, '오늘의 일이 내일의 나를 키우고 있는가'라는 질문에 '그렇다'고 답할 수 있을 때 비로소 완성됩니다.

☐ 나는 하루의 시간을 막연히 흘려보내지 않고, 시간 일기처럼 기록하고 있는가?

☐ 나는 지금 하고 있는 업무를 직장을 떠난 후에도 설명 가능한 '나만의 전문성'으로 남기고 있는가?

# 명함을 버리면
# 무엇이 남는가

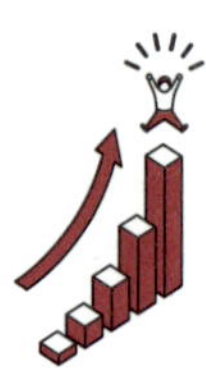

## 나를 망치는 MBA, 나를 살리는 MBA

2000년대 초, 국민은행과 주택은행이 합병되면서 인원 감축은 피할 수 없는 과제가 되었습니다. 당시 은행은 강제 구조조정 대신 '리프레시 제도'라는 대안을 선택했습니다. 1년 동안 자기계발에 전념할 수 있도록 시간을 주고, 급여는 물론 국내외 연수비까지 지원하는 파격적인 제도였습니다. 그러나 막상 첫해 신청자는 많지 않았습니다. 1년 뒤 구조조정 대상이 될지 모른다는 불안 때문이었습니다. 특히 부서장급에서는 더욱 그랬습니다. 저를 포함해 신청자는 고작 여섯 명 남짓이었습니다.

당시 서울 지역의 지점장이었던 저는, 본부 인사팀장으로 있던 입사 동기에게 간곡히 부탁했습니다. "이런 기회가 언제 또 오겠나. 1년 후 설령 회사를 나가게 되더라도 좋으니, 꼭 명단에 넣어주게." 저는 이 시간을 마음껏 공부도 하고, 여행도 즐기며, 무엇보다 '은행을 떠난 삶'을 미리 살아보는 리허설이라고 생각했습니다.

그렇게 캐나다 밴쿠버로 떠나 영어 연수를 받고, 틈틈이 여행을 다녔습니다. 귀국한 뒤에는 전문 서적을 탐독하며 『타잔 마케팅』이라는 책을 집필했습니다. 그 시기에 제가 얻은 가장 큰 수확은 단 하나였습니다. 언제든 은행이라는 간판이 없어도 혼자 설 수 있다는 자신감이었습니다. 지금 돌이켜보면, 은행을 나왔을 때 무엇을 하며 살아갈지를 미리 연습해볼 수 있었던, 정말 소중한 기회였습니다.

그래서 연수원에서 강의를 하거나 직장 후배들을 만날 때면 저는 종종 이렇게 묻습니다. "여러분은 지금 어떤 MBA를 다니고 있습니까?" 잠시 침묵이 흐르면 이렇게 덧붙입니다. "MBA에는 두 가지가 있습니다. 하나는 Management By Alone, 또 하나는 Manage By Alcohol입니다." 여기서 Manage By Alcohol은 술을 마시며 시간을 흘려보낸다는 뜻으로, 제가 만든 표현입니다.

진정한 직장인의 MBA는 Management By Alone입니다. 회사를 떠나도 혼자 설 수 있는 능력을 기르는 것입니다. 직장인은 숙명적으로 언젠가는 모두 회사를 떠나야 하는, 사실상의 계약직입니다. 오너가 아닌 이상 정년이 오면 자리를 내주어야 하고, 누구나 상시적인 구조조정의 가능성 속에서 일합니다.

문제는 많은 사람들이 직장 안에서만 통하는 자기투자에 대부분의 시간을 쓰고 있다는 점입니다. 보고서를 잘 쓰는 능력, 상사의 취향에 맞춘 커뮤니케이션, 조직 내 정치 감각은 분명 필요합니다. 그러나 냉정하게 말하면, 이 능력들 중 상당수는 회사를 나오는 순간 환전되지 않습니다.

반면 직장 밖에서도 통하는 자기투자는 성격이 다릅니다. 금융 상담 능력, 고객의 문제를 구조적으로 해결하는 역량, 특정 분야에 대한 콘텐츠 생산 능력, 강의·컨설팅·글쓰기처럼 시장과 직접 연결되는 기술입니다. 이런 능력들은 회사 간판이 없어도 작동합니다. 오히려 조직을 벗어났을 때 진가가 드러납니다.

많은 직장인들은 매달 월급이 들어온다는 이유로 하루하루를 타성에 맡긴 채 살아갑니다. 반복되는 일상 속에서 관성은 점점 강해지고, 우리는 평범한 삶의 포로가 됩니다. 그러다 어느 날 퇴직 통보를 받으면 그제야 스스로에게 묻게 됩니다. '나는 회사 일 말고 무엇을 할 수 있는가.'

경영학의 대가 피터 드러커는 이렇게 말했습니다. "변화하는 시대에 가장 큰 위험은 변화하지 않는 것이다." 결국 언제든 혼자 설 수 있는 준비는 선택이 아니라 필수입니다. 직장에 다니는 지금이야말로, 회사 밖에서도 통하는 나만의 MBA를 시작해야 할 시간입니다.

## 조직을 떠나도 빛나는 전문성

장씨 집성촌이었던 고향 마을의 우리 집 대문에는 아직도 돌아가신 어머니의 이름이 문패로 남아 있습니다. 새마을운동 시기에 달았던 문패지만, 그 이름을 아는 이도, 부르는 이도 없었습니다. 마을 사람들은 어머니를 늘 '용동댁'이라 불렀습니다. 용동마을에서 시집온 사람이라는 뜻입니다. 어머니는 언제나 친정 마을의 이름으로, 그리고 누군가의 어머니로 존재했습니다.

지금도 가끔 고향을 찾을 때면 그 문패 앞에 서서 이런 생각을 합니다. 한 사람의 정체성은 어디에서 오는 것일까. 주어진 이름도, 관계 속에서 불리는 호칭도 아닌, 그 사람만의 고유한 가치는 무엇일까.

비슷한 질문을 던졌던 사람이 있습니다. G은행 인재교육팀장 시절에 만났던 김 지점장입니다. 그는 30년 금융권 경력을 마치고 퇴직하면서 이렇게 말하곤 했습니다. "이제 더 이상 지점장님이라 불리지 않는데, 그럼 나는 누구인가요?" 그는 스스로의 전문성을 다시 들여다보기 시작했습니다. 은행에서 쌓은 금융 지식, 수많은 고객 상담 경험, 리스크를 관리해온 판단 기준들 말입니다. 결국 그는 독립 금융 컨설턴트로 전향했고, 지금 그의 명함에는 회사 이름 대신 '자산 관리 전문가'라는 직함이 적혀 있습니다. 직함은 사라졌지만, 전문성은 그대로 남아 있었습니다.

K대학원 외식경영학과에서 제자로 만난 정미경 씨 역시 비슷한 길을 걸었습니다. 대기업 사내 식당 영양사였던 그는 회사를 나온 뒤 건강식 도시락 전문가로 변신했습니다. 그녀는 이렇게 말했습니다. "영양사라는 호칭은 사라졌지만, 제가 가진 레시피와 노하우는 여전히 가치가 있더라고요." 지금 그녀는 직장인을 위한 건강식 케이터링 사업을 운영하며 자신만의 영역을 구축하고 있습니다.

통계청 자료는 이 변화가 개인의 선택이 아니라 구조적 현실임을 보여줍니다. 한 사람이 가장 오래 근무한 '주된 직장'에서 퇴직하는 평균 연령은 2011년 53세에서 2020년 49세로 낮아졌습니다. 불과 10년 사이에 4년이나 앞당겨진 것입니다. 더 충격적인 사실은 정년퇴직자의 비율입니다. 법적으로는 60세 정년이 보장되어 있지만, 실제로 정년까지 근무하고 회사를 떠나는 비율은 2011년 11퍼센트에서 2020년 7.5퍼센트로 떨어졌습니다. 열 명 중 한 명도 채 되지 않습니다.

이제 우리에게 필요한 것은 직장 수명을 늘리는 전략이 아니라, 직업 수명을 연장하는 준비입니다. 직장은 남이 만든 조직이지만, 직업은 스스로 만들어가는 전문성입니다. 직장은 임시적이지만, 전문성은 축적될수록 가치가 높아지는 영구 자산입니다.

제 첫 책『타잔 마케팅』을 함께 만들었던 김영한 사장이 당시 제게 던진 질문이 아직도 마음에 남아 있습니다. "장 지점장, 당신의 유통기한은 언제까지입니까?" 그 질문은 직함이 아니라, 전문성의 유통기한을 묻는 말이었습니다.

결국 우리 모두의 유통기한은 하나로 수렴합니다. 고객이, 시장이, 누군가가 여전히 나를 찾고 있는가. 그 질문에 '그렇다'고 답할 수 있는 한, 우리의 커리어는 끝나지 않습니다. 직함은 사라질 수 있어도, 이름으로 불리는 전문성만은 끝까지 남아야 합니다.


## 호명사회, 당신의 시그니처는 무엇입니까

오래전 겨울, 설악산 한계령에서 겪은 일입니다. 폭설로 길이 막히자 한 체인 장수가 평소 4만 원에 팔던 자동차 체인을 7만 원에 내놓았습니다. 바가지라는 생각이 들었지만, 선택의 여지는 없었습니다. 그 순간 깨달았습니다. 가치는 고정되어 있지 않다는 사실을 말입니다. 수요와 상황에 따라 얼마든지 달라집니다.

우리의 '몸값'도 다르지 않습니다. 많은 직장인이 자신의 연봉을 곧 자기 가치로 착각합니다. 그러나 회사를 나오는 순간, 그 연봉은 사라집니다. 한 대기업 임원 출신은 퇴직 후 이렇게 말했습니다.

"매달 받던 천만 원대 연봉이 제 진짜 가치인 줄 알았습니다. 그런데 회사를 나오니, 그 금액의 10퍼센트도 벌기 어렵더군요."

진정한 가치는 조직을 떠났을 때 드러납니다. 링컨센터 전 CEO였던 조슈아 최는 이렇게 정의했습니다.

"당신의 가치는 조직 없이도 생존할 수 있는 능력이다."

유독 손님이 끊이지 않는 음식점이 있습니다. 그 이유는 단순합니다. 그 집에만 있는 시그니처 메뉴가 있기 때문입니다. 카페도 마찬가지입니다. 수많은 카페 중에서 사람들이 특정 카페를 찾는 이유는, 그곳만의 독특한 시그니처 음료가 있기 때문입니다. 직장인도 다르지 않습니다. 조직 안에서는 직함과 직책으로 불리지만, 조직을 벗어나는 순간에는 '내 이름으로 불릴 수 있는 무언가'가 필요합니다.

송길영 작가는 이를 '호명사회'라고 설명합니다. 호명사회란 각자가 자신의 이름을 전면에 내세우고, 그 이름에 따른 책임과 보상을 직접 감당하는 사회를 뜻합니다. 그는 『시대예보』에서 정선근 의사, 즉 '백년허리'라는 키워드를 가진 사례를 들며, 이제 개인에게도 선명한 키워드가 필요하다고 강조합니다. 이들의 공통점은 단 하나입니다. 자신의 이름과 함께 떠오르는 명확한 전문 키워드를 갖고 있다는 점입니다.

회사에서의 직함은 조직 안에서만 통용되는 화폐와 같습니다. 밖으로 나오면 환전이 되지 않습니다. 그러나 내 이름으로 직접 불리기 시작하면 이야기가 달라집니다. 그동안 쌓아온 성과와 신뢰, 아우라가 고스란히 나에게 귀속됩니다. 자기만의 자산을 가진 사람은 언제든 조직을 떠날 수 있습니다.

호명사회에서 중요한 것은 직함이 아니라, 자신만의 고유한 키워드입니다. 다시 말해, 나를 상징하는 시그니처를 만들고, 그것을 통해 사회로부터 호명되는 것입니다. 이것이야말로 조직을 넘어서는 진짜 경쟁력입니다.

## 최고의 투자처는 바로 나

"평생직장 따위는 없다. 성공해서 떠나라!"

배달의민족 면접장 벽면에 붙은 이 문구는 현대 직장의 패러다임 변화를 상징적으로 보여줍니다. 이제 평생직장은 더 이상 목표가 아닙니다. 특히 MZ세대는 이미 '한 회사에 오래 남는 것'이라는 환상에서 벗어났습니다. 그들에게 회사는 종착지가 아니라 성장의 발판입니다. 이들이 말하는 좋은 회사란 높은 연봉이나 안정성이 보장된 곳이 아니라, 자신의 가치를 키울 수 있는 환경을 제공하는 곳입니다.

그렇다면 개인의 가치는 어떻게 높일 수 있을까요. 독일의 재무코치 보도 섀퍼(Bodo Schäfer)는 이 질문에 명확한 기준을 제시한 인물입니다. 그는 스물여섯 살에 빚더미에 올랐다가, 스스로 개발한 가치 평가 시스템을 바탕으로 서른 살에 경제적 자유를 이뤄냈습니다. 그의 관점이 주목받는 이유는, 연봉이나 직위처럼 일시적인 지표가 아니라 시간이 지날수록 축적되는 지속 가능한 가치를 강조하기 때문입니다.

첫째는 자기주도성입니다. 새벽 다섯 시에 일어나는 습관은 단순한 생활 리듬의 문제가 아닙니다. 그것은 자신의 삶을 누가 주도하고 있는지를 보여주는 신호입니다. 성공한 CEO의 다수가 새벽형 인간이라는 통계 역시, 시간 관리가 아니라 삶에 대한 태도의 문제임을 시사합니다.

둘째는 명확한 목표 의식입니다. 예일대학의 연구에 따르면, 졸업생 가운데 구체적인 목표를 종이에 적어 둔 3퍼센트가 나머지 97퍼센트의 재산을 모두 합친 것보다 더 많은 부를 이뤘다고 합니다. 목표는 단순한 희망 사항이 아니라, 선택의 방향을 잡아주는 인생의 나침반입니다.

셋째는 건강한 신체와 정신입니다. '오마하의 현인'으로 불리는 워렌 버핏은 이렇게 말했습니다. "당신의 몸은 당신이 가진 유일한 영구적 자산이다." 건강이 무너지면, 그 어떤 능력과 기회도 지속될 수 없습니다.

넷째는 인적 네트워크입니다. 현대 사회에서 성공은 결코 혼자 이룰 수 없습니다. 위기의 순간에 조언을 건넬 수 있는 멘토, 함께 성장하는 동료의 존재는 눈에 보이지 않지만 강력한 자산입니다.

다섯째는 전문성과 열정입니다. 단순히 일을 많이 하는 것과, 그 분야의 전문가로 인정받는 것은 전혀 다른 문제입니다. 시장은 '열심히 한 사람'이 아니라 '대체하기 어려운 사람'을 기억합니다.

마지막은 브랜드 가치입니다. 아무리 뛰어난 실력을 갖추었더라도, 시장에서 인식되지 않으면 그 가치는 존재하지 않는 것과 같습니다. 나만의 시그니처, 즉 전문성을 상징하는 키워드를 만들고 이를 꾸준히 알리는 것이 개인 브랜드의 핵심입니다. 조직의 이름이 아니라 내 이름으로 불리기 시작하는 순간, 비로소 진짜 가치가 축적됩니다. 당신이 자리를 떠난 뒤에도 사람들이 당신을 기억하고 찾는 이유, 그것이 곧 브랜드 가치입니다.

결국 개인의 진정한 가치는 명함에 적힌 직함이나 현재의 연봉이 아니라, 시장에서 인정받는 전문성에 있습니다. 회사를 떠나도 빛을 잃지 않는 개인의 브랜드를 만드는 것, 이것이 오늘날 직장인에게 주어진 과제입니다. 그리고 이것이 바로 Me-Tech가 지향하는 궁극적인 목표이기도 합니다.

최고의 투자처는 결국 나 자신입니다. 지금 당신은 직장 안에서만 통하는 능력에 투자하고 있습니까, 아니면 직장을 벗어나도 환전 가능한 전문성을 키우고 있습니까. 이 질문을 스스로에게 던져야 할 때입니다.

### ❖ 체크리스트 ❖

☐ 지금 나는 조직 없이도 자신을 설명할 수 있는 한 문장을 가지고 있는가?

☐ 내가 지금 쌓고 있는 역량은 회사 밖에서도 통하는 기술인가?

☐ 지금 회사를 떠난다면, 나를 찾을 고객이나 시장은 존재하는가?

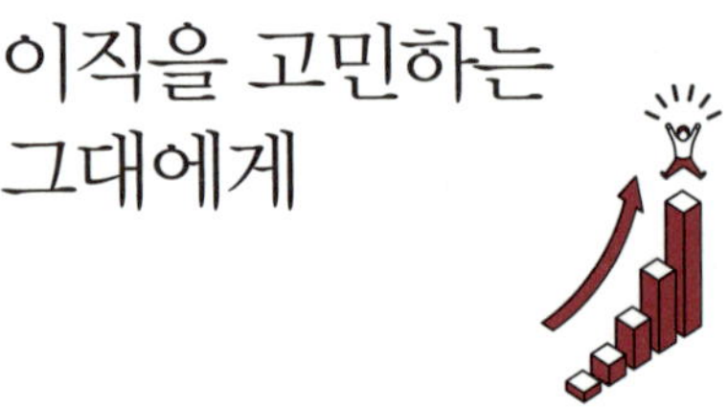

# 이직을 고민하는 그대에게

## 성장이 멈춘 순간, 당신은 무엇을 선택하시겠습니까

"강의는 제 삶의 이유였습니다."

장정빈 전 지점장의 말입니다. 그는 은행에 몸담고 있을 때부터 고객만족 강의와 집필 활동으로 업계에 이름이 널리 알려진 명강사였습니다. 생계를 책임지는 직장 업무와 성장을 확장하는 강의 활동, 그는 두 개의 엔진으로 하루를 살아가고 있었습니다.

임원 승진을 앞둔 고참 부장이던 어느 날, 예상치 못한 일이 벌어졌습니다. '겸업 금지 위반'으로 감찰 대상이 된 것입니다. 은행의 엄격한 방침에 따라 본업 외의 수입 활동은 허용되지 않았고, 조사 결과에 따라 강의와 집필을 더 이상 이어갈 수 없다는 통보를 받았습니다. 그에게 더 큰 문제는 수입이 아니라, 강의와 집필이라는 삶의 축을 내려놓아야 한다는 사실이었습니다.

그는 이튿날 바로 사표를 제출했습니다. 강의를 준비하며 느끼는 성장의 기쁨, 청중과의 교감을 포기할 수 없었기 때문입니다. 회사에서의 직위보다 배우고, 정리하고, 나누는 삶이 자신을 지탱하는 핵심이라고 판단한 것입니다. 그에게 강의는 취미가 아니었습니다. 자기 존재의 이유였습니다.

그런데 얼마 지나지 않아 글로벌 금융회사가 그를 임원으로 스카우트했습니다. 그는 서비스 부서와 콜센터를 맡아 4년간 일하며 이전보다 더 큰 성과와 영향력을 만들어냈습니다. 그리고 자신의 선택이 틀리지 않았음을 다시 한번 확신하게 됩니다.


이 이야기는 『나에게 사표를 써라』라는 책에 등장하는 실제 사례입니다. 저자 한근태 교수는 이 일화를 이렇게 마무리합니다. 그의 선택은 단순한 이직이 아니라, 자신의 가치를 지키기 위한 용기 있는 결단이었으며, 우리 모두에게 '진정한 일의 의미'가 무엇인지 묻게 만든다고 말입니다.

이 이야기가 특별한 이유는, 특정 개인의 성공담이기 때문이 아닙니다. 우리 모두는 언젠가 비슷한 질문 앞에 서게 되기 때문입니다.

이곳에서 나는 계속 자라고 있는가.

지금의 안정이, 혹시 내 성장을 멈추게 하고 있지는 않은가.

이직은 단순히 회사를 옮기는 일이 아닙니다. 자기계발의 일부이며, 나 자신을 다시 설계하는 과정입니다. 직장에서 성장하고, 업무에서 성과를 만들며, 그 역량을 바탕으로 회사 밖에서도 '내 이름으로' 일할 수 있는 사람이 되는 것, 바로 이것이 Me-Tech가 말하는 진짜 투자입니다.

## 이직은 도망이 아니라 전략적 자기투자

요즘 이직을 바라보는 시선은 분명히 달라지고 있습니다. 과거에는 한 직장에서 오래 버티는 것이 미덕이었다면, 이제는 언제든 옮길 수 있는 능력 자체가 경쟁력이 되었습니다. 한 외국계 기업의 임원이 면접 자리에서 이렇게 말했다고 합니다.

"우리 회사의 목표는 당신의 실력을 키워, 더 좋은 회사로 보내는 것입니다."

이 한 문장은 시대의 변화를 상징적으로 보여줍니다. 조직은 더 이상 직원을 평생 붙잡아두려 하지 않습니다. 대신 함께 있는 동안 서로를 성장시키는 관계를 지향합니다.

이처럼 이직을 자기계발의 일부로 바라보면 사고의 구조가 완전히 달라집니다. 이직은 더 이상 '회사 이동'이 아니라 '나를 설계하는 프로젝트'가 됩니다. 질문도 바뀝니다. "이 회사가 싫은가?"가 아니라, "나는 어떤 일을 할 때 가장 잘 성장하는가?"라는 질문으로 옮겨갑니다.

저 역시 여러 번의 전환을 거쳐 지금에 이르렀습니다. 6년간의 교직 생활을 마치고 은행원으로 전격 이직했습니다. 교육과 금융이라는 전혀 다른 분야로의 전환은 제 인생에서 '이모작'의 시작이었습니다. 이후 국내 은행에서 22년간 근무한 뒤, 기업 문화와 업무 방식이 완전히 다른 외국계 은행으로 옮겼고, IT 기업 고문을 거쳐 현재는 한국경영정책연구원의 원장으로 재직하고 있습니다. 금융연수원 강사와 대학원 겸임교수로도 활동하고 있습니다. 이 변화의 과정은 제 배움의 속도와 커리어의 확장성에 매우 긍정적인 영향을 미쳤습니다.

이직을 고민하는 과정 자체가 강력한 자기계발이 됩니다. 무엇이 힘들었는지, 어떤 환경에서 성과가 났는지, 어떤 역할에서 몰입했는지를 자연스럽게 정리하게 되기 때문입니다. 이 질문들은 곧 진로와 가치관, 강점 탐색으로 이어집니다. 그래서 이직을 자기계발로 바라보는 사람은 '아무 회사나'가 아니라 '나에게 맞는 다음 단계'를 찾게 됩니다.

공부의 방식도 달라집니다. 막연히 열심히 하는 공부가 아니라, 목표가 분명한 학습으로 전환됩니다. '언젠가 도움이 되겠지'라는 태도에서 벗어나, '이 역할을 위해 무엇이 필요한가'를 기준으로 공부하게 됩니다. 학습의 효율과 방향성이 동시에 높아집니다.

이직은 단순히 불만을 해소하기 위한 도피가 아닙니다. 이는 '역량 업그레이드'를 통해 '선택지 확대'로 이어지는 전략적 구조입니다. 예컨대 낮은 연봉에 대한 불만 때문에 무작정 회사를 옮기는 것이 아니라, 데이터 분석과 같은 시장이 요구하는 핵심 역량을 갖춘 뒤 연봉 테이블이 높은 테크 기업으로 이동하는 것입니다. 이는 스스로의 가치를 높여 더 나은 기회를 선택한 결과이며, 명백한 자기 투자입니다.

이 과정에서 커리어의 주도권은 조직이 아니라 개인에게 돌아옵니다. 스스로 준비하고 선택했다는 경험은 자존감과 자기효능감을 키워주고, 이후에도 새로운 도전을 가능하게 하는 힘이 됩니다. 회사가 개인의 커리어를 설계해주던 시대는 이미 끝났습니다. 이제는 내가 나를 설계하는 시대입니다. 그리고 그 설계의 가장 강력한 도구 중 하나가 바로 전략적 이직입니다.

평생직장 개념이 강했던 과거에는 이직을 배신으로 여겼습니다. 그러나 신세대는 이를 경력 목표를 향해 나아가는 과정으로 인식합니다. 영국의 심리학자 린다 그래튼(Linda Gratton)은 이직을 자기주도적 경력 개발의 표현이라고 말합니다. 이는 하버드 비즈니스 스쿨에서 논의되는 현대 커리어 담론의 핵심이기도 합니다.

맥킨지 글로벌 연구소의 조사에 따르면, 현대인은 평균 40년의 직장생활 동안 5번에서 7번의 경력 전환을 경험합니다. 더 주목할 점은 은퇴 이후에도 직장생활만큼의 시간을 더 살아가야 한다는 현실입니다. 이런 시대에 경력 관리의 주체는 더 이상 조직이 아니라 개인입니다.

기업 역시 관점을 바꿔야 합니다. '잘 가르쳐서 오래 쓰자'는 사고에서 벗어나, '실력을 키워 개인의 가치를 높이자'는 방향으로 전환해야 합니다. 제 경험이 이를 잘 보여줍니다. 은행 지점장 시절, 저는 강의와 집필 활동을 통해 고객사 CEO들과 깊은 신뢰 관계를 쌓았고, 그들의 전폭적인 도움으로 점포 종합업적 평가 전국 1위라는 성과를 달성할 수 있었습니다. 개인의 성장이 곧 조직의 성과로 이어진 것입니다.

이직은 불안의 선택이 아니라, 설계된 성장의 결과입니다. 그리고 그 설계를 시작하는 순간, 커리어는 비로소 내 손에 들어옵니다.

## 옮겨 심어야 튼튼하게 자란다

저는 지금도 토마토를 썩 좋아하지 않습니다. 맛 때문이 아니라, 기억 때문입니다. 어린 시절 어머니의 밭에서 토마토 농사를 도왔습니다. 봄비가 부슬부슬 내리던 날이면, 멀리 떨어진 원동마을 고모네 집에서 받아온 토마토 모종을 한 포기씩 밭으로 옮겨 심었습니다. 작은 손으로 흙을 파고, 무거운 지주대를 세우고, 곁순을 따냈습니다.

가장 힘들었던 일은 한여름의 뜨거운 햇살 아래에서 꿀벌 대신 토마토톤을 일일이 꽃에 발라주는 작업이었습니다. 손가락은 노랗게 물들고, 등은 땀으로 흠뻑 젖었습니다. 모내기는 더 고됐습니

다. 허리를 굽힌 채 진흙탕 논에서 벼 모종을 하나하나 심는 일은
어린 제게 버거운 노동이었습니다. 그중에서도 가장 귀찮았던 일
은 '옮겨 심기'였습니다. 마음속으로 이런 생각을 했습니다.

'그냥 씨를 뿌리면 안 되나. 왜 이렇게 번거로운 일을 하지?'

나중에서야 알게 되었습니다. 농부들은 씨를 바로 뿌리는 것보
다, 어느 정도 자란 모종을 옮겨 심어야 작물이 훨씬 더 튼튼해진다
는 사실을 이미 경험으로 알고 있었다는 것을 말입니다. 조선 후기
에 모내기법이 도입되며 수확량이 두 배 가까이 늘어난 것도 같은
이유였습니다. 옮겨 심기는 번거롭지만, 성장을 위해 반드시 거쳐
야 하는 과정이었습니다.

커리어도 다르지 않습니다. 한 자리에 오래 머문다고 해서 계속
자라는 것은 아닙니다. 오히려 잘 자라기 위해서는 옮겨 심어야 할
때가 있습니다. 농사의 지혜를 커리어에 적용해 보면 몇 가지 분명
한 원칙이 보입니다.

첫째, 적기 이식의 법칙입니다. 농부가 모종의 크기가 적당할 때
옮겨 심듯, 커리어에도 옮겨야 할 시점이 있습니다. 배움이 반복되
고 성장 곡선이 완만해질 때가 그 신호입니다. 너무 이르면 뿌리가
약해지고, 너무 늦으면 새로운 환경에 적응하기 어렵습니다.

둘째, 뿌리 활착의 원리입니다. 옮겨 심은 직후 열매를 기대하지
않듯, 새로운 조직에서도 곧바로 성과를 내려 하기보다 환경 이해
와 문화, 업무 방식에 적응하는 시간이 필요합니다. 성과보다 먼저

뿌리를 내리는 과정이 선행되어야 합니다.

셋째, 토양 다양화의 지혜입니다. 서로 다른 토양을 경험한 식물이 더 튼튼해지듯, 다른 산업과 문화, 다른 업무 방식을 경험할수록 사고의 폭과 문제 해결력은 입체적으로 성장합니다. 여러 환경을 거치며 얻은 통찰은 커리어에서 강력한 무기가 됩니다.

넷째, 순차적 성장의 원칙입니다. 농부가 육묘판에서 작은 화분으로, 다시 밭으로 옮기며 단계를 밟듯, 커리어에서도 급격한 점프보다는 단계적 이동이 장기적으로 유리합니다. 조직의 규모, 역할과 책임, 업무 범위를 조금씩 확장해 나가는 것이 건강한 성장입니다.

다섯째, 생장 관리의 기술입니다. 옮겨 심은 뒤에도 농부가 매일 작물을 살피듯, 커리어 역시 이동 이후 스스로의 상태를 지속적으로 점검해야 합니다. '나는 지금 이곳에서 자라고 있는가'를 묻는 정기적인 자기 점검이 필요합니다.

이직은 단절이 아닙니다. 연속된 성장의 과정입니다. 옮겨 심은 나무가 더 깊은 뿌리를 내리듯, 새로운 환경은 우리를 더 단단하게 만듭니다.


## 조용한 퇴사와 조용한 준비

요즘 '조용한 퇴사(Quiet Quitting)'라는 말이 자주 들립니다. 회사를 당장 그만두지는 않지만, 더 이상 애쓰지 않고 시키는 일만 하며 하루하루를 버티는 상태를 말합니다. 출근은 하지만 성장은 멈춘 상태입니다. 겉으로 보면 큰 문제는 없어 보입니다. 월급은 들어오고, 해고당하지도 않습니다. 그러나 이 시간이 길어질수록, 내 안에는 아무것도 쌓이지 않습니다. 조용한 퇴사는 나를 보호하는 선택처럼 보이지만, 결국에는 나를 소모시키는 선택이 되는 경우가 많습니다.

이와 비슷해 보이지만 전혀 다른 상태가 있습니다. 저는 이것을 '조용한 준비(Quiet Preparation)'라고 부릅니다. 겉으로는 평범한 일상처럼 보이지만, 속에서는 다음 단계를 차분히 준비하고 있는 상태입니다. 지금 자리에서 맡은 일은 책임 있게 해내면서도, 동시에 공부하고, 기록하고, 사람을 만나며, 방향을 점검합니다.

조용한 준비의 시간은 눈에 띄지 않습니다. 출근해 업무를 하고, 퇴근 후 책을 읽고, 주말에는 강의를 듣습니다. 아무도 알아주지 않지만, 매일 조금씩 쌓입니다. 그리고 몇 년이 지나면 분명한 차이가 나타납니다. 조용한 퇴사를 선택한 사람은 여전히 같은 자리에 머물러 있는 반면, 조용한 준비를 해온 사람은 이미 다른 땅에 뿌리를 내리고 있습니다. 이직을 자기계발로 바라본다는 것은, 바로 이 조용한 준비의 시간을 선택하는 일입니다.

이직을 고민하면 많은 사람이 가장 먼저 이력서를 떠올립니다. 문장을 다듬고, 성과를 더 좋아 보이게 정리합니다. 물론 필요합니다. 그러나 그것만으로는 충분하지 않습니다. 이직을 잘하는 사람들에게는 공통점이 있습니다. 이력서보다 먼저 자신의 커리어 이야기를 정리합니다. 왜 이 조직에 들어왔는지, 그 안에서 무엇을 배웠는지, 그리고 왜 다음 단계를 고민하게 되었는지를 자신의 언어로 설명할 수 있습니다.

이 연결이 없으면 이직은 단절처럼 보입니다. 반대로 이 연결이 분명하면, 이직은 성장의 연속으로 읽힙니다. 똑같은 경험이라도 이야기가 있으면 자산이 되고, 이야기가 없으면 단순한 경력에 그칩니다.

결국 Me-Tech에서 말하는 자기 설계란, 과거의 단절된 경험들을 하나의 성장 스토리로 엮어내는 능력입니다. 이 커리어 내러티브(Career Narrative)야말로 당신의 진짜 이력서이며, 새로운 무대에서 전문성과 가치를 증명하는 가장 강력한 무기가 될 것입니다.

---

❖ 체크리스트 ❖

☐ 지금 나는 1년 전보다 명확하게 3가지 이상 성장했는가?

☐ 지금의 준비는 불만으로 인한 도피인가, 다음 성장을 향한 전략인가?

☐ 나의 커리어 여정을 5분 안에 일관성 있는 이야기로 설명할 수 있는가?

# 인맥을 만들려 하지 말고, 평판을 쌓아라

## 퇴직 후에도 전화벨이 울리는 사람들

직장에서 오래 일하다 보면 반복해서 보게 되는 장면이 있습니다. 현직에 있을 때는 늘 사람들로 둘러싸여 있던 사람이, 퇴직과 동시에 조용해지는 모습입니다. 전화벨은 울리지 않고, 약속도 사라집니다. 반대로 직함이 사라졌는데도 관계가 계속 이어지는 사람도 있습니다. 이 차이는 어디에서 생길까요.

저는 N리서치 회사에서 2년간 고문직을 맡은 적이 있습니다. 이 회사 CEO였던 이 사장님과의 인연은 30년 전, 제가 K은행 연수원 교수로 일하던 시절에 시작되어 오랜 시간 이어져 왔습니다. 그가 15년 넘게 회사를 이끌다 퇴임한다는 소식을 듣자마자, 저는 곧바로 식사 자리를 마련했습니다. 우리는 지난 세월의 감사했던 순간들을 되짚으며 은퇴 후의 생활과 건강 관리에 대해 이야기를 나누었습니다.

사실 그날의 대화는 즉흥이 아니었습니다. 전날 밤, 그와 함께했던 중요한 순간들을 하나하나 떠올리며 메모로 정리해 두고 준비한 자리였습니다. 자신의 이야기를 그렇게 기억해 주는 사람이 있다는 사실에 그는 여러 차례 고맙다는 말을 전했습니다. 그 모습을 보며 저는 다시 한 번 깨달았습니다. 관계는 말이 아니라, 정성이 남기는 것이라는 사실을 말입니다.

K은행의 후배 탁 본부장도 올해 정년을 맞았습니다. 제가 내방역 지점장이었을 때 그녀는 VIP팀장이었고, 그렇게 20년이라는 시간이 흘렀습니다. 그녀는 계절마다 함께 점심을 하며 안부를 전했고, 강원도 감자나 천안 호두 같은 소소한 선물로 마음을 표현해 왔습니다. 수많은 동료와 후배들 가운데, 끝까지 관계가 이어진 몇 안 되는 소중한 인연입니다.

많은 사람들은 퇴직과 함께 인간관계도 자연스럽게 멀어진다고 말합니다. 그러나 저는 퇴직한 지인들, 옛 직장 동료와 후배들과 여전히 돈독한 관계를 이어가고 있습니다. 그래서 저는 이 관계들을 '자랑스럽다'고 표현합니다. 많은 이들이 그렇게 하지 못하기 때문입니다. 저는 이런 관계들이 결코 우연이라고 생각하지 않습니다. 관계는 만들어지는 것이 아니라, 남는 것이기 때문입니다.

대기업 사장이나 임원 출신 가운데에는 퇴임 후 관계가 단절되어 외로움을 호소하는 경우도 적지 않습니다. 현직에 있을 때는 끊이지 않던 연락이 어느 순간 완전히 사라지는 경험을 하며 씁쓸함을 느낍니다. 이런 상황에서 떠나는 사람에게 먼저 연락하고, 꾸준히 관심을 보이는 일은 그래서 더욱 특별한 의미를 가집니다. 퇴직 이후의 인간관계는 단순한 사회적 연결망을 넘어, 삶의 질과 행복을 좌우하는 중요한 요소입니다.

미국의 정신의학자 조지 베일런트(George Vaillant) 교수는 75년에 걸친 장기 연구를 통해 이렇게 말했습니다. "50대 이후 삶의 질을 결정하는 가장 중요한 변수는, 47세까지 구축한 인간관계다." 더 주목할 점은, 75세에도 건강을 유지하는 사람들의 공통점 역시 탄탄한 사회적 유대관계였다는 사실입니다. 이는 좋은 인간관계가 정서적 만족을 넘어 신체 건강에도 직접적인 영향을 미친다는 것을 보여줍니다.

여기서 중요한 것은 관계의 '수'가 아니라 '질'입니다. 좋은 인간관계는 감정적 위안을 넘어, 삶을 지탱하는 기초 구조가 됩니다. 그리고 나이가 들수록, 이 구조의 안정성은 더욱 중요해집니다. 직함이 사라진 뒤에도 남아 있는 관계, 그것이 결국 인생의 후반부를 지탱하는 가장 든든한 자산입니다.

## 인맥이 아니라 평판이다

많은 사람들이 '인간관계'를 이야기할 때 가장 먼저 '인맥'을 떠올립니다. 그러나 제 경험상, 인맥이라는 단어에 집착할수록 관계는 오히려 얄팍해집니다. '인맥'이라는 말 속에는 이미 도움을 기대하는 의도가 스며 있기 때문입니다. 순수한 관계에는 계산이 없어야 합니다. 하지만 인맥에 매달릴수록 계산이 앞서고, 계산이 앞선 관계는 오래가기 어렵습니다.

의도가 먼저 보이는 관계는 상대가 먼저 알아챕니다. 이 사람이 나에게 진짜 관심이 있는지, 아니면 나를 통해 무언가를 얻으려는지 말입니다. 이런 의도적 관계는 직위가 유지되는 동안에는 그럴듯해 보일 수 있습니다. 그러나 퇴직하거나 자리가 바뀌는 순간, 관계는 생각보다 쉽게 무너집니다.

진정한 관계를 만들기 위해서는 내가 먼저 상대를 도와주려는 자세가 필요합니다. 지금은 인맥을 관리하는 시대가 아니라, 평판이 축적되는 시대입니다. '네트워크 지수(NQ: Network Quotient)'라는 개념이 주목받는 것도 같은 맥락입니다. NQ가 높은 사람들은 단순히 아는 사람이 많은 것이 아니라, 질 높은 관계를 오래 유지하며 서로에게 긍정적인 영향을 줍니다.

성공한 사람들 가운데에는 흔히 이렇게 말하는 이들이 있습니다.

"제가 인복이 많아서요."

이는 단순한 겸손의 표현이 아닙니다. 인복이 좋다는 말은 곧 좋은 인간관계를 오랫동안 유지해 왔다는 뜻이며, 그것은 결코 우연이 아닙니다. 평소의 태도와 행동이 차곡차곡 쌓여 만들어진 결과입니다. 결국 성공적인 인간관계의 핵심은 기술이 아니라 태도에 있습니다.

다만 인맥은 양날의 칼이기도 합니다. 지나치게 폐쇄적인 관계, 이른바 '인맥의 요새 효과'에 갇히면 오히려 독이 될 수 있습니다. 비슷한 배경과 생각을 가진 사람들끼리만 어울리다 보면 시야는 좁아지고 판단은 왜곡되기 쉽습니다. 직장 내에서 '저 사람은 누구의 사람'이라는 낙인이 찍히는 순간, 그 사람의 가능성은 스스로 제한됩니다.

실제로 맥킨지 조사에 따르면, 다양한 배경의 사람들과 교류하는 리더는 동질적인 인맥에 갇힌 리더보다 의사결정의 질이 약 30퍼센트 더 높게 나타났습니다. 최적의 해답은 언제나 다양한 관점이 만날 때 나옵니다.

평판은 말로 만들어지지 않습니다. 회식 자리에서 쌓이는 것도 아니고, 명함을 많이 나눈다고 생기는 것도 아닙니다. 평판은 함께 일해 본 사람들이 느끼는 경험의 총합입니다. 일을 맡겼을 때 어땠는지, 책임을 다했는지, 어려운 순간에 믿을 수 있었는지 같은 기억들이 차곡차곡 쌓여 형성됩니다.

결국 사람을 남기는 것은 말이 아니라 일하는 방식과 태도입니다. 인맥을 만들려 애쓰기보다, 평판이 따라오게 사는 것. 그것이 가장 오래가고, 가장 단단한 인간관계의 전략입니다.

## 평판은 일하는 태도에서 쌓인다

많은 사람들이 "인맥이 있어야 기회가 온다"고 생각합니다. 그러나 이는 순서가 뒤바뀐 생각입니다. 기회는 인맥에서 시작되지 않습니다. 성과와 실력이 먼저이고, 인맥은 그 결과로 따라옵니다.

구글의 한 임원은 이렇게 말했습니다.

"실력이 없는 인맥은 사상누각이다. 먼저 자신의 분야에서 최고가 되어라. 그러면 사람들이 자연스럽게 모여든다."

실제로 성공한 리더들의 공통점은 분명합니다. 탁월한 실력을 바탕으로 평판이 먼저 형성되고, 그 평판 위에 자연스럽게 인맥이 쌓였다는 점입니다.

무엇보다 중요한 것은, 스스로 인맥의 대상이 될 만한 사람인가를 돌아보는 일입니다. 내가 인맥으로 두고 싶은 사람은 어떤 사람일까요. 아마도 전문성, 인격, 통찰력 같은 분명한 강점을 가진 사람일 것입니다. 마찬가지로, 타인에게 매력적인 인맥이 되기 위해서는 깊이 있는 전문 지식, 따뜻한 인간성, 나만의 관점 같은 차별화된 가치가 필요합니다. 그것은 반드시 재산이나 권력이 아니어도 충분합니다.

컨설팅 업계의 연구에 따르면, 자신만의 전문성이나 차별화된 가치를 가진 사람들의 네트워크는 그렇지 않은 사람들보다 평균 세 배 빠르게 성장한다고 합니다. 오늘날에는 SNS를 통해서도 충분히 자신의 전문성과 관점을 드러내고, 평판을 쌓아갈 수 있는 환경이 마련되어 있습니다.

퇴직 이후까지 이어지는 관계에는 한 가지 분명한 공통점이 있습니다. 단순히 함께 시간을 보낸 사람이 아니라, 함께 중요한 성과를 만들어보거나 신뢰를 쌓아본 사람이라는 점입니다. 직장에서의 경험은 관계의 지속성을 가늠하는 가장 강력한 필터입니다. 함께 일해본 경험이 없다면, 관계는 환경이 바뀌는 순간 쉽게 희미해질 수 있습니다.

이순신 장군의 사례는 이를 잘 보여줍니다. 그는 한양의 권문세가에게는 이름이 새겨진 칼을, 귀부인들에게는 옥구슬이 달린 고급 부채를 정기적으로 선물했습니다. 흥미로운 점은 이 모든 내용을 "유성룡 대감에게 유자 30개를 보냈다"는 식으로 난중일기에 상세히 기록했다는 사실입니다.

그러나 이순신의 선물은 결코 단순한 뇌물이 아니었습니다. 선물과 함께 보낸 서신에는 늘 남해안 왜군의 동향과 조선 수군의 현황이 담겨 있었습니다. 이는 조정의 정책 결정자들이 올바른 판단을 내릴 수 있도록 돕는 전략적 소통이었고, 동시에 보이지 않는 인맥을 구축하는 방식이었습니다. 이러한 관계 덕분에 그는 어려움에 처할 때마다 한양의 인맥으로부터 보호를 받을 수 있었습니다.

인맥은 크게 세 가지로 나눌 수 있습니다.

첫째, 업무 인맥입니다. 일을 효율적으로 추진하고 목표를 달성하기 위해 필요한 핵심 관계망입니다. 조직 내 상사와 동료, 부하직원처럼 함께 성과를 만들고 서로의 성장을 돕는 동반자적 관계입니다. 스티브 잡스와 스티브 워즈니악의 협업이 이를 잘 보여줍니다.

둘째, 전략적 인맥입니다. 미래를 위해 조언과 통찰을 구할 수 있는 외부 네트워크입니다. 다른 업종의 경영자나 학계 인사처럼 서로 다른 경험과 지식을 결합해 새로운 시너지를 만드는 관계입니다. 잭 웰치와 피터 드러커의 관계가 대표적입니다.

셋째, 개인적 인맥입니다. 일과 직접적인 이해관계는 없지만, 삶의 균형을 잡아주는 관계입니다. 종교인, 예술가, 동호회 친구들이 여기에 해당합니다. 이 관계들은 바쁜 직장 생활 속에서 정신적 안식과 인간적 성숙을 가능하게 합니다.

많은 직장인들이 업무 인맥에만 치중합니다. 그래서 현직에 있을 때는 인맥이 넘쳐나는 것처럼 보이지만, 퇴직과 동시에 관계가 한꺼번에 사라지는 경우가 적지 않습니다. 결국 오래 남는 관계는 직함이 아니라 실력과 태도, 그리고 함께 만든 경험 위에 세워진 관계입니다.

인맥을 만들려고 애쓰기보다, 인맥이 필요로 하는 사람이 되는 것. 그것이 가장 현실적이고, 가장 오래가는 인간관계의 전략입니다.

## 47세까지의 관계가 50대 이후를 결정한다

물론 모든 관계가 평생 지속될 수는 없습니다. 관계에도 유효기간이 있습니다. 이 사실을 인정하지 못하면 관계는 오히려 부담이 됩니다. 옛 어른들이 "사람을 만날 때는 한 눈 감고 만나야 한다"고 한 이유도 여기에 있습니다. 모든 관계에 100점을 기대하지 말아야 합니다.

주변 사람 가운데 절반 정도가 나를 긍정적으로 평가한다면, 이미 충분히 건강한 관계를 맺고 있는 것입니다. 모두에게 좋은 사람이 되려는 노력은 관계를 넓히기보다 오히려 경직시킵니다. 인간관계는 확장이 아니라 균형의 문제입니다.

직장생활에서 맺은 인맥도 다르지 않습니다. 저 역시 많은 사람들과 도움을 주고받았지만, 어느 순간 연락이 끊기거나 서로 섭섭한 일이 생기기도 했습니다. 이럴 때 중요한 마음가짐은 배신감이나 서운함에 오래 머무르지 않는 것입니다. 식품이나 약품에 유효기간이 있듯, 인간관계에도 자연스러운 유효기간이 있다고 받아들이는 태도가 필요합니다. 그저 헤어질 때가 되었다고 담담히 인정하는 것입니다.

저에게는 인맥의 멘토로 떠올리는 사람이 있습니다. 바로 허은영 이사장입니다. 그녀는 금융계를 넘어 여러 분야에서 '인연의 연금술사'로 불리는 진정한 마당발입니다. 그녀가 자주 들려주는 말이 있습니다.

"휴먼 네트워크에도 복리가 있습니다."

처음에는 작은 관심과 정성이 필요하지만, 시간이 지나면 관계는 눈덩이처럼 불어나 큰 자산이 된다는 뜻입니다.

그녀의 특별함은 언제나 '주는 마음'에서 출발합니다.

'이 사람이 나에게 무엇을 해줄까?'가 아니라,

'이 사람들이 서로 만나면 어떤 긍정적인 시너지가 날까?'를 먼저 생각합니다.

때로는 "이분 따님과 저분 아드님이 만나면 참 좋겠다"는 생각까지 하며 관계의 확장을 자연스럽게 돕습니다. 조직이나 단체의 중심에는 언제나 이런 마당발형 리더가 있습니다.

이들과 가까워지면 자연스럽게 그들의 네트워크를 보고 배우게 됩니다. 때로는 나의 평판을 바탕으로 그 관계가 공유되기도 합니다. 결국 멘토의 인맥은 나의 성장을 돕는 인맥으로 기능하게 됩니다.

직장에서의 태도, 일하는 방식, 그리고 성과는 언젠가 평판이 됩니다. 그리고 그 평판은 시간이 지나 관계로 남습니다.

인맥은 애써 쌓는 것이 아닙니다. 인맥은 결국 남는 것입니다.

❖ **체크리스트** ❖

☐ 나는 누군가에게 '함께 일하고 싶었던 사람'으로 기억되는가?

☐ 지금 쌓고 있는 관계는 인맥이 아니라 평판 위에 놓여 있는가?

☐ 나는 업무 인맥, 전략적 인맥, 개인적 인맥의 균형을 이루고 있는가?

**Me-Tech**

# 3

# 행복한 부자로
# 살아라

# 부자가 되려면
# 재테크가 아니라
# 미테크에 집중하라

## 당신 자신에게 투자하라

한 자동차 회사 연수원에서 신입사원들을 대상으로 강의한 적이 있습니다. "재테크로 부자가 되고 싶습니다"라는 말이 나오자, 저는 한 가지 질문을 던졌습니다.

"우리나라 부자 가운데 자수성가형 부자가 몇 퍼센트나 될까요?"

대부분은 예상보다 훨씬 낮은 숫자를 말했습니다. 그러나 부자학회의 통계에 따르면 실제로는 90퍼센트 이상이 자수성가형 부자입니다. 이들의 공통점은 분명했습니다. 돈을 좇기 전에, 먼저 자신을 키웠다는 점입니다.

손흥민 선수는 화려한 경기 뒤에도 매일 기본기 훈련을 반복합니다. 김연아 선수 역시 수많은 금메달 뒤에 수만 번의 점프 연습과 오랜 빙판 위의 시간이 있었습니다. 방탄소년단 역시 데뷔 전 수년간 하루 16시간에 가까운 연습을 이어갔습니다. 이들은 재테크로 성공한 사람들이 아닙니다. 전문성에 먼저 투자한 사람들입니다.

경제가 불확실할수록 기업은 연구개발과 마케팅 투자를 쉽게 줄이지 않습니다. 개인도 마찬가지입니다. 불확실한 시대일수록 가장 안전한 투자는 나의 실력, 나의 학습 능력, 나의 건강입니다. 통장 잔고와 상관없이 지금 당장 시작할 수 있는 최고의 투자처는 바로 자기 자신입니다.

한 중견기업의 마케터는 늘어난 재택근무 시간을 온라인 강의와 자격증 공부에 투자했습니다. 이 '성장의 시간'은 회사의 디지털 전환 시기에 큰 자산이 되었고, 1년 만에 팀장 승진과 연봉 40퍼센트 인상이라는 결과로 돌아왔습니다. 위기는 준비된 사람에게 기회가 됩니다.

여기서 중요한 것은 지출과 투자를 구분하는 감각입니다. 소비는 사라지지만, 투자는 남습니다. 자기계발과 학습, 건강 관리는 모두 미래의 몸값을 키우는 투자입니다. 인스턴트 식품 대신 건강식을 선택하고, 드라마 시청 대신 운동을 선택하는 일은 단기적으로는 불편할 수 있습니다. 그러나 장기적으로는 엄청난 가치를 만들어냅니다. 구글 창업자 래리 페이지(Larry Page)는 매일 새벽 요가로 하루를 시작하고, 마이크로소프트 CEO 사티아 나델라(Satya Nadella)는 매주 세 시간을 명상에 투자한다고 알려져 있습니다.

제가 코칭했던 한 후배 은행원은 퇴직 5년 전부터 자신의 전문성을 체계적으로 정리하기 시작했습니다. 본업에서 쌓은 기업금융 경험을 바탕으로 강의 자료를 만들고, 은행 내부 강사로 활동했습니다. 퇴직 후 그는 자연스럽게 외부 강의와 자문으로 커리어를 이어갔고, 퇴직이 소득의 끝이 아니라 확장의 시작이 될 수 있음을 몸소 보여주었습니다.

직장은 언젠가 끝납니다. 그러나 전문성은 평생 살아남습니다. 그리고 그 전문성은, 돈이 아니라 시간과 노력을 나에게 투자한 사람에게만 남습니다.


## 부자의 시간은 거꾸로 간다

저는 '돈의 무게'를 나름대로 측정해 봅니다. 지인이나 후배들에게 밥을 사다 보면 사람들의 태도는 대체로 두 그룹으로 나뉩니다. 한 그룹은 가성비를 따지며 상대를 배려합니다. 반면 다른 그룹은 '이번이 기회다'라는 생각으로 부담 없이 주문합니다. 저는 자기 돈의 무게와 남의 돈의 무게를 함께 느낄 줄 아는 사람이 결국 부자의 길로 간다고 믿습니다. 회사의 법인카드를 사용할 때도 마찬가지입니다. 진정한 부자는 자신의 돈이든, 남의 돈이든 그 무게를 동일하게 느낄 줄 아는 사람입니다.

이 태도는 행동경제학의 '심적 회계(mental accounting)' 개념과 맞닿아 있습니다. 사람들은 돈을 출처와 용도에 따라 마음속에서 다르게 구분하고, 그에 따라 소비 태도도 달라집니다. 저 역시 출장비나 자문료로 받은 돈은 비교적 편하게 쓰면서도, 애써 번 강사료는 쉽게 쓰지 못합니다. 노력의 밀도가 높을수록, 그 돈의 무게가 더 무겁게 느껴지기 때문입니다.

여기에 시간이 더해지면 차이는 더욱 극명해집니다. 서른의 1억 원과 예순의 1억 원은 결코 같은 돈이 아닙니다. 이 차이를 만들어내는 것이 바로 '복리'입니다. 알베르트 아인슈타인은 복리를 '세계 8대 불가사의'라고 불렀고, 워런 버핏은 자신이 부자가 된 이유로 단 하나, "일찍 시작했다"는 점을 꼽았습니다. 그는 여덟 살에 투자를 시작해 단 한 번도 멈춘 적이 없었습니다.

저의 경험도 다르지 않습니다. 30대 중반에 시작한 약 3억 원 규모의 투자는 IMF 시기의 고금리 환경 덕분에 4~5년 만에 두 배로 불어났습니다. 이 경험을 통해 저는 '시장 타이밍'보다 '투자 기간'이 훨씬 중요하다는 사실을 몸으로 깨달았습니다. 30대와 40대의 꾸준한 저축과 투자 덕분에, 현재 제 자산의 상당 부분은 40대와 50대에 형성되었습니다. 지점장 시절 수많은 투자자를 상담하며 얻은 결론도 같습니다. 성공한 투자자들은 하나같이 복리의 힘을 믿고, 시간을 아군으로 만든 사람들이었습니다.

결국 부자가 되는 길은 세 가지 깨달음에서 시작됩니다. 첫째, 돈의 무게를 알고 타인의 돈도 내 돈처럼 소중히 여기는 태도입니다. 둘째, 심적 회계를 이해하고 스스로에게 유리하게 활용하는 능력입니다. 셋째, 복리의 힘을 믿고 시간을 내 편으로 만드는 지혜입니다.

당신의 시간은 지금 이 순간에도 흐르고 있습니다. 이 시간을 복리의 편으로 만들 것인가, 아니면 그저 흘려보낼 것인가. 선택은 결국 당신의 몫입니다.

## 직장인의 부자 되는 습관 두 가지

첫째, 과시하지 않고 아끼는 사람이 부자가 됩니다. 20년 넘게 은행원으로 일하며 깨달은 사실은 분명합니다. 연봉 1억 5천만 원을 받아도 2억을 쓰는 사람은 결코 부자가 될 수 없습니다. 반대로 연봉이 높지 않더라도 지출을 잘 관리하면 부의 출발선에 설 수 있습니다. 부자가 되는 길은 '얼마나 버느냐' 못지않게 '얼마나 모으느냐'에 달려 있습니다.

생활 속 선택만 바꿔도 결과는 크게 달라집니다. 하루 두 번의 테이크아웃 커피를 사내 카페테리아로 바꾸면 월 16만 원이 절약됩니다. 각종 OTT 구독을 정리하면 월 3~4만 원이 줄고, 의류를 아울렛이나 시즌 오프를 활용해 구매하면 연간 100만 원 이상을 아낄 수 있습니다. 여기에 점심을 구내식당에서 해결해 하루 5,000원을 절약하면 한 달에 10만 원이 추가로 남습니다. 이런 선택만으로도 연간 450만 원 이상의 추가 저축이 가능합니다. 월급이 같아도 실질 소득이 달라지는 이유가 여기에 있습니다.

제가 만난 부자 고객들 대부분은 과시보다 효율을 중시했습니다. 값비싼 명품이나 기념품 대신 박물관 관람이나 산책처럼 현지의 삶을 체험하는 여행을 즐겼고, 일상에서는 편안한 침구, 건강한 음식, 질 좋은 신발처럼 실질적인 가치를 주는 것에 투자했습니다. 워런 버핏이 60년 넘게 같은 집에서 살고 있는 사실은 이를 잘 보여줍니다. 반면 오히려 형편이 어려운 사람일수록 부자처럼 보이기 위해 애쓰는 경우가 많았습니다.

그렇다고 미래를 위해 구두쇠처럼 살라는 이야기는 아닙니다. 현재와 미래의 균형은 중요합니다. '욜로(YOLO)'가 유행하며 많은 이들이 현재의 즐거움만을 좇지만, 이는 '현재 편향(present bias)'의 전형적인 함정입니다. 심리학자들은 당장의 만족을 위해 미래의 더 큰 가치를 포기하는 것이 인간의 대표적인 약점이라고 지적합니다. 현명한 사람이라면 '요노(YONO, You Only Need One)'의 관점에서 정말 필요한 것만 소비하고, 나머지는 미래를 위해 남깁니다.

특히 경계해야 할 것은 '라이프스타일 인플레이션'입니다. 수입이 늘 때마다 생활수준을 함께 끌어올리는 대신, 증가한 소득의 상당 부분을 저축과 투자로 돌리는 습관이 필요합니다. 승진이나 연봉 인상이 곧 소비 확대를 의미할 필요는 없습니다. 생활수준을 유지한 채 여유자금을 투자 자산으로 전환하는 것이 현명한 부자의 길입니다.

여기서 한 가지 분명히 짚고 넘어가야 할 점이 있습니다. '절약'과 '구두쇠'는 전혀 다릅니다. 절약은 가치 있는 곳에 집중해 쓰기 위해 불필요한 지출을 줄이는 행위입니다. 저 역시 지인들과의 식사 자리에서는 주저 없이 밥값을 냅니다. 다만 과시적 소비나 충동구매는 철저히 경계합니다. 이것이 제가 생각하는 절약의 기준입니다.

둘째, 위험을 피하지 말고 관리하며 투자합니다. 오랜 은행원 생활을 통해 깨달은 또 하나의 철칙이 있습니다. 단순한 저축만으로는 결코 부자가 될 수 없다는 사실입니다. 인플레이션은 저축의 가치를 지속적으로 깎아내리고, 은행 금리는 이를 따라가지 못합니다. 진정한 부자들은 위험을 무조건 피하지 않습니다. 대신 위험을 이해하고, 관리하려고 노력합니다.

첫 번째 원칙은 목표 수익률을 명확히 정하고, 이를 달성하면 미련 없이 회수하는 것입니다. 이는 투자를 '상대평가'가 아닌 '절대평가'로 바라보는 태도입니다. 저의 경우 주식과 투자 상품에서 15퍼센트 수익률을 목표로 삼습니다. "다른 사람은 30퍼센트를 벌었는데, 나는 15퍼센트밖에 못 벌었다"는 생각은 매우 위험합니다. 많은 투자자가 욕심과 비교 때문에 실패합니다. 비교가 시작되는 순간, 투자는 흔들립니다.

두 번째는 이른바 '7대 3' 원칙을 지키는 것입니다. 이는 연령에 따라 위험자산 비중을 점진적으로 줄여가는 자산 배분의 기준입니다. 30대는 시간이 자산이므로 비교적 공격적으로 운용할 수 있어 위험자산 비중을 40퍼센트까지 가져갈 수 있습니다. 40대는 30퍼센트, 50대는 20퍼센트, 60대 이상은 10퍼센트 수준으로 점차 낮추는 것이 바람직합니다. 나머지는 반드시 안전자산으로 보유해야 합니다. 위험을 전혀 감수하지 않는 선택 역시 인플레이션과 기회비용이라는 더 큰 위험에 노출될 수 있다는 점을 잊지 말아야 합니다.

직장인이 부자가 되는 길은 단순히 열심히 일하는 데서 끝나지 않습니다. 근로 소득을 자본 소득으로 전환하는 시스템을 구축하는 과정입니다. 이 시스템이야말로 당신을 시간의 노예에서 벗어나게 해주는 Me-Tech의 재정적 기반입니다.

지금까지 살펴본 두 가지 습관은 서로 상충되는 것처럼 보일 수 있습니다. 그러나 실제로는 동전의 양면과 같습니다. 절약하되 인색하지 않고, 투자하되 무모하지 않는 것. 과시적 소비를 줄여 모은 자금으로 현명한 투자를 하고, 그 수익으로 다시 더 큰 투자를 이어가는 선순환을 만드는 것. 이것이 바로 진정한 부자의 길입니다.

## 부자들의 시간 관리법

마지막으로 한 가지를 더 이야기하고 싶습니다. 부자들은 돈뿐 아니라 시간 역시 포트폴리오로 관리한다는 점입니다. 저는 시간을 세 가지로 나누어 봅니다.

첫째는 생존 시간입니다. 월급을 받기 위해 반드시 써야 하는 시간입니다. 직장인이라면 피할 수 없는 시간이고, 현재의 삶을 유지하는 데 꼭 필요합니다. 그러나 이 시간만으로는 미래가 보장되지 않습니다.

둘째는 성장 시간입니다. 학습과 자기계발, 건강 관리처럼 자신의 몸값을 높이는 데 쓰이는 시간입니다. 이 시간이 쌓일수록 직장 안에서의 경쟁력은 분명해집니다. 같은 업무를 하더라도, 성장 시간을 꾸준히 확보한 사람은 어느 순간부터 차이를 만들어냅니다.

셋째는 축적 시간입니다. 투자 공부, 기록, 사색처럼 미래를 준비하는 시간입니다. 이 시간은 당장의 성과로 바로 드러나지 않지만, 직장 밖에서도 통하는 전문성과 통찰을 만들어냅니다. 축적 시간은 결국 인생 후반부의 선택지를 넓혀주는 힘이 됩니다.

대부분의 사람은 생존 시간으로 하루를 소진합니다. 출근하고, 일하고, 지친 몸으로 하루를 마무리합니다. 반면 부자는 성장 시간과 축적 시간을 의도적으로 확보합니다. 일정표에 남는 시간이 있어서가 아니라, 우선순위를 그렇게 정했기 때문입니다.

이것이 바로 Me-Tech의 핵심입니다. 직장 안에서는 성장하고, 직장 밖에서도 살아남는 힘을 기르는 것입니다. 부자가 되는 길은 결코 멀리 있지 않습니다. 자기 자신에게 투자하고, 시간의 무게를 이해하며, 소비와 투자 사이의 균형을 잡는 데서 출발합니다.

통장을 키우는 시작은 언제나 나를 키우는 시간 경영에서 비롯됩니다. 그리고 그 시간은, 지금 이 순간에도 당신의 선택을 기다리고 있습니다.



- [ ] 나의 소비는 '가치'를 키우는 투자였는가, 아니면 '현재의 편안함'을 위한 지출이었는가?
- [ ] '29세 1억'과 같이 구체적이고 조기 달성 가능한 재정 목표를 설정하고 관리하는가?
- [ ] 남의 돈의 무게를 나의 돈과 같이 소중하게 여기는가?

# 돈이 벌리는
# 일부터 하라

**인생은 선택이 아니라 '순서'를 설계하는 게임**

"돈이 먼저입니까, 꿈이 먼저입니까?"

사람들은 종종 이렇게 묻습니다. 그러나 이 질문 자체가 인생을 지나치게 단순화하고 있는 것은 아닐까요. 인생은 둘 중 하나를 고르는 문제가 아니라, 무엇을 어떤 순서로 쌓아 가느냐의 문제에 가깝습니다.

지금 내 삶의 단계에서 무엇이 필요한지를 차분히 바라볼 필요가 있습니다. 생존과 안정, 그다음 성장과 재미, 그리고 마지막으로 기여와 의미. 이 흐름을 어떻게 설계하느냐가 훨씬 현실적인 해답입니다. 인생은 선택의 문제가 아니라, 설계의 문제이기 때문입니다.

돈은 누구에게나 중요합니다. 특히 직장인의 삶에서 돈은 산소와도 같습니다. 산소가 부족하면 신체의 모든 기능이 저하되듯, 경제적 기반이 흔들리면 어떤 꿈도, 어떤 자기계발도 오래 지속되기 어렵습니다. 돈은 단순한 숫자가 아닙니다. 더 큰 자유와 선택권을 가능하게 하는 도구입니다.

충분한 자산이 있을 때 비로소 삶의 선택지는 넓어집니다. 원하는 취미를 즐길 수 있고, 가족과 보내는 시간을 늘릴 수 있으며, 누군가를 돕는 일에도 마음의 여유를 가질 수 있습니다. 그래서 돈은 꿈의 적이 아니라, 꿈을 지켜 주는 토대에 가깝습니다.

결국 중요한 것은 '돈이 먼저냐, 꿈이 먼저냐'가 아닙니다. 지금의 나에게 무엇이 먼저 필요한지를 아는 감각, 그리고 그 순서를 존중하며 한 단계씩 쌓아 가는 태도입니다. 그때 돈은 목적이 아니라, 삶을 더 자유롭게 만드는 든든한 동반자가 됩니다.

## 1단계: 돈이 되는 일로 생존과 안정을 먼저 확보

첫 번째 단계는 분명합니다. 돈이 되는 일부터 시작하는 구간입니다. 이 시기의 목표는 행복이나 보람이 아닙니다. 안전과 안정입니다. 최소한의 생활비가 확보되고, 비상자금이 마련되며, 기본적인 저축과 투자 루틴이 자리 잡기 전까지는 '내가 좋아하는 일이냐'보다 '돈이 되느냐, 실력이 쌓이느냐'를 기준으로 삼는 편이 훨씬 안전합니다. 이 시기에는 몸값을 키우고, 시장에서 통하는 능력을 만드는 것이 가장 중요한 자기계발입니다.

저 역시 그 단계를 거쳤습니다. 6년간 몸담았던 교직 생활을 마감하고, 1983년 3월, 저는 당시로서는 파격적인 선택을 했습니다. 최고 수준의 대우를 제시한 은행원이 되기로 결정한 것입니다. 단지 더 나은 직장을 찾았기 때문은 아니었습니다.

"가난한 교사한테는 절대로 딸을 줄 수 없다."

처가의 이 단호한 말에 대한, 제 나름의 정면 '응수'였습니다.

솔직히 말하면, 저는 가르치는 일을 좋아했습니다. 아침에 출근이 설렐 만큼 아이들을 사랑했고, 교실은 제게 의미 있는 공간이었습니다. 그럼에도 저는 이렇게 말했습니다.

"그렇다면 교사를 그만두고, 돈을 많이 주는 회사로 가겠습니다."

그리고 그 말을 곧바로 행동으로 옮겼습니다.

이 선택은 열정을 좇은 결정이 아니었습니다. 처가에 대한 일종의 '복수(?)'이자, 남부럽지 않은 경제적 기반을 만들기 위한 냉정한 결단이었습니다. 그런데 아이러니하게도, 바로 이 선택이 이후 제 인생에서 제가 진정으로 좋아하는 일을 끝까지 지킬 수 있는 힘이 되어주었습니다.

돈이 되는 일을 먼저 한 것이, 돈에 끌려 다니지 않을 자유를 만들어주었기 때문입니다. 안정은 열정을 배반하는 것이 아니라, 열정을 오래 지속하게 만드는 토대였습니다. 그래서 저는 말합니다.

인생의 첫 단계에서는 꿈보다 안전이 먼저여도 괜찮다고. 그 선택이 훗날, 꿈을 포기하지 않을 가장 현실적인 전략이 될 수 있기 때문입니다.

## 2단계: 좋아하는 일을 '전문성으로 연결하며' 성장

경제적 압박이 어느 정도 완화되면, 두 번째 단계로 넘어갈 수 있습니다. 바로 좋아하는 일의 비중을 키우는 구간입니다. 이 단계에서 가장 중요한 원칙은, 좋아하는 일에 한 번에 올인하지 않는다는 점입니다. 현재 하고 있는 일 안에서 좋아하는 요소를 늘리거나, 직무를 조금씩 조정하거나, 부업이나 사이드 프로젝트 형태로 열정을 끼워 넣는 방식이 훨씬 현실적입니다.

저 역시 그렇게 움직였습니다. 은행에 몸담으면서 이전의 교직 경험을 살려 연수원 교수 역할을 맡을 수 있었습니다. 이를 계기로 금융 마케팅과 서비스 분야에서 독보적인 전문성을 쌓았고, 그 결과 외부 기업들의 강의 요청이 잇따르며 자연스럽게 작가로서의 새로운 길도 열렸습니다. 주말과 저녁에는 외부 강의를 하고, 평일에는 은행원으로서 재정적 기반을 다졌습니다. 이 두 축이 맞물리면서, 저는 평범한 직장인의 수준을 훨씬 넘어서는 자산을 축적할 수 있었습니다.

제 진정한 열정은 언제나 가르치고 글을 쓰는 일이었습니다. 특히 글쓰기는 저에게 깊은 보람과 만족을 주는, 일종의 '예술'과 같은 행위였습니다. 생계를 책임져야 한다는 압박에서 비교적 자유로웠기에, 저는 책이 얼마나 팔리느냐에 크게 연연하지 않고 글쓰기 자체의 즐거움을 지킬 수 있었습니다.

이 과정에서 저는 한 가지 중요한 사실을 깨달았습니다. 열정은 먼저 발견되는 것이 아니라, 실력과 성과가 쌓인 뒤에 저절로 따라온다는 점입니다. 돈이 벌리는 구조가 탄탄했기에, 저는 글쓰기를 끝까지 좋아할 수 있었습니다. 열정은 용기의 결과가 아니라, 준비의 부산물이었습니다.

## '나'라는 최고의 투자처에도 복리 효과를

미국의 경제학자 머독 매클로드(Murdock McLeod)는 "부를 쌓는 시기와 그것을 즐기는 시기는 분리되어야 한다"고 말했습니다. 젊은 시절 돈을 벌고, 그 돈과 시간을 자신에게 투자하면 그 결과물인 실력과 전문성이 시간이 흐르며 당신을 대신해 일하게 된다는 뜻입니다. 50대나 60대에 접어들면, 그동안 축적한 자산과 전문성을 바탕으로 보다 여유롭게 예술과 취미, 자신이 원하는 삶을 누릴 수 있습니다.

반대로 흔히 들리는 말도 있습니다. 젊을 때는 마음껏 놀고, 나중에 돈을 벌어도 된다는 이야기입니다. 저는 이것이 삶의 구조를 간과한 환상에 가깝다고 생각합니다. 20대와 30대의 시간과 에너지는 인생에서 가장 강력한 복리 자산입니다. 이 시기에 돈을 모으고, 실력을 쌓고, 경제적 기반을 다지는 데 집중해야 중장년 이후에 진정한 여유와 선택권을 가질 수 있습니다. 젊은 시절 기술을 배우고 경력을 쌓아 연봉을 높이거나, 일찍 투자를 시작한 사람일수록 노후의 삶이 안정적일 가능성은 훨씬 높아집니다.

여기에 심리학적 관점이 더해지면 이 논리는 더욱 분명해집니다. 심리학자 대니얼 카너먼(Daniel Kahneman)의 '피크엔드 효과(Peak-End Effect)'에 따르면, 사람들은 삶 전체를 평균으로 기억하지 않습니다. 경험의 가장 강렬했던 순간과 마지막 장면을 기준으로 인생을 평가합니다. 다시 말해, 60대 이후의 시간을 어떻게 보내느냐가 인생 전체의 행복감을 좌우한다는 뜻입니다.

이 행복한 '엔드'를 만들기 위해 필요한 것이 무엇일까요. 바로 젊은 시절의 '나에 대한 투자'입니다. 지금의 선택은 단순히 오늘을 사는 방식이 아니라, 인생의 마지막 장면을 준비하는 과정입니다. 복리는 숫자에만 작용하지 않습니다. 시간, 실력, 전문성, 그리고 삶의 자유에도 동일하게 작동합니다.


### 3단계: 나누는 일로 커리어의 의미를 완성

세 번째 단계는 남을 돕는 일, 다시 말해 의미를 얻는 구간입니다. 이 단계는 돈과 실력이 어느 정도 쌓였을 때에야 비로소 가능합니다. 저는 자선과 봉사에도 전략이 필요하다고 생각합니다. 선의만으로는 오래가기 어렵기 때문입니다. 자신의 전문성과 시간 가치를 고려하지 않은 봉사는 일시적인 만족으로 끝나기 쉽습니다. 반면, 자신이 가장 잘할 수 있는 방식으로 더 큰 가치를 만들고 그것을 사회에 환원할 때, 그 영향력은 훨씬 커집니다.

워런 버핏은 이렇게 조언합니다. "당신이 가장 잘하는 일을 통해 부를 만들고, 그것을 사회에 환원하라." 실리콘밸리의 기업가 마크 앤드리슨(Marc Andreessen) 역시 영향력 있는 기부에는 단순한 선의가 아니라 전략적 접근이 필요하다고 강조합니다. 나눔도 지속 가능해야 한다는 뜻입니다.

제가 존경하는 윤은기 회장은 늘 "하늘은 남을 돕는 자를 돕는다"라는 말을 강조합니다. 조건 없이 남을 돕고 나서 느끼는 심리적 만족감을 정신의학에서는 '헬퍼스 하이(Helper's High)'라고 부릅니다. 1998년 하버드 의대에서 진행된 흥미로운 연구는 이 현상을 과학적으로 보여줍니다. 아무런 대가 없이 봉사활동을 한 집단은, 보상을 받은 집단보다 면역 항체 수치가 현저히 높게 나타났습니다. 심지어 이타적인 장면을 보거나 봉사를 상상하는 것만으로도 엔돌핀 분비가 두 배 이상 증가했습니다. 나눔이 감정의 문제를 넘어, 신체 건강에도 직접적인 영향을 미친다는 의미입니다.

심리학자 앨런 룩스(Allan Luks)는 이타적 행동이 신체 건강과 정신 건강에 동시에 작용한다고 설명합니다. 타인을 돕는 행위는 스트레스 호르몬인 코티솔을 낮추고, 세로토닌과 도파민 같은 행복 호르몬의 분비를 촉진합니다. 결국 남을 돕는 일은, 가장 건강한 방식으로 자신을 돕는 일이기도 합니다.

저 역시 한때 청각장애인을 돕기 위해 수화 통역사를 준비한 적이 있습니다. 그러나 인공지능 수화 번역 솔루션이 빠르게 발전하는 모습을 보며 생각이 달라졌습니다. 내가 가장 잘하는 '글쓰기'와 '강의'라는 전문성을 활용하는 편이 더 효과적이라고 판단했기 때문입니다. 지금은 제가 운영하는 글쓰기 강좌를 통해 후배 강사들의 브랜드 성장을 돕고, ChatGPT를 비롯한 생성형 인공지능 활용법을 무료로 가르치는 디지털 및 인공지능 리터러시 강화 활동에 집중하고 있습니다.

남을 돕는 일은 결국 자신을 돕는 일로 돌아옵니다. 다만 그 출발점에는 반드시 나를 지킬 수 있는 실력과 경제적 기반이 있어야 합니다. 의미는 가장 나중에 얹을수록, 가장 오래 갑니다. 직장인이 실천할 수 있는 나눔의 방식은 크게 네 가지로 정리할 수 있습니다.

첫째, 직무 전문성 활용입니다. 변호사의 무료 법률 상담, 회계사의 재무 교육처럼 자신의 직무 역량을 활용한 프로보노 활동이나 지식 나눔이 여기에 해당합니다.

둘째, 전략적 기부입니다. 월급의 일정 금액을 자동이체로 기부하거나, 연말정산을 고려해 지속 가능한 구조를 만드는 방식입니다.

셋째, 시간과 재능 기부입니다. 주말이나 휴가를 활용한 정기 봉사, 또는 온라인 플랫폼을 통한 재능 기부도 충분히 의미 있는 선택입니다.

넷째, 사내 나눔 문화 조성입니다. 사내 봉사 동아리를 만들거나 팀 단위의 사회공헌 활동을 제안해 조직 안에 나눔의 문화를 심는 일입니다.

저는 천직은 선택이 아니라 결과에 가깝다고 생각합니다. 많은 사람들이 천직을 찾으려 애쓰지만, 현실에서 천직은 처음부터 고르는 것이 아닙니다. 돈과 실력, 열정과 전문성이 시간이 지나며 기여와 겹쳐질 때 비로소 만들어지는 결과입니다. "돈이 되는 일을 먼저 하라"는 말은, 돈만 보라는 뜻이 아닙니다. 먼저 나를 지킬 힘을 만들라는 이야기입니다. 그래야 좋아하는 일도 오래 할 수 있고, 그래야 나누는 일도 끝까지 갈 수 있습니다.

Me-Tech의 출발선은 언제나 여기에서 시작합니다. 나를 세우고, 그다음 세상을 돕는 것. 이 순서를 지킬 때, 삶은 비로소 단단해집니다.

❖ **체크리스트** ❖

☐ 나는 지금 돈·안정을 다지는 단계, 좋아하는 일을 키우는 단계, 나누는 단계 중 어디에 와 있는가?
☐ 지금 단계에서 가장 우선시해야 할 선택은 무엇인가?
☐ 나는 나눔을 위해 어떤 준비나 활동을 하고 있는가?

# 감정은
# 관리할 수 있다

## 서류를 집어 던지는 상사, 대안을 묻는 상사

직장인들에게 감정적인 상사는 그야말로 악몽과 같은 존재입니다. 최근 잡코리아의 설문조사에서도 직장인들이 가장 함께 일하고 싶지 않은 상사 1위로 '감정적인 보스'가 꼽혔습니다. 저에게도 잊을 수 없는 한 상사가 있습니다. 그는 명문대를 졸업한 유능한 인재로 평가받았지만, 감정이 격해지면 큰소리로 거친 표현을 쏟아내곤 했습니다.

처음에는 팀원이 큰 실수를 저질렀기 때문이라고 생각했습니다. 그러나 시간이 지나면서 그것이 특정 상황에서 반복되는 그의 고착된 '감정 습관'임을 알게 되었습니다. 성과 압박이라는 외부 자극이 주어질 때마다, 그는 감정을 여과 없이 즉각적으로 드러냈습니다. 말하자면 순간적인 자극에 반응하는, 이른바 '도파민형 반응'에 길 들여진 리더였습니다.

이처럼 리더의 감정이 조직 전체를 위축시키는 '독'이 되는 경우 가 있는 반면, 전혀 다른 방식으로 팀을 이끄는 상사도 있었습니다. 제가 경험한 또 다른 상사는 실적이 좋지 않은 상황에서도 결코 목 소리를 높이지 않았습니다. 문제가 생기면 그는 "누가 잘못했나"를 묻기보다, "지금 우리가 할 수 있는 최선의 선택은 무엇인가"를 먼 저 질문했습니다.

팀원들은 혼나지 않아서 안심하는 것이 아닙니다. 위기 상황에 서도 판단력이 흐려지지 않는 리더를 신뢰하게 됩니다. 그의 평온 함은 단순한 성격이 아니라, 고도의 '전략'이었습니다. 그 팀에서는 보고가 빨라졌고, 실수는 숨겨지지 않았으며, 의사결정 속도는 오 히려 더 빨라졌습니다. 감정이 통제된 공간에서는 정보가 살아 움 직였기 때문입니다.

이 두 사례를 비교해 보면 분명해집니다. 감정 관리 능력은 리더 십의 선택 사항이 아니라, 성과를 만들어내는 핵심 시스템이라는 사실입니다. 감정 습관은 개인의 성격 문제를 넘어, 조직 전체의 성 과와 미래를 좌우하는 결정적 변수입니다.

구글이 '너의 내면을 검색하라(Search Inside Yourself)'라는 마음챙 김 프로그램을 도입한 이유도 여기에 있을 것입니다. 하버드 비즈니스 리뷰의 연구에 따르면, 건강한 감정 습관을 가진 직장인은 갈등을 건설적으로 해결할 가능성이 그렇지 않은 사람보다 세 배나 높다고 합니다. 결국 감정 관리는 나 자신을 보호하는 기술이자, 동시에 최고의 성과를 끌어내는 전략입니다.


## 뇌는 익숙한 감정을 선호한다

감정이 습관이 된다는 사실은 현대 뇌과학 연구를 통해 지속적으로 입증되고 있습니다. 미국의 신경과학자 앤드류 후버만(Andrew Huberman)은 "우리의 감정 반응은 신경 회로의 반복적 활성화를 통해 강화된다"고 설명합니다.

불안이 습관화된 사람의 뇌는 마치 불안을 찾아내는 레이더처럼 작동합니다. 하루 동안 일어난 수많은 사건들 가운데, 불안을 유발할 만한 자극을 선별적으로 포착하고, 그것을 실제보다 훨씬 크게 확대해 해석합니다. 반대로 행복이 습관이 된 사람의 뇌는 긍정적인 사건에 더 큰 의미를 부여하고, 그 기쁨을 증폭시키는 방향으로 작동합니다.

캘리포니아대학 연구진은 뇌영상 촬영 실험을 통해 흥미로운 사실을 밝혀냈습니다. 우리가 느끼는 감정의 강도는 실제 사건의 크기와 비례하지 않으며, 오히려 개인이 가진 감정 습관과 더 밀접하게 연결되어 있다는 점입니다. 예를 들어, 불안이 습관화된 사람이 느끼는 불안의 강도는 실제 위험도보다 평균 2.5배 더 크게 나타났습니다.

여기서 특히 주목할 부분은, 뇌가 감정의 '종류'보다 '익숙함'을 더 중요하게 여긴다는 사실입니다. 이는 마치 컴퓨터의 디폴트 설정처럼, 특정 감정이 우리의 기본 반응으로 자리 잡는다는 것을 의미합니다. 그래서 행복이 습관이 된 사람은 좋은 기억을 더 오래 붙잡고 살아가고, 불안이 습관이 된 사람은 걱정거리만을 편파적으로 수집하며 하루를 보냅니다.

결국 감정은 순간의 반응이 아니라, 반복을 통해 굳어지는 습관입니다. 그리고 그 습관은 우리가 세상을 해석하는 방식 자체를 바꿉니다. 감정을 관리한다는 것은 감정을 억누르는 일이 아니라, 뇌의 기본 설정을 조금씩 다시 만들어가는 과정이라고 볼 수 있습니다.

## 도파민은 스프린터, 세로토닌은 마라토너

감정 습관의 중요성을 이해했다면, 이제는 이를 건강하게 관리하는 신경전달물질에 주목할 차례입니다. 행복을 만드는 대표적인 물질로는 도파민과 세로토닌이 있지만, 두 물질의 성격은 분명히 다릅니다. 미국의 신경과학자 조지프 르두(Joseph LeDoux)는 도파민을 '스프린터', 세로토닌을 '마라토너'에 비유했습니다. 도파민은 강렬한 보상을 빠르게 제공하지만 곧 사라지고, 더 큰 자극을 끊임 없이 갈구하게 만듭니다. 반면 세로토닌은 자극은 크지 않지만, 잔 잔하고 지속적인 만족감을 만들어냅니다.

저는 마음의 평화를 유지하기 위한 최고의 투자로 단연코 운동을 꼽습니다. 30년 넘게 운동을 이어오고 있는데, 매주 4~5회 수영을 하고, 주 2회 근력 운동과 하루 1만 보 걷기를 실천하고 있습니다. 이 루틴은 단순히 체력을 기르는 차원을 넘어, 세로토닌이라는 '행복 자산'을 차곡차곡 축적하는 과정이라고 생각합니다.

특히 공원을 산책하며 자연과 교감하는 시간은 세로토닌 분비에 매우 이상적인 환경을 만들어줍니다. 저는 스트레스가 밀려올 때면 만사를 제쳐두고 걷습니다. 과열된 편도체를 진정시키고, 뇌를 다시 평온한 상태로 되돌리는 저만의 생존 전략입니다.

옥스퍼드대학의 연구에 따르면, 이러한 활동을 일상적으로 실천하는 사람들은 우울증 발생률이 무려 63퍼센트나 낮았습니다. 특히 아침 햇살을 받으며 30분간 걷는 것만으로도 스트레스 호르몬인 코티솔 수치가 현저히 감소한다는 사실은 우리에게 중요한 시사점을 줍니다.

결국 행복은 강렬한 자극에서 오래 머물지 않습니다. 꾸준히 쌓이는 평온함 속에서 자라납니다. 감정 관리는 의지의 문제가 아니라, 일상의 선택을 통해 세로토닌의 편에 서는 생활 습관의 문제입니다.

## 상상과 표정으로 뇌 회로를 재설계하라

세로토닌 관리와 더불어, 우리는 의도적인 훈련을 통해 감정 회로 자체를 재설계할 수 있습니다. 감정은 타고나는 성향이 아니라, 반복을 통해 학습되는 반응이기 때문입니다.

첫 번째 도구는 '상상 노출법'입니다. 뇌는 실제 경험과 생생한 상상을 거의 구분하지 못합니다. 미국의 신경과학자 아키아 고든(Akia Gordon) 박사는 웃는 모습을 상상하는 것만으로도 실제로 웃을 때와 유사한 방식으로 뇌가 활성화된다는 사실을 밝혔습니다.

발표 불안이 심했던 한 여대생의 사례는 상상 노출법의 효과를 잘 보여줍니다. 이 기법의 핵심은 단계적 접근과 반복입니다. 처음부터 부담스러운 상황을 떠올리는 것이 아니라, 친한 친구들 앞에서 이야기하는 장면처럼 비교적 편안한 상황을 설정합니다. 그리고 발표장의 조명, 청중의 표정, 자신의 목소리 톤까지 오감을 동원해 최대한 생생하게 상상합니다.

훈련 도중 불안이 커지면 잠시 멈추고 "이것은 상상이다"라고 스스로에게 말해 뇌에 안전 신호를 보내는 것이 중요합니다. 특히 잠들기 전 30분은 뇌가 새로운 신경 연결을 형성하고 장기 기억을 만드는 데 가장 적합한 시간입니다. 이 시간대를 활용하면 훈련 효과는 더욱 커집니다. 점차 더 도전적인 상황으로 단계를 높여가되, 충분히 편안함을 느낄 때까지 반복하면 부정적인 감정 습관은 서서히 재설계됩니다.

두 번째 도구는 우리의 얼굴 표정입니다. "행복해서 웃는 것이 아니라, 웃어서 행복하다"는 안면 피드백 가설은 이미 과학적으로 널리 받아들여지고 있습니다. 뇌는 얼굴 근육의 상태를 실시간으로 감지하며 감정 상태를 조정합니다. 굳어진 우울한 표정은 뇌에 부정적인 신호를 반복적으로 보내는 악순환을 만듭니다.

반대로 매일 아침 거울을 보며 이완된 표정을 연습하고, 타인과 대화할 때 의식적으로 미소를 짓는 행동은 뇌의 감정 중추에 직접적인 긍정 신호를 전달합니다. 이는 가장 단순하면서도 즉각적인 감정 훈련입니다. 표정은 감정의 결과가 아니라, 감정을 만들어내는 출발점이 될 수 있습니다.

감정은 억제의 대상이 아니라 훈련의 대상입니다. 작은 연습이 반복될수록, 뇌는 그 반응을 새로운 기본값으로 받아들이기 시작합니다.

## 감정 관리를 잘하는 사람들의 하루 루틴

감정 관리가 뛰어난 사람들은 감정을 개인의 의지로 통제하려 하지 않습니다. 대신 감정을 일상의 루틴으로 관리합니다. 감정은 억누를 대상이 아니라, 설계해야 할 대상이기 때문입니다.

먼저 아침 시간은 하루 감정의 기본값을 세팅하는 시간입니다.

명상이나 가벼운 스트레칭, 햇살을 쬐며 걷는 활동은 하루의 정서 기준선을 안정시킵니다. 아침에 눈을 뜨고 가장 먼저 하는 행동이 그날 하루의 감정적 토대가 됩니다.

업무 중에는 의식적으로 감정과 거리를 둡니다. 불편한 감정이 올라올 때 즉각 반응하지 않고, 잠시 판단을 유보합니다. 이때 도움이 되는 것이 '4-7-8 호흡법'이나 '6초 룰'입니다. 4-7-8 호흡법은 4초간 코로 숨을 깊게 들이마시고, 7초간 숨을 멈췄다가, 8초 동안 입으로 천천히 내쉬는 방식입니다. 이 짧은 호흡만으로도 뇌는 빠르게 평온을 되찾습니다.

또한 강한 자극이 올 때는 잠시 자리를 이동하는 '물리적 거리 두기'도 효과적입니다. 감정의 파도 한가운데에서 벗어나 흘려보내는 것입니다. 도파민형 반응에 휘둘리지 않고 "지금 우리가 할 수 있는 선택은 무엇인가"를 묻는 여유는, 바로 이 짧은 멈춤에서 시작됩니다.

과거 콜센터장으로 근무하던 시절, 고객과 큰 언쟁을 벌였거나 동료와 감정이 상한 상담원들에게 저는 '한 시간의 특별휴가'를 주곤 했습니다. 만 원권 한 장을 쥐여주며 떡볶이를 사 먹고 오거나 근처 공원을 산책하고 오라고 등을 떠밀었습니다. 이는 단순한 배려가 아니었습니다. 격앙된 감정의 현장에서 물리적으로 벗어나 뇌가 평온을 회복할 수 있도록 환경을 바꿔주는, 저 나름의 감정 설계 방식이었습니다.

저녁 시간은 감정을 정리하고 회복하는 단계입니다. 감사한 일을 기록하는 '감정 일기'는 과도한 자극으로 지친 뇌를 안정시키고, 다음 날의 감정 자동 반응을 긍정적으로 재설정합니다. 이런 저녁 루틴은 하루 동안 쌓인 감정의 찌꺼기가 내일로 넘어가지 않도록 걸러주는 필터 역할을 합니다.

감정은 타고난 성격의 영향도 받지만, 반복된 선택과 일상의 루틴이 축적된 결과이기도 합니다. 직장에서 성과를 내고 새로운 커리어를 개척하는 사람들은 감정을 감각이 아니라 하나의 기술처럼 다루고, 하루의 시스템 안에 배치합니다. 결국 최고의 투자처는 나 자신이며, 우리가 매일 설계하고 실천하는 건강한 감정 습관은 Me-Tech의 핵심 가운데 하나입니다.

❖ **체크리스트** ❖

☐ 나는 감정이 흔들릴 때 '자동 반응'이 아닌, 성과를 위한 '전략적 선택'을 하고 있는가?

☐ 나의 아침, 업무 중, 저녁 루틴은 감정을 체계적으로 '설계'하고 회복시키는 구조인가?

☐ 나는 일주일에 몇 번 운동하며, 그것이 내 감정 관리에 어떤 영향을 미치고 있는가?

# 행복은
# 기억하는 것

## 바닷가의 어머니

서른여덟에 돌아가신 아버지에 관한 기억은 제게 매우 희미합니다. 남아 있는 기억이라고는 너댓 살 무렵의 어느 가을날, 마당에 널린 벼 사이에서 '당글게(고무래)'를 가져오라는 말씀을 알아듣지 못해 꾸중을 들었던 장면 하나뿐입니다. 사진 한 장 남아 있지 않아 얼굴조차 또렷이 떠올리지 못하고, 아버지를 꼭 빼닮았다는 둘째 동생의 모습에서 겨우 그 얼굴을 짐작해 볼 뿐입니다.

반면 어머니와의 기억은 전남 고흥의 팔영산처럼 제 삶에 우뚝 서 있습니다. 중학교를 졸업한 뒤 가정 형편 때문에 1년 동안 어머니와 함께 농사를 지으며 지냈고, 그 시간 동안 누구보다 깊은 유대를 쌓았기 때문입니다.

고흥의 작은 바닷가 마을에서 어머니는 농부이자 '바다의 여인'이었습니다. 갯벌 조개잡이에서는 마을에서도 선수급이었고, 대맛과 우럭조개, 새조개를 잡아 햇볕에 말려 귀하게 보관해 두었다가 고향에 온 자식들에게 먹이곤 하셨습니다. 지금도 '해우리'라는 식당에서 해초류를 마주하면, 어머니 생각에 저도 모르게 눈시울이 붉어집니다.

마르셀 프루스트(Marcel Proust)의 『잃어버린 시간을 찾아서』에 등장하는 마들렌 이야기는 기억의 본질을 잘 보여줍니다. 홍차에 적신 작은 과자 하나가 수십 년 전의 감정과 장면을 단번에 불러오는 순간 말입니다. 현재의 감각이 과거의 기억을 소환하는 이 현상을 '프루스트 현상(Proust Phenomenon)'이라고 부릅니다. 제게는 '해초'가 바로 그 기억의 매개체입니다.

어머니는 농사일 틈틈이 산에 올라 소나무를 긁어모아 꾹꾹 눌러 다발로 만들었습니다. 시계조차 없던 시절, 하늘의 별자리를 보며 시간을 짐작해 새벽길을 나섰습니다. 나뭇단을 머리에 이고 10킬로미터를 걸어 녹동항에 도착해 나무를 팔고 돌아와, 제 고등학교 학비를 마련하셨습니다.

지금 와서 장기적 투자라는 관점으로 돌아보면, 어머니는 돈보다 훨씬 가치 있는 자산을 제게 남기셨습니다. 시간이 흐를수록 가치가 커지는 '기억 자산'입니다. 중학교를 갓 졸업한 소년 시절의 고된 노동의 기억은 희미해지고, 함께 밀기울 개떡을 나눠 먹고 숯불에 파래를 구워 먹던 사랑의 순간만이 또렷하게 남았습니다.

'행복이란 경험하는 순간의 감정이 아니라, 그것을 어떻게 기억하느냐에 달려 있다'는 말이 있습니다. 어머니와의 기억을 떠올릴 때마다, 저는 그 말이 참으로 정확하다는 것을 새삼 느낍니다.

## '오기'로 한 결혼이 남긴 교훈

기억은 단순히 과거 사실의 저장이 아닙니다. 감정과 의미가 덧입혀진, 끊임없는 재구성의 과정입니다. 그래서 인간은 같은 사건을 겪고도 저마다 전혀 다른 기억을 갖게 됩니다. 컴퓨터가 동일한 입력에 동일한 출력을 내놓는 기계적 장치라면, 인간은 자신의 해석에 따라 전혀 다른 결과물을 만들어내는 존재입니다.

다니엘 카너먼은 이를 '경험하는 자아'와 '기억하는 자아'로 구분했습니다. 여기서 중요한 점은, 우리의 선택과 미래 행동을 좌우하는 쪽이 지금 이 순간을 느끼는 경험하는 자아가 아니라, 과거를 평가하는 기억하는 자아라는 사실입니다. 우리는 실제로 살았던 삶이 아니라, 기억된 삶을 기준으로 결정을 내립니다.

1980년, 저의 결혼은 분명 사랑으로 시작했습니다. 그러나 그 결심을 끝까지 밀어붙인 원동력은 사랑보다는 자존심과 오기에 더 가까웠습니다. 처가의 극심한 반대와 박봉의 가난한 교사라는 비하

섞인 수모는 제 자존심을 깊이 건드렸습니다. '이 결혼이 무산되면 지금까지 당한 수모를 어떻게 견디나'라는 생각이 머릿속을 떠나지 않았습니다. 경제학적으로 보면, 이는 '매몰비용의 오류'에 빠진 선택이기도 했습니다. 이미 감내한 감정적 고통을 보상받기 위해, 결혼이라는 결론에 더욱 집착했던 것입니다.

결혼생활 자체는 남들처럼 평범하게 흘러갔습니다. 하지만 훗날 꺼내 쓸 수 있는 따뜻한 기억 자산을 충분히 쌓아두지는 못했습니다. 기억은 자동으로 정리되지 않습니다. 선택의 동기가 잘못되면, 기억은 성과가 아니라 왜곡으로 남습니다.

그래서 인생의 중요한 선택일수록 '지금의 감정'이 아니라, '미래의 내가 이 시간을 어떻게 기억할 것인가'를 함께 설계해야 합니다. 행복한 사람일수록 과거를 긍정적으로 해석하는 능력이 뛰어납니다. 행복은 경험의 강도에 달려 있는 것이 아니라, 기억을 해석하는 방식에 달려 있기 때문입니다.

## 기억을 편집해야 하는 이유

많은 사람들이 직함이나 연봉 같은 '일(Job)'의 성과에 모든 에너지를 쏟아붓습니다. 그러나 직장에서의 성취는 은퇴와 동시에 그 가치가 급격히 사라지는, 유효기간이 정해진 자산에 가깝습니다. 반면 경험과 관계, 그리고 의미에 대한 투자는 시간이 지날수록 복리처럼 작동하며 삶을 점점 더 풍요롭게 만듭니다. 이것이 바로 인생의 후반전을 단단하게 지탱해 줄 '기억 투자 포트폴리오'입니다.

일과 성과는 분명 성취감을 줍니다. 하지만 그것은 단기 수익에 가깝습니다. 시간이 지나면 효력이 약해지고, 언젠가는 평가의 장에서도 사라집니다. 반면 소중한 사람과 함께한 경험과 순간은 시간이 흐를수록 가치가 오히려 높아집니다. 힘들 때마다 꺼내 쓸 수 있는 이자처럼, 마음속에서 지속적인 따뜻한 위안을 제공합니다. 결국 이런 기억들이 쌓여 인생 전체를 다시 해석하게 만드는 의미와 회고라는 최종 자산을 형성합니다.

기억을 자산으로 만들기 위해서는 의식적인 설계가 필요합니다. 우선 하루의 끝에 '참 애썼다'는 인상을 남기는 자신만의 마무리 의식을 가져야 합니다. 결과가 다소 아쉬웠더라도, 동료와 웃으며 커피 한 잔을 나누는 것만으로도 뇌에는 긍정적인 엔딩이 각인됩니다. 하루의 마지막 장면이 그날의 기억을 결정하기 때문입니다.

또한 매일 밤 스마트폰이나 노트에 오늘 가장 인상 깊었던 한 장면을 기록해 보십시오. 이는 행복의 저수지를 차곡차곡 채우는 일입니다. 과거의 뼈아픈 실패조차도 "그 덕분에 사람 보는 눈과 인내심을 배웠다"는 식으로, 나를 키워낸 배움의 이야기로 다시 써 내려갈 수 있습니다.

이 과정은 단순한 과거 정리가 아닙니다. 미래의 내가 흔들릴 때 기댈 수 있는 가장 안전하고 든든한 기지를 구축하는 작업입니다.

기억을 편집하는 능력은 곧 삶을 다시 일으켜 세우는 힘이며, 나 자신을 지키는 중요한 기술입니다.



☐ 나는 성과에만 올인하느라 소중한 이와의 경험과 관계에는 인색하지 않았는가?

☐ 지금 이 선택은 5년 뒤 어떤 '기억'으로 남게 될까?

☐ 나의 아픈 과거를 '피해자 서사'가 아닌 '성장 서사'로 재해석하고 있는가?

# 행복의 본질은
# 무엇인가

## 어머니가 천국에서 휴가를 나오신다면

함께한 추억이 없으면 가족조차 어색하고 불편한 사이가 된다는 사실을 저는 뒤늦게 깨달았습니다. 성취에만 매몰되어 아이들이 자랄 때 충분히 놀아주지 못한 미안함은 이제 씁쓸한 감정으로 돌아옵니다. 딸은 번듯한 직장에, 아들은 의사가 되어 각자의 몫을 다하고 있지만, 그들이 기억하는 저의 모습이 과연 화려한 직함이나 성취일까 생각하면 가슴이 저릿해집니다. 함께 동네 뒷동산을 거닐고 아파트 공터에서 배드민턴을 치던 소소한 찰나들이야말로 그들에게 남겨줄 진짜 유산이었어야 했습니다.

이제 40대가 되어 각자의 가정을 꾸린 아이들은 제 영향력이 미치지 않는 독립된 세계를 살아가고 있습니다. 함께 여행을 가자는 말조차 조심스러워지는 거리감이 느껴집니다. 그들이 제 울타리 안에 있을 때, 기억과 경험을 만드는 투자를 더 치열하게 했어야 했다는 생각이 자주 듭니다.

이런 아쉬움은 어머니를 향한 깊은 그리움과도 맞닿아 있습니다. 어머니와 농사지었던 기억 외에는 또렷한 추억이 많지 않다는 사실이 늘 마음에 걸립니다. 그래서 저는 가끔 행복한 상상을 해봅니다. 만약 어머니가 천국에서 2박 3일간 휴가를 나오신다면, 망설임 없이 아름다운 제주로 모시고 가 못다 한 기억의 조각들을 하나하나 채워드리고 싶습니다.

행복 심리학의 권위자인 토마스 길로비치(Thomas Gilovich) 코넬대 교수의 연구에 따르면, 물질적 소비보다 경험적 소비가 더 오래가는 행복을 만들어냅니다. 여행 중의 불편함은 시간이 지나면 잊히지만, 특별했던 순간의 기억은 마음속에 오래 남기 때문입니다. 결국 우리가 사랑하는 이들에게 남겨줄 수 있는 가장 값진 유산은 돈이 아니라, 함께 나눈 기억입니다.

그리고 그 따뜻한 기억은 다음 세대의 삶을 은은하게 데워주는, 꺼지지 않는 난로가 됩니다. 오늘의 시간이 미래의 나에게 어떤 장면으로 남을지를 의식하며 살아가는 것, 바로 그것이 이 책이 지향하는 Me-Tech의 본질입니다.

## 시대의 위로가 된 소확행

몇 년 전부터 '소확행'이라는 말이 우리 일상 깊숙이 자리 잡았습니다. 소소하지만 확실한 행복. 김난도 서울대 교수가 소비 트렌드로 제시하며 대중화한 이 개념은, 일본 소설가 무라카미 하루키의 수필집 『랑겔한스 섬의 오후』에서 비롯되었습니다. 갓 구운 빵을 손으로 찢어 먹는 순간, 겨울밤 이불 속으로 스며드는 고양이의 따뜻한 체온 같은 장면들. 그가 포착한 소소한 행복은 이후 우리 시대의 위로가 되었습니다.

작년 1월, 저는 『고수의 장사법』을 집필하기 위해 스스로를 혹독한 시간 속에 밀어 넣었습니다. 소상공인과 자영업자를 위한 마케팅과 전략을 정리한 책이었고, 3월부터 시작될 '희망리턴패키지' 강의 현장에서 수강생들이 지침서로 활용할 수 있게 해달라는 요청이 있었습니다. 두 달 동안 밤낮을 가리지 않고 매일 열 시간 이상 원고와 씨름했습니다. 새벽의 찬 공기를 마시며 자판을 두드리고, 밤늦도록 문장을 다듬는 과정은 고통에 가까운 싸움이었습니다.

그 두 달의 시간을 길이로 나눠보면, 97퍼센트는 모니터 앞에서 고뇌하는 고된 시간이었고, 단 3퍼센트만이 문장이 술술 풀릴 때의 보람과 희열을 누리는 순간이었습니다. 그러나 최종 결과물이 나왔을 때의 기쁨은 그 모든 고통을 충분히 상쇄하고도 남았습니다. 제 강의를 듣고 책으로 다시 공부하며 '희망'을 찾는 소상공인들의 모습, 그리고 제가 제안한 전략이 현장에서 실제 성과로 이어지는 장면을 마주할 때면 가슴 깊은 곳에서 형언하기 어려운 뿌듯함이 올라옵니다. 97퍼센트의 고통이 3퍼센트의 희열로 보상받는 순간입니다.

이처럼 97퍼센트의 고단함을 뚫고 만나는 3퍼센트의 희열은 삶을 지탱하는 강력한 동력이 됩니다. 하지만 이 찬란한 순간만을 기다리며 살아가기에는 우리의 일상이 너무 길고 팍팍합니다. 그래서 최근에는 '아보하', 아주 보통의 하루라는 개념이 주목받고 있습니다. 이는 과도한 행복 추구에 대한 반작용이자, 무탈하게 흘러가는 하루 그 자체의 가치를 인정하는 태도입니다. 97퍼센트의 평범하거나 때로는 고단한 일상 역시 우리 삶의 소중한 일부로 받아들이자는 제안입니다.

## 행복의 본질은 강도가 아니라 빈도에 있다

존 스타인벡의 소설 『진주』는 행복의 본질을 묻는 작품입니다. 가난한 어부 키노는 전갈에 물린 아들의 치료비를 마련하기 위해 바다로 나갔다가 '세상의 보물'이라 불릴 만큼 거대한 진주를 발견합니다. 이 진주는 가난에서 벗어날 축복처럼 보였지만, 소문이 퍼지자 마을 사람들의 시기와 탐욕이 들끓기 시작합니다. 결국 키노는 진주를 지키기 위해 도망치던 중 추격자들의 총에 사랑하는 아들을 잃고

맙니다. 소설은 모든 불행의 씨앗이 된 진주를 바다 깊숙이 던져버리는 키노의 처절한 뒷모습을 통해, 우리가 좇는 '거대한 행운'이 때로는 일상의 평화를 파괴하는 저주가 될 수 있음을 보여줍니다.

현대의 로또도 크게 다르지 않습니다. 하버드대학의 연구에 따르면, 로또 당첨자들의 행복도는 6개월이 지나면 이전보다 오히려 낮아지는 경우가 많습니다. 강렬한 기쁨에 중독될수록, 일상의 섬세한 맛을 느끼는 감각이 무뎌지기 때문입니다. 심리학적으로 인간이 경험하는 강렬한 기쁨은 일상의 단 1~3퍼센트에 불과합니다. 화려하지만 금세 사라지는 불꽃놀이와도 같습니다.

반면 소소한 즐거움은 매일 여러 차례 경험할 수 있습니다. 저는 사무실 베란다의 고무나무에 든 단풍잎 한 장에서도 가을의 아름다움을 발견합니다. 젊었을 때는 눈에 들어오지 않던 작은 변화들이 이제는 마음 깊이 스며듭니다. "단풍이 아니라 잎이 시든 것 아니냐"는 직원의 걱정 섞인 물음에, "가을이라 단풍이 든 거야"라고 우기며 웃는 그 순간의 따스함 역시 제게는 분명한 행복입니다.

행복의 본질은 강도가 아니라 빈도에 있습니다. 매일 아침 마시는 커피 한 잔, 퇴근 후의 가벼운 산책, 반려동물과 나누는 짧은 교감 같은 작은 빛들이 삶을 지속 가능하게 만드는 에너지입니다. 이런 사소한 순간들이 모여, 우리의 하루를 그리고 인생을 조용히 지탱해줍니다.

## 나만의 소확행: 성장의 여정에서 만나는 순간들

저의 소확행은 '성장과 나눔이 만나는 지점'에도 있습니다. 지난주 S금융기관 강의를 마치고 연수원을 떠나며, 제가 머물던 방을 깨끗이 정리해 주신 여사님께 감사 쪽지와 커피 한 잔 값을 남겼습니다. 벌써 5년째 이어온 이 작은 몸짓이 동료 강사들에게도 선한 영향력으로 번져갈 때, 제 마음의 온도는 한 도쯤 더 올라갑니다.

선물 받은 지갑에 얼마간의 현금을 채워 넣고 다니다가 형편이 어려운 친구를 만나면 "마음에 들면 가져가라"며 툭 건네는 서프라이즈도 저만의 방식입니다. 퇴직한 후배들에게는 맛있는 식사를 함께한 뒤 음악을 들으며 산책하라고 이어폰을 선물합니다. 매일 아침 지인들에게 생일 커피 쿠폰을 보내는 루틴 역시 빼놓지 않습니다. 이런 사소한 나눔들이 제 하루를 조용히 지탱해 줍니다.

최근에는 분당에 베이커리를 연 후배를 위해 '대박 나세요'라는 상투적인 댓글 대신 케이크 열 개를 직접 주문하고, 제 페이스북에 정성스러운 추천 글을 올렸습니다. 자영업자에게는 공허한 응원보다 실질적인 구매와 진심 어린 홍보가 가장 큰 힘이 된다는 것을 알기 때문입니다. 좋은 서비스를 받았거나 제품이 마음에 들면, 주변에 적극적으로 알리고 직접 구매합니다.

누군가의 성장을 돕는 과정에서 느끼는 기쁨은 지출의 크기를 훌쩍 넘어섭니다. 타인의 도전에 힘을 보탰다는 사실 자체가 제게는 충분한 보상이 됩니다. 이런 순간들이 쌓여, 제 삶의 소확행은 조금씩 더 단단해집니다.

## 따뜻한 우산의 기억

십 리 길도 넘는 신작로를 따라 왕복 12킬로미터를 걸어 다니던 중학생 시절, 버스조차 귀하던 그때의 등굣길은 어린 소년에게 꽤나 고된 여정이었습니다. 길이 지루해지면 뒷산 오솔길을 택해 산을 넘었고, 아침 고갯마루에 도착해 친구들과 나눠 먹던 양은 도시락의 온기는 지금도 잊히지 않는 소박한 기억으로 남아 있습니다.

중학교 근처 '원동' 마을에는 저를 유난히 아껴주시던 고모님이 살고 계셨습니다. "비 오면 자고 가라"는 말씀을 늘 사양하던 제 모습은, 시간이 흐를수록 가슴 시린 후회로 남았습니다. 그런 어느 날, 폭우가 쏟아지던 하굣길에 교문 너머로 고모님의 실루엣을 마주했습니다. 비를 맞는 것이 당연하던 시절, 고모님이 받쳐 들고 계시던 낡은 우산은 제 인생에서 만난 가장 따뜻한 지붕이었습니다. 고모님은 일찍 세상을 떠나셨지만, 그날의 빗소리와 우산 아래의 온기는 여전히 제 가슴 한구석에 촉촉한 그리움으로 고여 있습니다.

수십 년이 흐른 지금, 저는 손녀 해인이와 율리에게 제 첫 번째 버킷리스트를 조심스레 고백하려 합니다.

“할아버지가 정류장에 서 있으면, 우산을 들고 마중 나와줄 수 있겠니?”

빗방울이 맺힌 우산 아래에서 손녀들과 나란히 걸으며 나눌 소소한 이야기들. 그 장면을 떠올리는 것만으로도 온몸이 따뜻해집니다. 이 순간이야말로 제게는 최고의 소확행이자, 삶이 건네는 큰 축복입니다.

행복은 이렇게 함께 나눌 때 더욱 빛이 납니다. 그리고 그 기억은 다시 내일을 향해 걷게 만드는 가장 조용하고 단단한 에너지가 됩니다.

❖ **체크리스트** ❖

☐ 나의 소확행을 현실 도피가 아니라 '재충전의 시간'으로 쓰고 있는가?

☐ 아주 보통의 하루 속에서 나 자신에게 투자하는 '작은 루틴'을 가지고 있는가?

☐ 지금의 편안함에 안주하여 내일의 '성장 가능성'을 놓치고 있지는 않는가?

# 감사는
# '해석하는 기술'

## 역경은 나를 단련하는 기술

저의 모든 성장은 역경이 만들어낸 것이라고 해도 과언이 아닙니다. 성장이 더디다고 느껴진다면, 어쩌면 성장의 자극이 되는 역경을 마주할 기회가 적었기 때문일지도 모릅니다. 삶에서 역경은 피할 수 없는 동반자입니다. 그것을 걸림돌로 여기느냐, 디딤돌로 삼느냐에 따라 결과는 크게 달라집니다.

어린 시절 논밭 귀퉁이에서 뛰놀며 자연스럽게 길러진 면역력, 하루 왕복 10킬로미터가 넘는 등하굣길을 걸었던 경험은 단순히 체력만 단련해준 것이 아니었습니다. 그것은 '결핍'이라는 환경에 몸과 마음을 적응시키는 과정이었습니다. 제 몸에 깊이 새겨진 근면과 검소함 역시 철저히 '가난'이라는 유산 덕분이었습니다. 이 절박함은 커리어의 결정적인 순간마다 강력한 동력이 되었습니다. 돌아갈 곳도, 나를 받쳐줄 안전망도 없었기에 저는 버틸 수밖에 없었습니다. 흔히 말하는 '존버 정신'의 뿌리는 대단한 낙천성이 아니라, 물러설 곳 없는 사람의 생존 본능이었던 셈입니다.

1990년대 미국 아리조나에서 진행된 인공 생태계 실험 '바이오스피어 2'는 역경이 생존에 얼마나 필수적인지를 극적으로 보여줍니다. 연구진이 설계한 완벽한 온실 속에서 나무들은 풍족한 자양분을 흡수하며 빠르게 자라났지만, 일정 높이에 이르자 스스로의 무게를 견디지 못하고 힘없이 쓰러졌습니다. 이유는 단 하나, 외부의 거친 바람이 없었기 때문입니다. 자연 속의 나무는 거센 바람에 맞서 흔들리며 줄기를 단단하게 만드는 '응력재(stress wood)'를 형성합니다. 반면 온실 속의 안락함은 나무를 제 몸조차 지탱하지 못하는 나약한 존재로 만들어버렸습니다.

기업 경영에서도 이 원리는 그대로 적용됩니다. 커리어 역시 다르지 않습니다. 지금 나를 힘들게 하는 상사의 날카로운 피드백, 갑작스러운 프로젝트 무산, 예상치 못한 시장 변화는 나를 망치는 소음이 아니라 나를 단단하게 만드는 바람입니다.

이런 관점에서 보면 역경은 제거해야 할 대상이 아닙니다. 오히려 의식적으로 받아들이고 활용해야 할 '성장 자극'입니다. 흔들리지 않는 성장은 없고, 바람을 견디지 않은 줄기는 스스로를 지탱할 수 없습니다. 역경은 결국 우리를 쓰러뜨리기 위해 오는 것이 아니라, 서 있을 힘을 키워주기 위해 찾아옵니다.

## 감정은 내가 선택한 해석에서 나온다

몇 년 전 발목 부상으로 무거운 깁스에 갇혀 지내던 시절이 있었습니다. 절뚝이며 찾은 도림천변에서 저는 평범한 일상의 위대함을 비로소 깨달았습니다. 강바람을 맞으며 자유롭게 달리거나 자전거를 타는 사람들의 뒷모습을 보며, 내가 간절히 원하던 것은 대단한 성공이나 명예가 아니라 그저 '내 두 발로 땅을 딛고 마음껏 걷는 것' 하나뿐이라는 사실을 알게 되었습니다.

그러나 서너 달 뒤 깁스를 풀고 자유를 되찾자, 그 뜨거웠던 간절함은 신기루처럼 사라졌습니다. 인간은 좋은 상황에 너무나 쉽게 익숙해지고, 현재 누리는 축복을 당연한 공기처럼 여기게 됩니다. 이를 심리학에서는 '쾌락 적응(hedonic adaptation)'이라고 부릅니다.

심리학자 빅터 프랭클(Viktor Frankl)은 "자극과 반응 사이에는 공간이 있다"는 말을 남겼습니다. 우리는 외부 자극에 즉각 반응한다고 생각하기 쉽지만, 사실 그 사이의 공간에서 어떤 태도를 취할지 선택할 권한은 오롯이 우리에게 있습니다. 같은 사건을 두고도 누군가는 분노를 선택하고, 누군가는 감사를 선택합니다. 감정은 사건 자체가 아니라, 그 사건을 어떻게 해석하느냐에 따라 결정되기 때문입니다.

누군가의 무례한 말에 '나를 무시했다'고 해석하면 분노가 치밀지만, '저 사람도 마음의 여유가 없구나'라고 해석하면 감정의 결은 전혀 달라집니다. 사건은 같아도, 해석이 바뀌는 것입니다. 이 찰나의 순간에 습관적인 반응을 끊어내는 것이 바로 '멈춤'입니다. 잠깐 숨을 고르고, 나에게 이로운 해석을 선택하는 힘, 이것이 Me-Tech의 핵심 역량입니다. 결국 감사는 억지로 참아내는 인내가 아니라, 상황을 지혜롭게 해석하는 고도의 기술입니다.

## 감사는 강력한 전염 시스템

감사는 특별한 날에만 필요한 일시적인 기분이 아닙니다. 그런 감사는 누구나 할 수 있습니다. 진짜 중요한 순간은 아무 일도 없어 보이는, 지극히 평범한 날들입니다. 우리가 정말 뛸 듯이 기뻐할 만한 이벤트가 한 달에 과연 몇 번이나 있겠습니까. 그렇기 때문에 감사는 순간의 감정이 아니라, 일상 속에서 반복되는 습관이자 시스템이 되어야 합니다.

최근 심리학 연구에 따르면 감사는 마치 바이러스처럼 전파되는 특성을 지니고 있습니다. 미국의 종교심리학자 제임스 파울러(James Fowler)는 한 사람의 감사 표현이 주변 사람들의 행복감을 약 15퍼센트 증가시키고, 더 나아가 그와 연결된 지인들의 행복감까지도

약 10퍼센트 높인다는 사실을 밝혔습니다. 감사는 개인의 만족에서 끝나지 않고, 관계망을 따라 확산되는 사회적 에너지입니다.

우리는 이미 이 사실을 일상에서 경험합니다. 비관적인 사람 곁에 오래 머물면 특별한 이유가 없어도 마음이 무거워지고, 긍정적인 사람과 함께 있으면 설명할 수 없는 에너지가 살아납니다. 감정은 말보다 빠르게 전염됩니다.

여기서 결정적인 포인트는 '내가 먼저 어떤 사람이 되느냐'입니다. 불평이 많은 사람은 자연스럽게 불평하는 이들끼리 모이고, 감사를 말하는 사람은 감사할 줄 아는 이들을 곁에 둡니다. 내가 먼저 긍정의 언어를 선택하고, 감사의 해석을 습관처럼 사용하기 시작하면 사람과 기회는 자석처럼 따라옵니다.

인간관계는 운의 문제가 아닙니다. 그것은 내가 매일 반복하는 감정 습관의 결과입니다. 이런 관점에서 보면 감사는 단순한 미덕이 아니라, 관계를 설계하는 고도의 기술이며, 내가 속한 환경 자체를 바꾸는 가장 현실적인 전략입니다.

## "이만하길 다행이다"

감사는 삶의 관점을 180도 바꾸는 마법입니다. 이러한 관점의 전환은 우리의 대화 방식까지 근본적으로 변화시킵니다. 비폭력 대화의 권위자인 미국의 심리학자 마셜 로젠버그(Marshall Rosenberg)는 이를 이렇게 정리했습니다. 인간의 모든 대화는 결국 '부탁(Please)' 과 '감사(Thank you)' 두 가지로 귀결된다는 것입니다. 우리가 듣는 날 선 말들 이면에는, 사실 긍정적인 요청이나 감사받고 싶은 욕구 가 숨어 있다는 뜻입니다.

직장 후배였던 신 팀장은 이러한 대화법의 달인이었습니다. 홍 콩 H지수 연계 ELS 투자로 기천만 원의 손실을 보고 낙담에 빠졌을 때, 그녀는 이렇게 말했습니다. "돈으로 해결되는 일이라면, 그나 마 다행이에요." 이 말은 단순한 위로를 넘어, 상황을 전혀 다른 차 원에서 재정의하는 탁월한 해석의 기술이었습니다.

"이만하길 다행이다"라는 그녀의 입버릇은 로젠버그가 강조한 '기린의 귀'를 가진 사람의 전형적인 모습입니다. 육상 동물 가운데 가장 큰 심장을 지닌 기린처럼 상대의 감정에 주의를 기울이고, 목 이 길어 멀리 보듯 말 속에 담긴 진짜 욕구를 읽어내는 태도입니다. 이 대화법을 익히면 "이렇게 일하면 회사가 망하겠네"라는 상사의 비난도 "회사의 발전을 위해 더 신중하게 일해달라"는 간절한 부탁 으로 번역할 수 있습니다. "왜 연락이 뜸하니?"라는 친구의 서운함 역시 "네 소식을 더 자주 듣고 싶어"라는 애정 어린 요청으로 들리 기 시작합니다.

불편한 말을 들을 때마다 잠시 멈춤 버튼을 누르고, 그 이면의 진실을 찾아내는 과정은 외국어를 번역하는 훈련과도 같습니다. 로젠버그의 말처럼, 우리가 듣는 모든 말은 결국 사랑의 또 다른 표현일지도 모릅니다. 이런 해석의 번역기를 장착하는 순간, 우리의 소통은 오해를 줄이는 수준을 넘어 관계의 복리를 키워가는 자산으로 바뀝니다.

나아가 타인의 언어를 비난이 아닌 욕구로 해석할 수 있는 사람은 어디서든 대체 불가능한 리더로 성장합니다. 이는 직장 안에서의 신뢰를 넘어, 직장 밖에서 자신만의 커리어를 개척할 때도 가장 강력한 휴먼 네트워크의 밑거름이 됩니다.

인생은 어떤 카드가 들어오느냐보다, 들어온 카드를 어떻게 해석하느냐에 따라 달라집니다. 누군가는 눈앞의 소똥에서 악취만을 맡으며 얼굴을 찌푸리지만, 지혜로운 정원사는 그것을 흙에 묻어 이듬해 찬란한 꽃을 피울 거름으로 삼습니다. 감사는 바로 그 거름을 알아보는 선택의 기술입니다. Me-Tech에서 감사는 단순한 감정 관리가 아니라, 직장 안팎의 성과와 커리어를 단단하게 만드는 가장 현실적인 투자 전략입니다.

### ❖ 체크리스트 ❖

☐ 나는 오늘 일어난 불편한 사건을 '성장을 위한 자극'으로 재해석했는가?

☐ 나는 자극과 반응 사이의 공간에서 '감사'라는 반응을 선택했는가?

☐ 나는 타인의 날 선 비판을 '기린의 귀'로 듣고 그 이면의 욕구를 번역해 보았는가?

# 겸손과 배려는 당신의
# 자산으로 돌아온다

## 겸손은 성격이 아니라 커리어를 지키는 기술

"옷걸이라는 사실을 한 시도 잊지 말아라."

저에게는 조금은 고약하지만, 꽤 오래된 습관이 하나 있습니다. 임원으로 승진한 동료나 후배에게 축하 화환을 보내며, 짧은 우화 한 토막을 함께 적어 보내는 일입니다. 허물없는 사이이거나, 특히 아끼는 사람들에게만 조심스럽게 건네는 글입니다. 이 습관은 지금으로부터 20여 년 전, 한 선배가 제게 보내준 팩스 한 장에서 시작되었습니다.

우화의 내용은 이렇습니다.

세탁소에 새로 들어온 매끈한 새 옷걸이에게, 옆에 있던 헌 옷걸이가 조용히 충고합니다.

"너는 옷걸이라는 사실을 한 시도 잊지 말아라."

새 옷걸이가 의아해하며 이유를 묻자, 헌 옷걸이는 씁쓸하게 답합니다.

"잠깐 걸린 명품 코트가 자기 신분인 줄 알고 교만해지는 옷걸이들을 너무 많이 봤기 때문이지."

이 짧은 이야기에는 우리 직장인의 커리어가 고스란히 담겨 있습니다. 회사에서 주어지는 직함과 권한은 내가 소유한 '계급'이 아니라, 잠시 맡아 수행하는 '역할'에 가깝습니다. 직장 안에서는 직함이 나를 돋보이게 만들지만, 직장 밖으로 나오는 순간 나를 설명해 주는 것은 그것이 아닙니다. 그때 남는 것은 오직 나의 태도와 사람됨입니다.

바로 이 지점에서 Me-Tech의 핵심 질문이 시작됩니다.

"플랫폼과 직함이 사라진 뒤에도, 사람들은 당신과 다시 일하고 싶어 하는가?"

이 질문에 대한 답이야말로, 시간이 지나도 사라지지 않는 당신의 커리어 잔존가치를 결정합니다.


## 겸손은 숨는 것이 아니라, 타이밍을 아는 능력

직장에서는 흔히 이런 말을 듣습니다.

"겸손하면 손해 본다."

"조용히 있으면 남 좋은 일만 시킨다."

실제로 위기 상황에서 경영진은 "제가 책임지고 해내겠습니다"라고 단언하는 사람에게 기대를 거는 경우가 많습니다. 자신감 있는 태도는 리더십의 중요한 신호이기 때문입니다. 하지만 여기서 한 가지, 우리가 반드시 함께 떠올려야 할 심리학적 경고가 있습니다. 바로 더닝-크루거 효과입니다. 이 이론은 역설적인 사실을 보여줍니다. 조금 아는 사람일수록 자신의 능력을 과대평가하고, 진짜 숙련된 사람일수록 오히려 자신의 한계를 정확히 인식한다는 점입니다.

이 지점에서 우리가 주목해야 할 '겸손'의 본질이 드러납니다. 우리가 추구해야 할 겸손은 결코 뒤로 물러서거나 자신을 지우는 소극적인 태도가 아닙니다. 그것은 필요할 때는 분명하게 말하고, 불필요할 때는 침묵할 줄 아는 전략적 타이밍을 다루는 고도의 지적 능력에 가깝습니다. 자신의 성과를 일부러 숨길 필요는 없습니다. 다만 자신의 한계를 정직하게 드러냄으로써 리스크를 관리하고, 협력의 여지를 열어두는 지혜가 필요합니다.

자신의 강점은 명확히 하되, 부족함을 감추지 않는 이 미묘한 차이를 아는 사람은 커리어의 중후반부로 갈수록 조직 안에서 훨씬 더 강력한 신뢰와 영향력을 얻게 됩니다. 그들은 혼자서 모든 것을 떠안는 사람이 아니라, 함께 해낼 수 있는 판을 만드는 사람으로 인식되기 때문입니다.

특히 글로벌 비즈니스 환경에서는 이러한 겸손의 방식이 생존과 직결됩니다. 우리에게 익숙한 '침묵의 겸손', 다시 말해 "가만히 있으면 중간이라도 간다"거나 "말보다는 행동으로 보여주는 것이 미덕"이라는 태도는 서구적 맥락에서는 종종 무능함이나 자신감 결여로 오해받기 쉽습니다. 그래서 이제 필요한 것은 무조건 입을 닫는 겸손이 아니라, 명확하게 말하되 상대를 낮추지 않는 존중의 기술입니다.

"제가 틀릴 수도 있습니다만"이라는 한 문장은 결코 나를 약하게 만드는 항복 선언이 아닙니다. 오히려 자신의 전문성을 전제로 하면서도 타인의 의견을 수용할 줄 아는 여유를 드러내는 표현입니다. 이 문장은 대화를 닫지 않고 열어 두며, 상대의 신뢰를 끌어내는 세련된 비즈니스 언어입니다.


## 배려는 성과를 만드는 정교한 설계

"그 사람이 웨이터를 대하는 태도를 보면 그의 진짜 품격을 알 수 있다."

레이시언(Raytheon)의 전 CEO 빌 스완슨(Bill Swanson)이 제시한 이른바 '웨이터의 법칙'은 리더십의 고전으로 자주 인용됩니다. 이 문장이 오래 살아남는 이유는 단순합니다. 배려의 본질은 말이나 선언이 아니라, 현장의 아주 작은 디테일에서 드러나기 때문입니다.

리츠칼튼 호텔의 사장이었던 사이먼 쿠퍼(Simon Cooper)의 일화는 이를 잘 보여줍니다. 그는 엘리베이터에서 6층으로 향하는 고객을 본 뒤, 자신이 내려야 할 5층 버튼을 누르지 않았습니다. 고객이 엘리베이터에 머무는 단 몇 초의 시간이라도 아껴주고 싶었기 때문입니다. 그는 한 층을 더 올라가 고객을 정중히 배웅한 뒤에야 계단으로 내려갔습니다. 이 '보이지 않는 배려'는 곧 전 직원이 공유하는 서비스 철학이 되었고, 리츠칼튼이라는 브랜드의 품격을 만드는 기준으로 자리 잡았습니다.

일본 도쿄의 한 우동집 사례도 흥미롭습니다. 이 가게 주인은 손님이 배가 고파 많은 양을 주문하더라도, 처음에는 정량의 3분의 2만 담아냅니다. 그리고 다가가 이렇게 말합니다. "음식이 식으면 맛이 떨어집니다. 먼저 드시고 계시면, 나머지는 가장 따뜻할 때 바로 채워드리겠습니다." 남긴 음식을 보며 손님이 느낄 미안함을 미리 차단하고, 식은 면발을 억지로 먹지 않도록 설계한 배려입니다. 이 작은 차이는 단골의 마음을 사로잡았고, 그 가게는 20년 넘게 문전성시를 이루고 있습니다.

배려는 고객서비스에만 국한되지 않습니다. 조직 경영에서도 마찬가지입니다. 배려가 성과로 직결된 대표적 사례가 바로 포드(Ford) 자동차를 부활시킨 앨런 멀랠리(Alan Mulally) 회장의 리더십입니다. 그가 부임했을 당시 포드는 수조 원대 적자에 시달리고 있었지만, 임원 회의에 올라오는 보고서는 늘 '초록색'뿐이었습니다. 모두가 자신의 프로젝트는 문제없다고 주장했습니다. 약점을 드러내는 순간 책임의 대상이 될 수 있었기 때문입니다.

그러던 어느 날, 한 임원이 용기를 내어 문제가 있음을 뜻하는 '빨간색' 보고서를 제출했습니다. 회의실에는 무거운 침묵이 흘렀습니다. 그때 멀랠리는 뜻밖에도 박수를 쳤습니다.

"문제를 솔직하게 공유해줘서 고맙습니다. 이제야 우리가 함께 해결할 진짜 일이 생겼군요."

이 한마디의 배려 섞인 반응은 조직에 '심리적 안전감'이라는 강력한 자산을 선물했습니다. 이후 포드의 회의는 책임 회피의 장이 아니라, 문제 해결의 출발점으로 바뀌었습니다.

배려 문화가 자리 잡은 팀에서는 불필요한 감정 소모와 갈등 비용이 눈에 띄게 줄어듭니다. 의사결정 속도는 빨라지고, 구성원들은 서로를 방어하는 데 에너지를 쓰지 않습니다. 대신 문제 해결을 위한 창의와 협력에 집중합니다. 이때 성과는 자연스럽게 따라옵니다.

배려는 결코 개인의 인성이나 희생에 기대는 감정 노동이 아닙니다. 그것은 조직의 작동 방식을 정교하게 설계하고, 구성원 간의 시너지를 극대화하는 고도의 비즈니스 전략입니다. 리더의 배려는 결국 사람을 편하게 만드는 미덕이 아니라, 조직을 강하게 만드는 설계 능력입니다.

## 보이지 않는 곳에서 드러나는 품성

디지털과 AI가 지배하는 세상이 될수록, 겸손은 역설적으로 '모른다고 말할 수 있는 용기'가 됩니다. 그것은 더 이상 개인의 미덕에 머무르지 않습니다. 생존을 위한 필수 무기이자, 전문성을 지키는 마지막 안전장치에 가깝습니다.

한 번은 공공기관 제안 입찰의 평가위원으로 참여한 적이 있습니다. 한 신청자의 프레젠테이션 도중, 제 전문 분야가 아닌 복잡한 IT 아키텍처와 기술적 은어들이 쏟아져 나왔습니다. 회의실에는 묘한 긴장감과 함께 무거운 침묵이 흘렀습니다. 모두가 이해한 척 고개를 끄덕이고 있었지만, 저는 솔직히 따라가지 못하고 있었습니다.

결국 이렇게 질문했습니다.

"죄송합니다만, 제가 이 분야의 전문용어를 충분히 이해하지 못했습니다. 위원들이 이 기술의 본질을 정확히 판단할 수 있도록, 다시 한번 쉽게 설명해 주실 수 있을까요?"

순간 발표를 맡은 담당자의 얼굴에 당혹스러움이 스쳤습니다. 회의가 끝난 뒤, 그는 조심스럽게 다가와 이렇게 말하더군요.

"평가위원은 모든 것을 알고 있는 권위 있는 모습을 보여야 하지 않나요?"

하지만 이해하지 못한 채 '아는 척'하며 점수를 매기는 것만큼 무책임하고 위험한 오만도 없습니다. 진짜 강한 사람은 자신의 약점을 감추기 위해 무거운 마음의 가면을 쓰지 않습니다. 오히려 자신의 취약함을 투명하게 드러낼 때, 타인과의 진정한 연결이 시작됩니다. 그리고 바로 그 순간, 조직 안에 '심리적 안전감'이라는 토양이 만들어집니다.

디지털 시대의 배려는 여기서 한 걸음 더 나아가, 정교한 시스템과 에티켓으로 구체화됩니다. 글로벌 협업 환경에서 특정 국가의 팀만 계속해서 새벽 3시에 회의에 접속하지 않도록, 회의 시간을 격주로 교체하는 '로테이션 미팅제'는 팀원들의 삶을 존중하는 배려의 시스템입니다. 또한 회의실에 모인 사람들조차 원격 참여자가 소외감을 느끼지 않도록, 모두가 노트북 카메라를 켜고 시선을 맞추는 '디지털 퍼스트' 원칙은 기술이 인간을 밀어내지 않게 하려는 의식적인 선택입니다.

비즈니스 소통에서도 마찬가지입니다. 불필요한 전문 용어나 콩글리시를 남발하기보다, 상대의 이해 수준을 고려해 쉽고 명확한 언어를 사용하는 것, 이것이야말로 진짜 소통의 품격입니다. 말을 어렵게 하는 것은 능력이 아니라, 배려의 부재일 때가 많습니다.

AI 시대의 배려는 더욱 흥미로운 방향으로 진화하고 있습니다. 한 IT 기업은 챗봇 개발 과정에서 '디지털 소외계층을 위한 배려 모드'를 탑재했습니다. 고령자나 기기 사용이 서툰 사용자가 감지되면, 자동으로 글자 크기가 커지고 설명이 더 자세해지는 방식입니다. 이제 화상회의에서 카메라를 켜는 일, 이메일 답장 시간을 지키는 일, SNS 메시지의 톤앤매너를 고려하는 일은 단순한 매너를 넘어 새로운 교양, 즉 '디지털 에티켓'으로 자리 잡고 있습니다. 실제로 마이크로소프트는 '디지털 배려 가이드라인'을 만들어 전 직원이 이를 실천하도록 권장하고 있습니다.

기술 그 자체를 통한 배려도 점점 중요해지고 있습니다. 은행의 ATM이 카드를 먼저 뽑아야 현금이 나오도록 설계된 것처럼, 사용자의 실수를 원천적으로 막는 '기술적 배려'는 이제 비즈니스의 기본 상식입니다. 애플의 스크린 타임 기능이나 넷플릭스의 자동 재생 중지 옵션처럼, 사용자의 삶을 존중하는 설계는 사용자 경험 디자인의 핵심 원칙이 되었습니다.

직함은 언젠가 내려놓게 되지만, 태도는 평생 나를 따라다닙니다. 겸손과 배려는 단지 '착한 사람'이 되기 위한 덕목이 아닙니다. 직장 안에서는 성과를 만들고, 직장 밖에서는 나만의 전문성을 꽃 피우게 하는 가장 확실한 자기 투자입니다. Me-Tech의 시대에 사라지지 않는 자산은 당신이 남기는 '인상'입니다. 기술은 누구나 배울 수 있지만, 품성은 커리어의 잔존가치를 결정합니다.

플랫폼이 바뀌고 직함이 사라져도 어디서든 통용되는 자산, 그것이 바로 겸손과 배려입니다.

☐ 나는 직함이 사라진 뒤에도 '다시 함께 일하고 싶은 사람'인가?

☐ 나는 "모른다"고 말할 수 있는 겸손을 유지하고 있는가?

☐ 나는 디지털 환경에서도 상대의 시간과 자존심을 배려하고 있는가?

# 돼지와
# 레슬링하지 마라

**나는 왜 거짓말에 속았는가**

옛날에 고집 센 사람과 똑똑한 사람이 살았습니다.

어느 날 "4 곱하기 7은 얼마인가"를 두고 논쟁이 벌어졌습니다. 고집 센 사람은 27이라고 우겼고, 똑똑한 사람은 28이라고 반박했습니다. 결국 지방 관리가 나서 판결을 내렸습니다.

"27이라고 주장한 사람은 풀어주고, 28이라고 주장한 사람은 곤장을 치라."

억울해 항의하는 똑똑한 사람에게 관리가 덧붙입니다.

"어리석은 사람과 싸우는 너는 더 어리석다."

이 일화의 교훈은 분명합니다. 지혜로운 사람은 어리석은 사람과 논쟁하지 않는다는 것이죠. 하지만 저는 이 이야기에 쉽게 고개를 끄덕일 수 없었습니다. 일상적인 말다툼이라면 몰라도, 재산과 인생의 선택이 걸린 계약의 세계에서도 그저 물러나는 것이 과연 지혜일까 하는 의문이 남았기 때문입니다.

저는 한때 K은행의 H지수 연계 ELS 상품으로 큰 손실을 입은 적이 있습니다. 손실 자체도 컸지만, 저를 더 괴롭힌 것은 상품을 권유했던 은행 직원의 태도였습니다. 손실이 확정되자 그는 가입 당시의 상황을 전혀 다른 이야기로 재구성하며 책임을 회피했습니다.

"당시 H지수는 변동성이 커서 개인적으로는 권유하고 싶지 않다고 말씀드렸습니다. 저는 단지 이런 상품이 출시되었다는 안내 전화만 드렸을 뿐입니다."

그러나 이는 제 기억과 완전히 달랐습니다. 그는 먼저 제게 전화를 걸어 적극적으로 내점을 요청했습니다.

"이전에 손실을 본 고객들을 대상으로 은행에서 수수료도 받지 않고 특별히 만든 상품입니다."

"금리가 상당히 높고, 1인당 3억 원까지 가입 가능합니다. 꼭 한 번 오셔야 합니다."

전문가의 적극적인 추천, 그리고 '특별 혜택'이라는 말에 저는 경계심을 늦췄습니다.

가입 당시 저는 과거에 큰 손실을 겪은 경험이 있었기에 분명히 말했습니다.

"1억 원은 부담스럽습니다. 5천만 원만 하겠습니다."

그러자 그는 "이 상품은 최소 가입 금액이 1억 원입니다"라며 투자를 종용했습니다. 나중에 확인해 보니 그 상품의 최소 가입 금액은 1억 원이 아니었습니다. 사태가 터지자 그는 오히려 "그런 말을 한 적이 없다"고 말하며 억울해했습니다.

아이러니하게도 저는 은행원 출신입니다. K은행에서 22년간 근무하며 소비자보호 업무를 담당했고, 외국계 은행 임원 시절에는 민원 업무를 총괄했습니다. 그때 직원들에게 늘 강조하던 말이 있습니다.

"책임을 피하려고 고객에게 거짓말하지 마라."

금융기관의 정직성은 단순한 서비스 차원을 넘어, 은행의 존립을 지탱하는 '신뢰'의 문제이기 때문입니다. 그런데도 이번에는 제가 속았습니다. 산전수전을 다 겪었다고 자부하던 내가 왜 이렇게 허술했을까. 이 자괴감이 오랫동안 저를 괴롭혔습니다.

시간이 지나며 하나의 결론에 도달했습니다. 문제의 본질은 손실 자체가 아니라, 그 순간 결정의 주도권을 누가 쥐고 있었느냐는 것이었습니다.

그날 저는 판단의 주도권을 '전문가'라는 이름 뒤에 숨은 타인에게 통째로 넘겨주었습니다. 스스로 따져보고 결정해야 할 권리를, 권위라는 달콤한 함정에 자발적으로 맡긴 셈입니다. 나를 성장시키고 지켜야 할 관점에서 보면, 이 사건은 단순한 금융 실패가 아닙니다. 내 삶을 지탱해 온 생각의 틀에 심각한 보안 구멍이 뚫려 있었음을 확인한 사건이었습니다.

지혜란 언제 침묵해야 하는지를 아는 능력이기도 하지만, 언제 끝까지 질문하고 책임을 요구해야 하는지를 아는 용기이기도 합니다. 어리석은 사람과의 논쟁을 피하는 것이 지혜인 경우도 있습니다. 그러나 인생의 중요한 선택 앞에서까지 판단을 포기하는 것은 결코 지혜가 아닙니다.

## 위험을 가리는 '선의 편향'

사건을 곱씹을수록 하나의 중요한 심리적 함정이 또렷하게 보이기 시작했습니다. 바로 '선의 편향(Goodwill Bias)'입니다. 이는 상대를 전문가로 인식하고, 나에게 호의적이라고 느낄수록 그 사람이 가져올 수 있는 잠재적 위험을 과소평가하게 되는 심리적 오류를 말합니다.

당시 담당 직원은 이 상품이 제 과거 투자 손실을 보완해 주기 위해 은행에서 특별히 만든 것이라며 신뢰를 유도했습니다. 내 자산을 관리하는 전문가가 설마 나를 속이겠느냐는 믿음도 자연스럽게 작동했습니다. 하지만 심리학적으로 보면, 바로 이 지점이 가장 위험합니다. 인간의 뇌는 타인의 선의를 감지하는 순간, 본능적으로 위험 감지 센서의 전원을 낮추는 구조를 가지고 있기 때문입니다.

이러한 선의 편향은 금융 현장에만 국한되지 않습니다. 우리 삶의 거의 모든 영역에 깔려 있습니다. 지인의 간곡한 소개로 시작된 투자 제안, "우리 사이에 무슨…"이라며 가족 같은 분위기를 강조하는 모임, "너만 알고 있어"라며 고급 정보를 건네는 선배, 그리고 "고객님만을 위해 어렵게 준비했습니다"라는 마케팅 문구까지. 이 모든 상황에서 우리는 놀라울 만큼 비슷한 행동을 보입니다. 질문을 덜 하고, 확인을 생략하며, 무엇보다 결정적으로 기록을 남기지 않습니다.

왜 이런 일이 벌어질까요? 상대가 나에게 친절을 베푸는데도 꼼꼼히 따져 묻는 행위가 마치 그의 인격을 의심하거나 관계를 해치는 결례처럼 느껴지기 때문입니다. 즉, 사회적 관계를 유지하려는 본능이 정작 내 소중한 자산을 지켜야 할 이성을 마비시키는 것입니다.

삶을 보호하는 관점에서 보면, 선의 편향은 인간이 가진 치명적인 결함입니다. 냉정하게 말해 사람의 인품과 말투, 표정과 태도는 그가 제안하는 조건의 위험도와 아무런 상관이 없습니다. 위험은 언제나 유리해 보이는 조건의 '구조' 속에 숨어 있고, 친절함은 그것을 보이지 않게 가려주는 가장 훌륭한 가림막이 됩니다.

그래서 저는 하나의 원칙을 새로 세웠습니다.

'상대가 친절할수록, 제안이 특별할수록 더 확인한다.'

사람은 존중하되, 그가 내놓은 조건은 현미경으로 들여다보듯 냉정하게 바라보는 것입니다. 상대의 인격에 대한 신뢰와 비즈니스 조건에 대한 검증은 전혀 다른 영역입니다. 이 둘을 혼동하는 순간, 우리는 다시 판단의 주도권을 잃게 됩니다.

관계와 판단을 철저히 분리하는 것. 이것이 선의 편향의 함정에서 벗어나 나를 지키는 가장 현실적이고도 강력한 기술입니다.


## 돼지와 레슬링하지 마라

저는 몇 달 동안 극심한 스트레스를 겪었습니다. 재산상의 손실도 컸지만, 저를 더욱 고통스럽게 만든 것은 직원의 뻔뻔한 거짓말이었습니다. 분하고 억울한 마음에 밤잠을 이루지 못했습니다. '내 정신건강을 위해 그냥 넘어갈 것인가, 아니면 끝까지 싸워 응당한 대가를 치르게 할 것인가.' 이 질문을 붙잡고 수없이 많은 밤을 지새웠습니다.

로펌을 찾아가기로 마음먹은 날, 지하철에서 우연히 펼친 책 한 페이지가 제 시선을 붙들었습니다.

"돼지와 레슬링하지 말라. 둘 다 진흙을 뒤집어쓰기는 하지만, 돼지에게는 그게 생활이기 때문이다."

그 문장을 읽는 순간 머릿속이 복잡해졌습니다. 이 싸움이 과연 가치 있는 일일까. 나 역시 진흙탕 속으로 들어가야만 하는 걸까. 그리고 그때, 하나의 깨달음이 또렷해졌습니다. 성공적인 인생을 꾸려가는 관점에서 볼 때, 분노는 단순한 감정이 아니라 '가장 비싼

비용'이라는 사실이었습니다.

우리는 흔히 돈만을 자산이라고 생각합니다. 그러나 나이가 들수록, 그리고 커리어가 쌓일수록 훨씬 더 귀해지는 자산이 있습니다. 바로 정신 에너지와 집중력, 그리고 판단력입니다. 분노와 억울함에 쏟아붓는 에너지는 사실 내 인생의 다음 단계를 설계하고 준비하는 데 쓰여야 할 자원입니다.

거짓말하는 사람과 다투어 진실을 밝혀내는 일은 생각보다 훨씬 어렵습니다. 그 과정에서 소모되는 정신적 피로는 상상을 초월합니다. 결국 아무것도 얻지 못한 채, 내면의 소중한 자산만 탕진하고 상처 입기 쉽습니다. 이 싸움은 이겨도 남는 것이 적고, 져도 잃는 것이 너무 많은 싸움입니다.

그래서 심리학자들은 경고합니다. 평생 누군가를 용서하지 못하고 복수심을 품고 살아갈 때, 가장 큰 손해를 보는 사람은 상대가 아니라 바로 자기 자신이라고 말입니다. 분노는 내면을 병들게 하고, 신체적 질환의 원인이 되기도 합니다. 복수심은 흔히 이런 비유로 설명됩니다. 상대가 죽기를 바라며 내가 독을 마시는 것과 같다고 말입니다. 독성은 상대를 향해 있다고 믿지만, 실제로 그 독이 파괴하는 것은 내 몸과 마음입니다.

물론 불의에 맞서는 일은 정의롭고 필요합니다. 문제는 그 방식입니다. 내 감정까지 불태워가며 직접 싸워야만 하는지, 아니면 구조와 시스템이 대신 싸우도록 설계할 수 있는지 우리는 스스로에게 물어야 합니다.

'이 문제를 내가 감정을 소모하며 끝까지 끌어안아야만 해결할 수 있는가?'

'아니면 나의 에너지를 보존한 채, 제도와 절차가 역할을 하게 할 수 있는가?'

내 소중한 정신 에너지를 지키면서도 문제를 해결하는 지혜. 그 것이 단순한 회피가 아니라, 인생의 자산을 지키는 가장 성숙한 선택일 수 있습니다. 분노를 내려놓는다는 것은 패배를 인정하는 일이 아닙니다. 더 중요한 것을 위해 싸울 자격을 스스로에게 남겨두는 일입니다.


## 나를 지키는 기술을 업그레이드하다

사기죄로 고소한 뒤 몇 달이 지나자, 처음의 분노는 서서히 수그러 들었습니다. 그러던 어느 날 문득 이런 생각이 들었습니다.

'모두 내 책임이다.'

이 말은 결코 스스로를 몰아붙이는 자책이 아니었습니다. 오히려 이 문장을 마음속에서 또렷이 꺼내는 순간, 이상하리만큼 마음이 가벼워졌습니다. 더 정확히 말하면, 모두 내 책임이라고 생각하자 상대에 대한 억울함과 분노가 제 안에서 통제 가능한 영역으로 들어왔기 때문입니다. 세상을 향해 흩어져 있던 감정의 칼날이, 비로소 제 손 안으로 돌아온 느낌이었습니다.

죽음과 애도 연구의 선구자인 엘리자베스 퀴블러 로스(Elisabeth Kübler-Ross)는 인간이 상실의 고통을 겪을 때 '부정, 분노, 타협, 우울, 수용'의 단계를 거친다고 설명했습니다. 여기서 많은 사람들이 오해하는 점이 있습니다. '수용'은 체념이나 포기가 아닙니다. 그것은 자신의 삶을 다시 통제 가능한 영역으로 되돌려놓는 적극적인 선택입니다.

"그 사람이 나를 속였다"는 문장은 과거의 상처에 나를 묶어둡니다. 반면 "나는 왜 그런 구조에 노출되었는가"라는 질문은 미래를 엽니다. 이 질문을 던지는 순간, 우리는 무기력한 피해자의 자리에서 내려와 내 삶을 다시 설계하는 설계자의 자리로 이동하게 됩니다. 세상을 탓하는 대신, 나를 보호하는 구조를 만들기 시작하는 지점이 바로 여기입니다.

물론 용서는 중요합니다. 용서는 제 마음을 치유하는 일입니다. 하지만 그것만으로는 충분하지 않았습니다. 저는 이번 일을 계기로 저를 지키는 방어 시스템을 완전히 업그레이드하기로 했습니다. 착한 사람이 되는 것보다 중요한 것은, 다시는 해킹당하지 않는 삶을 사는 것이기 때문입니다.

첫째, 내 삶의 '블랙박스'를 켭니다. 인간의 기억은 감정에 취약합니다. 고통스러운 기억일수록 왜곡되거나 희미해지기 쉽습니다. 반면 디지털 기록은 감정이 없습니다. 오직 차가운 사실만 남깁니다. 저는 이제 중요한 통화와 계약 과정에서 AI 녹취와 요약 도구를 적극 활용합니다. 가변적인 제 기억보다, 변하지 않는 기록을 더 신뢰하기로 한 것입니다. 사실이 문서와 데이터로 남는 순간, 상대의 거짓말은 힘을 잃습니다.

둘째, '믿음'과 '안전'을 분리합니다. 이 원칙은 냉소가 아닙니다. 사람을 믿되, 검증은 반드시 하겠다는 선언에 가깝습니다. 전문가의 설명을 들은 뒤, 저는 습관처럼 AI에게 묻습니다.

"이 제안의 가장 큰 위험은 무엇입니까?"

사람의 말과 데이터의 답을 교차 검증하는 이 과정은, 감정이 아닌 사실에 기대어 판단하도록 도와줍니다. 권위에 압도되지 않고 데이터로 무장하는 것, 이것이 현대적 자기보호의 기본입니다.

셋째, 감정 노동을 '디지털 대리인'에게 맡깁니다. 억울함에 밤잠을 설치며 항의 문자를 쓰다 지우는 대신, 상황을 정리해 AI에게 요청합니다.

"가장 이성적이고 법적으로 단호한 항의 문서를 작성해 주세요."

감정이 빠진 문장은 차갑지만, 그만큼 강력합니다. 직접 부딪히며 내 에너지를 깎아먹는 대신, 기술이 나를 대신해 싸우게 하는 것입니다. 기술은 우리의 분노를 가장 우아하고 효과적인 무기로 바꿔줍니다.

정의로운 대응과 자기 보호는 선택이 아니라 기본 권리이자 의무입니다. 저는 이번 사건으로 돈을 잃었습니다. 하지만 그보다 더 중요한 것을 얻었습니다. 저를 지키는 명확한 기준과 기술입니다. 이것은 어떤 금융상품보다 수익률이 높은 투자였습니다.

최고의 투자처는 여전히 '나'입니다. 다만 이제 저는, 아무에게나 그 운용을 맡기지 않습니다. 이 모든 과정이 바로 제가 말하는 Me-Tech의 핵심입니다.

❖ 체크리스트 ❖

☐ 중요한 계약과 대화에서 나는 기억이 아니라 기록(블랙박스)을 남겼는가?

☐ 전문가의 권위 앞에 '제로 트러스트' 원칙으로 교차 검증을 실천했는가?

☐ 분노를 직접 표출하는 대신, 시스템(디지털 대리인)을 통해 이성적으로 해결하고 있는가?

# 끈끈한 우정과
# 느슨한 우정

## 내 인생을 바꾼 진정한 친구

고등학교 시절에도 저는 여전히 궁핍했습니다. 그 시절을 떠올리면 지금도 마음 한편이 서늘해집니다. 그때 진호라는 친구가 있었습니다. 어느 날 진호는 부모님께 이렇게 말했다고 합니다.

"정빈이랑 같이 공부하면 제 성적이 더 좋아질 것 같아요."

그 따뜻한 거짓말 한마디 덕분에 저는 진호네 집에서 숙식을 해결하며 공부할 수 있었습니다. 말 한마디에 담긴 배려가 한 사람의 시간을, 그리고 삶의 방향을 얼마나 바꿀 수 있는지를 저는 그때 처음 알았습니다. 5년이 훌쩍 지난 지금도, 그 친구의 마음을 저는 잊지 못합니다.

얼마 전 진호가 혈액암이라는 큰 병으로 투병 중이라는 소식을 들었습니다. 다행히도 회복 중이라는 말을 듣고, 제 일처럼 가슴을 쓸어내렸습니다. 우리는 지금도 한 달에 한두 번 통화를 하고, 가끔 점심을 먹으며 별것 아닌 일상사를 나눕니다. 굳이 자주 만나지 않아도, 구태여 긴 설명을 하지 않아도 마음이 통하는 사람. 그는 제게 '인생의 절친'이자, 삶의 깊은 곳을 지탱해 주는 단단한 뿌리입니다.

살면서 이런 친구 한 명을 곁에 둔다는 것은, 어떤 금융상품보다 강력한 보험을 하나 들어둔 것과 같습니다.

비슷한 관계들이 제 삶 곳곳에 있습니다. 대학 동기인 강 교수는 한동안 연락이 없으면 "요즘 어떻게 지내나" 궁금해하며 먼저 점심 약속을 잡습니다. 은행 입사 동기인 정 지점장은 가끔 "요즘 건강하게 잘 지내냐"며 안부를 묻습니다. 특별한 목적이 없어도, 서로의 안녕을 자연스럽게 확인하는 관계입니다.

반면, 의도적으로 거리를 둔 관계도 있습니다. 은행 동기였던 한 친구는 한때 가족 여행까지 함께 다닐 만큼 가까운 사이였습니다. 그런데 어느 순간부터 그는 사람들 앞에서 유독 저에게만 공격적인 태도를 보이기 시작했습니다. 농담에는 가시가 돋아 있었고, 만남이 끝난 뒤에는 늘 씁쓸함과 후회가 남았습니다.

그때 저는 스스로에게 조용히 질문했습니다.

'이 관계는 나를 더 나아지게 하는가?'

대답은 분명했습니다. 저는 아무 설명도, 다툼도 없이 그 관계에서 한 발 물러났습니다. 이 경험을 통해 한 가지 사실이 또렷해졌습니다. 모든 관계가 평생 갈 필요는 없으며, 모든 우정이 나에게 좋은 투자는 아니라는 점입니다.

관계도 자산과 같습니다. 어떤 관계는 시간이 지날수록 이자가 붙고, 어떤 관계는 나도 모르게 원금을 갉아먹습니다. 중요한 것은 얼마나 오래 알고 지냈느냐가 아니라, 그 관계가 지금의 나를 어떤 방향으로 이끄는가입니다. 관계를 유지하는 용기만큼, 관계에서 물러날 줄 아는 판단 역시 성숙한 삶의 일부입니다.

삶은 결국 사람으로 이루어집니다. 그리고 어떤 사람과 함께하느냐는, 우리가 생각하는 것보다 훨씬 더 직접적으로 인생의 질을 결정합니다.


## 관계 포트폴리오, '분산투자'의 기술

모든 관계가 깊고 끈끈할 수는 없습니다. 인생의 뿌리가 되어주는 '절친'이 있다면, 그 위로 가지를 뻗어 나가게 하는 또 다른 형태의 관계가 필요합니다. 제가 강조하고 싶은 것은 바로 '느슨한 친구'들입니다.

투자를 이야기할 때 우리는 늘 이렇게 말합니다.

"한 종목에 몰빵하면 위험하다."

그런데 유독 인간관계에서는 이 원칙을 쉽게 잊습니다. 위로도, 조언도, 공감도, 인정도 모두 한 사람에게서만 얻으려는 '관계 몰빵 증후군'에 빠지기 쉽습니다. 그러다 보니 작은 오해 하나에도 관계 전체가 흔들립니다. 감정의 포트폴리오가 지나치게 집중되어 있기 때문입니다.

한 대학 교수 후배가 이런 고민을 털어놓은 적이 있습니다.

"가장 친한 친구 A와 사소한 일로 자꾸 불편해져요. 그 친구를 잃을까 봐 두렵기까지 합니다."

저는 그에게 이렇게 물었습니다.

"일주일에 한 번 만나는 단 한 명의 친구가 있는 사람과, 1년에 한 번 만나는 15명의 친구가 있는 사람 중 누가 더 건강할까요?"

답은 후자입니다. 관계에도 분산투자가 필요합니다. 진호처럼 내 삶을 지탱해주는 깊은 관계를 중심에 두되, 느슨하지만 신뢰할 수 있는 관계를 여럿 갖는 것. 이것이 인생 최고의 방어 전략이자, 가장 현실적인 성장 전략입니다.

발달심리학자 에릭 에릭슨(Erik Erikson)에 따르면 청소년기에는 밀착된 유대감을 추구하는 것이 자연스럽지만, 성인기에는 일과 성취를 통한 생산성이 중요한 과제가 됩니다. 따라서 성인기의 우정은 감정에만 매달리는 관계가 아니라, 서로의 성장과 성취를 지지해주는 균형 잡힌 형태여야 합니다.

돌이켜보면 제 커리어의 중요한 변곡점마다 늘 '사람'이 있었습니다. 사회학자 마크 그라노베터(Mark Granovetter)는 이를 '약한 연결(Weak Tie)의 힘'이라고 불렀습니다. 가족이나 절친처럼 자주 만나는 강한 연결은 나와 비슷한 정보와 세계관을 공유하지만, 가끔 만나는 느슨한 관계는 내가 속하지 않은 전혀 다른 세계의 정보와 기회를 연결해주는 가교가 된다는 이론입니다.

제 삶은 이 이론의 생생한 증거입니다. 한 대학의 최고경영자 과정에서 우연히 인연을 맺은 송동근 전무님은 제가 또 다른 전문 분야를 공부하게 만든 결정적인 계기였습니다. D증권사 전무였던 그는 어느 날 박사학위 논문을 위한 설문지 한 장을 제게 건넸습니다.

'에베레스트산의 높이는 8,600미터보다 높을까요, 낮을까요?'

그 설문지는 인간의 판단이 기준점에 의해 왜곡되는 '앵커링 효과'를 설명하는 내용이었고, 당시 금융인으로만 살던 제게 강한 지적 충격을 주었습니다. 그때 처음 행동경제학이라는 분야에 눈을 뜨게 되었습니다.

1990년대 후반, 'CRM 마케팅' 교재를 함께 집필하며 인연을 맺은 이성동 소장님과의 만남도 잊을 수 없습니다. 『한국형 귀족 마케팅』을 저술한 VIP 마케팅의 전문가였던 그는 늘 이렇게 말하곤 했습니다.

"고객이 내 부탁을 들어주게 하려면, 먼저 고객에게 베풀어야 합니다. 고객을 마음으로 빚지게 하세요."

이 말은 단순한 영업 기술을 넘어 인간관계의 본질을 꿰뚫는 통찰이었습니다. 이후 제가 감성 마케팅과 고도의 세일즈 스킬을 깊이 있게 탐구하게 된 중요한 이정표가 되었습니다.

2002년, CS 전문가 김영한 사장님과의 인연도 마찬가지입니다. 당시 디즈니 애니메이션 '타잔'이 큰 인기를 끌던 시기였습니다. 그는 어느 날 이렇게 말했습니다.

"타잔이 정글에서 살아남은 법칙과, 마케터가 시장에서 고객과 함께 살아남는 법칙을 연결해보면 어떨까요?"

그 느슨한 대화의 불씨는 결국 『타잔 마케팅』이라는 책으로 이어졌고, 이는 제가 '은행원 장정빈'을 넘어 '작가 장정빈'으로 나아가는 출발점이 되었습니다.

제게 가장 깊은 지적 자극을 준 고수는 한근태 소장님입니다. 한국리더십센터 소장 시절 처음 뵌 이후, 쉼 없이 공부하며 지성을 갈고닦는 태도와 몸과 마음을 함께 관리하는 자기 절제는 늘 저를 각성하게 만들었습니다. 50권이 넘는 저서가 제 서가 세 칸을 가득 채우고 있을 만큼, 제 사고방식과 성장의 궤적에는 그분의 영향이 깊이 스며 있습니다.

이 모든 관계의 공통점은 '약한 연결'에서 출발했다는 점입니다. 만약 제가 회사라는 울타리 안에만 머물며 비슷한 사람들하고만 어울렸다면, 저는 '회사 게임'의 룰에만 익숙한 부품으로 남았을지도 모릅니다. 그러나 다른 업종, 다른 분야에서 치열하게 살아가는 느순한 고수들과 연결되면서 비로소 세상이 어떻게 돌아가는지, 그리고 내가 어디로 나아가야 하는지가 보이기 시작했습니다.

인생을 바꾸는 관계는 늘 아주 가까운 곳이 아니라, 조금 떨어진 곳에서 조용히 손을 내밉니다. 그 손을 붙잡을 준비가 되어 있는가. 그것이 성인기의 관계가 던지는 가장 중요한 질문입니다.

## 디지털 자산: 구독하는 콘텐츠가 당신의 미래다

이제 연결은 오프라인을 넘어 디지털로 확장됩니다. 매일 아침 영감을 주는 글을 읽고, 산책길에 전문가 인터뷰를 듣는 행위는 단순한 정보 소비가 아닙니다. 그것은 나의 세계관과 판단 기준을 형성하는 '디지털 관계 자산'을 차곡차곡 쌓아가는 과정입니다.

최고의 콘텐츠는 때로 가장 강력한 조언자가 됩니다. 제가 디지털 관계에 유독 주목하는 이유도 여기에 있습니다. 나를 흥분시키는 말이 아니라, 나를 멈춰 세우고 곱씹게 만드는 귀한 사연과 글들을 만날 수 있기 때문입니다. 이런 콘텐츠는 마치 멀리서 조용히 건네는 인생 선배의 한마디처럼, 오래 남아 사고의 방향을 바꿔놓습니다.

최근 제 페이스북 친구인 신수정 님이 올린 글이 그 대표적인 사례였습니다. 그는 명예퇴직한 한 후배를 인터뷰해, 그가 얻은 깨달음을 담담하게 전했습니다. 그 고백 속에는 제가 이 책에서 강조하고자 하는 Me-Tech의 핵심 전략이 놀라울 정도로 그대로 담겨 있었습니다.

그 후배가 퇴직 후 가장 잘한 선택으로 꼽은 것은 '학위' 그 자체가 아니었습니다. 공부를 통해 만난 '다른 업종, 다른 분야의 사람들'이었습니다. 회사라는 우물 안에만 머물러 있었다면 결코 만들어지지 않았을 '약한 연결'이, 퇴직 이후 그의 인생을 근본적으로 바꾼 것입니다.

그는 또 하나의 중요한 조언을 덧붙였습니다. 회사라는 울타리가 있을 때야말로, 자신이 무엇을 잘하고 무엇을 좋아하는지를 명확히 파악해야 한다는 것입니다. 부서 이동이나 새로운 과업에 도전하며 성장의 기회를 스스로 만들어가야지, 눈앞의 고과나 연봉 변화에만 일희일비해서는 안 된다고 말합니다. 외부에서도 통할 수 있는 '독보적인 차별화'와 실질적인 성과를 만드는 데 에너지를 집중해야 한다는 조언이었습니다.

결정적인 전환점은 퇴직 직후 자신의 전문 분야를 정리해 책으로 출간한 일이었습니다. 그 책이 베스트셀러가 된 것은 아니었습니다. 하지만 그 한 권의 책은 그를 해당 분야의 전문가로 각인시켰고, 강연과 심사, 자문이라는 새로운 기회로 이어졌습니다. 그는 더 이상 '회사의 게임'이 아니라, '세상의 게임'에 참여하게 된 것입니다.

"당신은 당신이 가장 많은 시간을 보내는 다섯 사람의 평균이다"

라는 자기계발 전문가 짐 론(Jim Rohn)의 말은 이제 디지털 시대에 맞게 확장되어야 합니다. 우리는 이제 사람뿐 아니라, 콘텐츠와도 가장 많은 시간을 보냅니다. 내가 구독하는 콘텐츠의 목록을 보면, 그 사람이 어떤 방향으로 성장하고 있는지 어렵지 않게 짐작할 수 있습니다.

이질적인 분야의 사람들과 연결된 콘텐츠를 통해 지속적으로 자극받고, 그 자극을 나의 전문성으로 번역해내는 것. 이것이 디지털 시대의 진정한 관계 자산 관리법입니다. 관계는 더 이상 물리적 거리로 제한되지 않습니다. 무엇을 읽고, 무엇을 듣고, 누구의 생각을 내 삶에 초대하는지가 곧 나의 미래를 설계합니다.

Me-Tech란 결국, 관계를 무작위로 소비하지 않고 의식적으로 설계하는 기술입니다. 디지털 연결을 통해 세계를 확장하되, 그 확장을 나만의 전문성과 정체성으로 수렴시키는 힘. 그것이 이 시대를 살아가는 가장 현실적인 성장 전략입니다.

## 직장 우정의 기술: 세 가지 타입으로 설계하라

직장에서의 우정은 단순히 '마음이 맞는가'의 문제가 아닙니다. 그것은 설계의 문제에 가깝습니다. Me-Tech의 관점에서 직장 내 관계는 감정 50, 이성 50의 균형을 유지하는 '전략적 동반자'이기 때문입니다. 저는 이를 세 가지 타입으로 나눠 관리할 것을 제안합니다.

첫째, 성장 파트너입니다. 함께 공부하고 프로젝트를 수행하며 서로를 자극하는 관계입니다. 솔직한 피드백을 주고받으며 각자의 전문성을 키우는 것이 목적입니다. 다만 주의할 점이 있습니다. 성과 경쟁이 본격화되는 순간, 이 관계는 쉽게 감정 싸움으로 번질 수 있습니다. 그래서 일정한 거리와 역할의 경계가 반드시 필요합니다.

둘째, 회복 파트너입니다. 같이 있으면 웃게 되고, 점심 한 끼만으로도 숨통이 트이는 관계입니다. 업무 스트레스를 잠시 내려놓게 해주는 정서적 완충지대 역할을 합니다. 다만 이 관계가 불평과 피해의식만을 공유하는 '부정적 결속'으로 변질되지 않도록 경계해야 합니다. 회복은 가벼워져야지, 더 무거워져서는 안 됩니다.

셋째, 미래 파트너입니다. 지금 당장은 가깝지 않지만, 언젠가 커리어가 교차할 가능성이 있는 업계 선배나 다른 분야의 전문가들입니다. 이 관계의 핵심은 속도 조절입니다. 조급하게 이용하려 들기보다, 신뢰가 쌓이는 자연스러운 속도를 존중해야 합니다. 미래 파트너는 '지금의 쓸모'가 아니라 '시간이 만든 신뢰'로 연결됩니다.

여기서 가장 중요한 원칙은 이 세 가지 역할을 한 사람에게 모두 기대하지 않는 것입니다. 이것이 바로 관계의 리스크 관리입니다.

조직심리학자 애덤 그랜트(Adam Grant)는 직장 내 친구 관계가 업무 생산성을 최대 25%까지 향상시킬 수 있다고 말합니다. 직장에 '절친'이 있는 직원은 몰입도가 최대 7배 높다는 연구 결과도 있습니다. 다만 이 '우정'이 사적인 영역을 과도하게 침범하면, 성과를 높이는 자산이 아니라 조직을 흔드는 리스크로 바뀔 수 있습니다.

실제 사례가 이를 보여줍니다. K은행의 H부장과 N부장은 15년 지기 절친이었지만, 임원 승진을 앞두고 단 하나의 의자를 두고 경쟁하면서 관계가 완전히 무너졌습니다. 반면 S전자의 이 과장과 민 과장은 '전문적 우정'의 좋은 모델을 보여줍니다. 업무 시간에는 치열하게 협력하되, 퇴직 이후의 삶은 철저히 존중합니다. 그들은 매주 화요일 점심에만 정기적으로 만나 업무 고민을 나누고, 그 외의 사적인 개입은 삼간다는 원칙을 세웠습니다. 관계를 감정이 아니라 규칙으로 관리한 사례입니다.

저는 여전히 '느슨한 친구'가 좋습니다. 내 삶을 지탱해주는 단 한 명의 절친이 주는 안정감을 바탕으로, 더 넓은 세상의 고수들과 느슨한 연결을 만들어가는 것. 이것이 제가 제안하는 우정의 공식입니다.

우정은 위로이기도 하지만, '나'라는 자산에 투자되는 핵심 포트폴리오이기도 합니다. Me-Tech에서 말하는 자기 투자는 결코 혼자만의 노력으로 완성되지 않습니다. 누구와 연결되어 있는가, 어떤 관계를 유지하고 있는가가 당신의 다음 커리어, 더 나아가 인생의 방향을 결정합니다. 관계를 잘 설계하는 사람은, 인생의 변동성 앞에서도 쉽게 흔들리지 않습니다.

☐ 나의 동료들을 '성장, 회복, 미래' 파트너로 구분해본다면, 내게 부족
한 타입은 누구인가?

☐ 내가 가장 많이 만나는 사람과 소비하는 콘텐츠는, 3년 뒤의 나를 성
장시키고 있을까?

☐ 직장에서 '전문적 우정'이라고 부를 수 있는 동료가 최소 한 명은 있
는가?

# 요청과 거절에 익숙하면
# 인생이 달라진다

## 울리지 않는 종은 종이 아니다

친구 이야기입니다. 대학 동창회에서 무려 30년 만에 첫사랑을 다시 만났다고 합니다. 뒤풀이 자리에서 친구는 일부러 그녀 옆자리를 골랐답니다. 세월이 흘렀지만 그녀는 여전히 아름다웠고, 술이 몇 순배 돌고 나서야 친구는 비로소 용기를 냈다고 합니다.

"혜숙아, 너한테 비밀 하나 말해줄까?"

잠시 뜸을 들인 뒤 친구가 말했답니다.

"나, 대학 다닐 때 너 짝사랑했었다."

말을 해놓고 나니 얼굴이 화끈거려 고개를 돌렸는데, 그녀가 친구의 팔을 살짝 잡아당기더랍니다.

"이 바보야, 나도 너 좋아했었다."

그 순간 친구는 몽롱해졌다고 합니다. 술 때문이 아니라, 30년 전 그 한마디를 하지 못했던 자신이 너무 바보 같았기 때문이었겠지요. 그때 왜 말하지 못했을까요. 이유는 단순합니다. 거절당할까 봐 두려웠기 때문입니다.

뮤지컬 「사운드 오브 뮤직(The Sound of Music)」의 작사·작곡가인 오스카 해머스타인 2세(Oscar Hammerstein II)는 이렇게 말했습니다.

"울리지 않는 종은 종이 아니다. 불리지 않은 노래는 노래가 아니다. 표현하지 않는 사랑은 사랑이 아니다."

마음속으로만 간직한 사랑은 결국 아무도 모르는 사랑으로 끝납니다. 우리는 종종 이렇게 착각합니다. '말 안 해도 알겠지.' '때가 되면 기회가 오겠지.' 하지만 말하지 않은 선택은 애초에 존재하지 않습니다. 요청하지 않으면 세상은 우리에게 아무 답도 주지 않습니다.

나를 성장시키는 관점에서 보면, 요청은 결과를 얻기 위한 행동이 아니라 선택지를 만드는 행위입니다. 이 사실을 모르면 인생의 중요한 투자 타이밍을 계속 놓치게 됩니다. 표현하지 않는 것은 기회를 스스로 포기하는 것과 같습니다.

우리가 삶에서 원하는 것의 대부분은 사실 타인이 가지고 있습니다. 승진은 상사가 결정하고, 성과는 고객이 만들어주며, 기회는 누군가의 판단을 통해 주어집니다. 그런데도 많은 사람들은 모든 것을 혼자 해결하려 합니다. 도움을 요청하는 것을 약함으로 착각하기 때문입니다.

미국의 자동차 왕 헨리 포드(Henry Ford)에게 보험 사업을 하는 친구가 있었습니다. 어느 날 포드가 다른 회사의 보험에 가입했다는 기사가 나자, 친구가 따졌다고 합니다.

"왜 내 보험에는 가입하지 않았나?"

포드의 대답은 단순했습니다.

"자네가 권유한 적이 없잖아."

이 일화는 한 가지 분명한 사실을 보여줍니다. 요청하지 않으면 아무 일도 일어나지 않는다는 것입니다. 심리학 연구에 따르면, 사람들은 자신의 요청이 받아들여질 가능성을 실제보다 훨씬 낮게 평가합니다. 그래서 아예 시도조차 하지 않습니다. 그러나 여러 연구는 우리가 생각하는 것보다 사람들이 훨씬 더 요청에 관대하다는 사실을 보여줍니다.

중국 출신의 기업가이자 작가인 지아 장(Jia Jiang)의 '거절 100일 프로젝트'는 이를 극적으로 보여줍니다. 그는 어린 시절 거절에 대한 공포 때문에 자신의 꿈을 포기했던 경험을 극복하기 위해, 100일 동안 매일 낯선 사람에게 황당한 요청을 하며 스스로를 거절 상황에 노출시켰습니다.

첫날, 낯선 사람에게 100달러를 빌려달라고 했다가 도망치듯 자리를 피했던 그는, 점차 거절의 순간에 머물며 대화를 이어가는 법을 배웠습니다. 그러는 과정에서 그는 거절이란 인격에 대한 부정이 아니라, 단순한 의견의 차이일 뿐이라는 사실을 깨달았습니다. 크리스피크림 도넛 가게에서 올림픽 오륜 모양의 도넛을 요청했을 때처럼, 예상치 못한 긍정적 결과를 끌어내는 경험도 하게 됩니다. 그 과정에서 그는 한 가지 중요한 사실을 배웁니다. 요청 자체가 나를 무너뜨리지는 않는다는 점입니다.

전문적인 커리어를 쌓아가는 과정에서 요청은 단순한 부탁이 아닙니다. 요청은 타인의 자원을 활용하는 기술이며, 혼자서는 결코 만들어낼 수 없는 성과를 끌어오는 전략입니다. 요청하지 않는 사람은 거절당하지는 않습니다. 대신 아무것도 얻지 못합니다. 이것이 요청을 두려워하는 사람들이 치르는 가장 큰 비용입니다.

30년 전의 고백처럼, 인생의 많은 기회는 능력이 아니라 용기 앞에서 갈립니다. 말하지 않은 마음은 전해지지 않고, 요청하지 않은 선택지는 열리지 않습니다. 성장하고 싶다면, 먼저 입을 여는 연습부터 시작해야 합니다. 그것이 관계에서도, 커리어에서도 가장 현실적인 투자입니다.

## 거절하지 못한 대가

문제는 요청이 아니라, 거절이었습니다.

저는 오랫동안 거절을 잘하지 못하는 사람이었습니다.

어느 날 황 교수님에게서 전화가 왔습니다. 대학원 외식경영학과 강의를 맡아달라는 부탁이었습니다. 오랜만의 통화에 반가운 마음이 앞섰고, 저는 깊이 생각하지도 않고 이렇게 답했습니다.

"당연히 해드려야죠."

하지만 수화기를 내려놓고 일정을 찬찬히 들여다보니 현실이 보이기 시작했습니다. 매주 수요일 저녁이 통째로 사라지는 일정이었습니다. 퇴근길을 뚫고 이동하는 데 왕복 3시간, 강의 2시간. 한 학기 내내 제 삶의 중요한 일부를 그대로 내어주어야 하는 구조였습니다. 그때 왜 그 쉬운 한마디를 하지 못했을까요.

"하루만 시간을 주시면 일정을 검토해 보고 다시 말씀드리겠습니다."

이 말 한 문장을 하지 못한 대가는 생각보다 컸습니다. 한 번은 광주에 사는 누나에게서 전화가 왔습니다. 누나의 딸, 제 조카가 보험회사에 입사했는데 실적을 채워야 하니 보험 하나만 들어달라는 부탁이었습니다. 모처럼의 가족 부탁을 차마 거절하지 못하고, 어떤 상품인지도 제대로 묻지 않은 채 말했습니다.

"그럼 50만 원 가입할게."

사실 누나의 기대는 그보다 훨씬 컸던 것 같습니다. 당시 저는 은행 지점장이었고, 은행에서도 보험을 판매하던 시기였습니다. 직원들도 수시로 "지점장님부터 하나 가입해주시면 안 될까요?"라고 부탁했습니다. 그때마다 저는 거의 거절하지 못했습니다.

그 결과는 참담했습니다. 10년 가까이 매달 수백만 원의 보험료를 납부하느라 재정적으로 크게 휘청거려야 했습니다. 좋은 상사, 좋은 사람으로 보이고 싶어 매정해지지 못한 대가였습니다.

돈을 빌려주고 돌려받지 못한 일도 셀 수 없이 많습니다. 은행에서 부여받은 1년의 유급휴가 동안 여의도 사무실에서 공부하던 시절의 일입니다. 얼굴만 알던 주차관리원이 아내 수술비가 급하다며 허겁지겁 찾아왔을 때, 저는 별다른 확인도 없이 선뜻 돈을 건넸습니다. 하지만 약속한 날에는 그는 이미 일을 그만두고 사라진 뒤였고, 아내가 아프다는 말도 거짓이었습니다.

제자에게 빌려준 돈 역시 연락이 끊긴 채 돌아오지 않았습니다. 오죽하면 지인들 사이에서 "돈 빌리려면 장정빈을 찾아가라"는 농담이 돌 정도였습니다. 다행히 삶이 무너질 정도의 금전적 손실은 아니었습니다. 그러나 진짜 손실은 따로 있었습니다.

저는 제 선의가 반복적으로 기만당하는 상황을 그대로 방치하고 있었습니다. 그리고 그것은 곧 '나'라는 자산의 가치를 스스로 헐값에 넘기고 있다는 신호이기도 했습니다.

저는 착한 사람이었을까요. 지금 돌아보면, 그렇지 않습니다. 저는 저 자신을 너무 값싸게 쓰는 사람이었습니다.

거절하지 못하는 습관은 시간과 에너지와 돈을 조금씩 갉아먹습니다. 더 위험한 점은 이 손실이 한 번에 오지 않는다는 것입니다. 아주 조금씩, 그러나 꾸준히 누적됩니다. 그래서 대부분의 사람들은 자신이 무엇을 잃고 있는지조차 자각하지 못한 채 살아갑니다.

거절하지 못하는 삶은 타인을 위한 희생처럼 보이지만, 실은 자기 가치에 대한 무관심일지도 모릅니다. 나를 보호하지 못하는 친절은 결국 나를 소모시키는 방식으로 돌아옵니다. 이 깨달음은 제 인생에서 가장 쓰라렸지만, 동시에 가장 중요한 전환점이 되었습니다.

## 거절은 나를 지키는 투자 기술

거절하지 못하는 사람은 결국 선택권을 잃습니다. 내가 선택하지 않으면, 타인이 내 시간을 선택합니다. 타인이 내 에너지를 배분하고, 타인이 내 삶의 우선순위를 정합니다. 이런 상태가 반복되면 하루 종일 바쁘기는 한데, 정작 남는 것이 하나도 없는 허망한 삶에 이르게 됩니다.

사막의 추운 밤, 한 아랍인의 천막 안으로 낙타가 머리를 들이밀었다는 이야기가 있습니다.

"머리만이라도 따뜻하게 해주세요."

주인은 동정심에 이를 허락합니다. 곧이어 낙타는 목을 넣고 싶다고 하고, 다음에는 앞발을 들이밀고 싶다고 간청합니다. 그때마다 주인은 고개를 끄덕입니다. 결국 전신을 천막 안으로 들이민 낙타가 말합니다.

"천막이 비좁으니 주인님이 밖으로 나가주시겠습니까?"

호의가 권리가 되는 순간, 주객은 전도됩니다. 작은 양보를 거듭하던 주인은 결국 자신의 천막에서 쫓겨나 차가운 사막의 밤으로 내몰립니다. 선한 마음으로 시작한 작은 허용이, 결국 자신을 밀어내는 결과로 돌아온 것입니다.

거절은 덜 소중한 것을 하지 않기로 결정하는 행위입니다. 진짜 중요한 것을 하기 위한 선택입니다. 단기적 불편함을 감수하고 장기적 성취를 선택하는 행동입니다. 이런 관점에서 보면 거절은 감정의 문제가 아니라 생존의 문제입니다. '나'라는 자원을 어디에 쓰고, 어디에서 멈출 것인가를 결정하는 일입니다.

거절은 관계를 끊는 행위가 아닙니다. 나를 가치 있게 쓰는 기준을 세우는 행위입니다. No가 있어야 Yes의 가치가 생깁니다. 항상 긍정하는 사람의 Yes는 희소성이 없습니다. 가뭄에 물이 귀하듯, 거절이 있어야 승낙의 무게가 생깁니다.

거절이 어려운 이유는 단순합니다. 우리가 평소에 연습하지 않기 때문입니다. 훌륭한 운동선수들이 어려운 플레이를 해낼 수 있는 이유는, 평소에 피나는 연습을 했기 때문입니다. 거절 역시 타고나는 성격이 아니라, 반복을 통해 익혀야 하는 기술입니다.

실천을 위해 꼭 기억해야 할 거절의 원칙 세 가지가 있습니다.

첫째, 상대의 말을 끝까지 듣는 것입니다. 많은 사람들이 부탁의 말이 채 끝나기도 전에 고개를 젓거나 인상을 찌푸리며 말을 끊습니다. 같은 거절이라도 상대의 이야기를 끝까지 경청하고 고개를 끄덕인 뒤에 하는 거절은 "내 부탁을 진지하게 고려해주었다"는 존중의 신호를 남깁니다.

둘째, 거절할 때는 명확한 이유를 제시해야 합니다. 하버드대 심리학과 교수 엘렌 랭어(Ellen Langer)의 연구가 보여주듯, 사람들은 이유의 타당성보다 '이유가 제시되었다'는 사실 자체에 더 반응합니다. 말투는 부드럽게, 문장은 단호하게 하십시오.

"도와드리고 싶지만, 현재는 이런 사정으로 어렵습니다."

이 한 문장은 상대의 시간을 헛되이 쓰게 하지 않는 가장 정중한 방식입니다.

셋째, 가능한 경우 대안을 제시하는 것이 좋습니다. 관계가 깊지 않은 사람이 적은 강사료로 강의를 요청할 때, 저는 이렇게 말하곤 합니다.

"그 예산에 맞는 다른 강사분을 추천해드릴까요?"

거절은 하되, 관계의 문은 열어두는 선택입니다.

저는 한때 Yes가 기본값인 삶을 살았습니다. 하지만 이제는 다릅니다. 거절의 순간은 여전히 약간 불편합니다. 그러나 장기적으로는 훨씬 가벼운 마음으로, 더 자유로운 삶을 살게 되었습니다. 거절은 단순한 거부가 아니라, 자신의 삶을 주도적으로 이끌겠다는 선언이기 때문입니다.

거절의 기술과 거절을 받아들이는 용기는 동전의 양면입니다. 타인의 감정과 반응은 우리가 통제할 수 없는 영역이라는 사실을 인정해야 합니다. 우리가 통제할 수 있는 것은 오직 자신의 판단과 표현 방식뿐입니다.

"조금 힘들 것 같은데요, 대신 이렇게 해보는 건 어떨까요?"라고 말할 수 있는 사람, 그리고 "괜찮아요, 고민해주셔서 감사합니다"라며 그 거절을 존중할 수 있는 사람이 만날 때, 그 관계는 오히려 더 단단해집니다.

기회를 여는 기술인 요청과, 자산을 지키는 기술인 거절을 균형 있게 다룰 수 있을 때 우리는 직장에서의 성과는 물론, 그 이후의 차별화된 전문성까지 확보할 수 있습니다. 결국 인생은 '나'라는 자산을 어떻게 관리하고 경영하느냐의 문제입니다. 나를 헐값에 쓰지 않고, 내 시간과 에너지에 명확한 가격표를 붙일 수 있는 사람만이 인생이라는 투자에서 가장 높은 수익을 거둘 수 있습니다.

# 더 행복해지는
# 현명한 소비의 기술

## 자유의 가격, 그리고 선택권이라는 자산

돈이란 무엇일까요. 제게 돈의 가장 큰 의미를 묻는다면 망설임 없이 '자유'라고 답하겠습니다. 돈이 없으면 우리는 타인의 손아귀에서 벗어나기 어렵습니다. 주어진 시간에 출근하고 하기 싫은 일을 거절하지 못한 채 살아가야 합니다. '현대판 머슴'이라는 표현이 있을 정도입니다.

저는 과거 외국계 은행에서 일했습니다. 퇴직 이후 한 카드회사에서 임원직을 제안받았지만 고민하지 않고 바로 거절했습니다. 더 높은 직함과 안정적인 보수의 대가로 아침 9시부터 오후 6시까지 구속되는 삶으로 돌아가고 싶지 않았기 때문입니다. 그간 회사가 정한 시간표에 나를 끼워 맞추며 사는 삶이었다면 지금부터는 나의 의지대로 하루를 설계하는 삶을 살고 싶었습니다.

많은 직장인들이 회사가 싫어도 꾸역꾸역 출근합니다. 하고 싶지 않은 일을 계속하는 이유는 대개 단 하나, 돈입니다. '돈은 내가 하고 싶은 것을 할 수 있게 해주고 하기 싫은 것을 거절하게 해준다'는 말은 그래서 정확한 표현입니다. 최근 주목받는 파이어(FIRE)족 역시 같은 질문에서 출발합니다. 이들은 단순히 빨리 은퇴하고 싶어서가 아니라 삶의 주도권을 되찾고 싶어서 극단적인 선택을 합니다.

부의 본질은 외적인 것이 아니라 '선택권'입니다. 저는 감히 스스로를 '진정한 부자'라고 정의합니다. 통장에 수백억 원의 잔고가 있는 것은 아니지만 스스로 부자라고 확신하는 이유가 몇 가지 있습니다.

첫째, 돈 때문에 자유를 저당 잡히지 않습니다. 가치관에 어긋나는 일은 단호히 거절하며 삶의 주권을 지킵니다. 둘째, 돈 문제로 밤잠을 설치지 않습니다. 건강할 때 위장을 의식하지 않듯 돈을 배경으로 둘 뿐 거의 스트레스를 받지 않습니다. 셋째, 더 벌어야 한다는 강박이 없습니다. 이미 충분하다고 느끼는 안분지족의 마음이 스스로를 평온하게 합니다. 마지막으로 수입보다 적게 지출하는 습관이 몸에 배어 있습니다. 이 단순한 원칙이 저의 자유를 지탱하는 가장 단단한 토대입니다.

돈은 목적이 아니라 자유를 위한 수단일 뿐입니다. 하고 싶은 일

을 하고 하기 싫은 일을 거절할 수 있는 상태, 그것이 바로 진짜 부
(富)입니다.

## 돈 쓰는 곳을 보면 나를 설계하는 방식이 보인다

돈 버는 것이 기술이라면, 돈 쓰는 것은 예술입니다. 진정한 부자들
은 자신만의 조용한 취향, 즉 아비투스가 단단하게 형성되어 있습
니다. 이들은 명품보다 명성을 사고, 소유보다 경험을 선택합니다.
과시하지 않음으로써 여유를 드러내는 카운터 시그널링이 삶에 저
절로 녹아 있습니다. 진짜 금은 도금할 필요가 없기 때문입니다.

행복은 소득의 크기보다 지출의 방식에 더 크게 좌우됩니다. 저
는 소비를 할 때 세 가지 원칙을 지킵니다.

첫째, 물건보다 경험에 투자합니다. 소유는 빠르게 익숙해지지
만, 경험은 인생의 이야기가 됩니다.

둘째, 좋아하는 것에도 간격을 둡니다. 쾌락 적응을 늦춰, 매 순
간을 신선하게 즐기기 위함입니다.

셋째, 타인을 위해 씁니다. 나눔은 정서적 연결감을 강화하는 가
장 확실한 투자입니다. 앞으로는 사회공헌과 기부에도 더 마음을
써, 소비의 균형을 지키려 합니다.

제 평소 소비 습관은 흔히 말하는 '짠돌이'에 가깝습니다. 전략이
라기보다 젊은 시절의 가난이 새긴 습관입니다. 40~50대를 지나

어느 정도 여유가 생겼지만, 순두부나 김치찌개를 즐기고 명품 로고조차 잘 구별하지 못하는 소박한 성향은 변하지 않았습니다. 그렇다고 무조건 아끼기만 하지는 않습니다. 불필요한 곳에서 철저히 아낀 돈을, 다음의 '가치 있는 목적지'로 흘려보냅니다.

첫째, 가족과 친지의 든든한 스폰서가 됩니다. 일찍 아버지를 여의고 어려웠던 시절 저를 도와주셨던 두 작은아버지들에 대한 감사의 표현입니다. 또한 장손인 저 하나를 '대표선수'로 키우기 위해 교육 기회를 양보했던 누나와 동생들에 대한 미안함을 담아, 가족 행사의 경제적 부담을 기꺼이 짊어집니다.

둘째, 밥을 사는 데 아낌없이 씁니다. 밥값은 단순한 지출이 아니라 관계를 깊게 하는 투자입니다. 함께 음식을 나누며 나누는 진솔한 대화는 금전적 가치를 훨씬 뛰어넘는 경험을 남깁니다.

셋째, 소소하지만 따뜻한 관심을 자주 표현합니다. 매달 열 명 남짓한 지인들에게 보내는 모바일 쿠폰은 "당신을 잊지 않고 있다"는 신호입니다. 디지털 시대에 기억해주는 행위는 작은 금액 이상의 의미를 갖습니다.

넷째, 경조사비에는 마음을 넉넉히 담습니다. 특히 친지의 경조사에는 다소 큰 금액을 씁니다. 과거의 도움을 갚는 차원을 넘어, 기쁨은 나누고 슬픔은 함께하겠다는 의지의 표현입니다.

다섯째, 건강에 투자합니다. 홍삼과 비타민, 유산균 등으로 면역을 관리하는 일은 바쁜 일상 속에서 '나'라는 자산을 지탱하는 가장 기초적인 투자라 믿습니다.

마지막으로, 성장을 위한 지적 콘텐츠에 투자합니다. 책과 잡지, 유료 콘텐츠 구독은 제 전문성을 떠받치는 자산입니다. 새로운 인사이트를 얻는 일에는 계산기를 두드리지 않습니다.

제 소비 철학을 요약하면 이렇습니다. 소비의 중심을 '물질'이 아니라 '관계·경험·성장'에 둡니다. 물질은 소유하는 순간부터 만족도가 내려가지만, 사람과 나누는 정, 새로운 세계를 만나는 경험, 어제보다 나은 나를 만드는 배움은 시간이 지날수록 복리로 불어납니다. 이 세 가지에 집중하면 돈을 쓰면서도 에너지가 고갈되기보다 오히려 채워지는 느낌을 받게 됩니다.

삶을 가볍게 유지하기 위한 또 하나의 원칙이 있습니다. 물건을 줄이기보다, 애초에 늘리지 않는 선택을 최우선으로 삼는 것입니다. 집 안에 들어온 물건을 정리하고 버리는 일은 막대한 의지력과 에너지를 소모합니다. 반면 집 밖에서 안으로 들어오는 통로를 사전에 관리하는 일은 훨씬 수월하고 효과적입니다. 넘침을 비우려 애쓰기보다, 내 삶의 반경에 들어올 대상을 엄격히 심사하는 '입구 관리'가 진정한 미니멀리즘이자 경제적 자유의 지름길입니다.

저는 이를 자동차의 '건널목 앞 일시 정지'에 비유합니다. 계산대 앞, 결제 버튼 앞에서 반드시 멈춥니다. 그리고 스스로에게 묻습니다.

'지금 꼭 필요한가?'

“이 선택이 내 관계를, 내 경험을, 내 성장을 한 칸이라도 앞으로 보내는가?”

이 질문을 통과하지 못한 소비는, 아무리 싸고 유행이라도 제 삶에 들어오지 않습니다. 이렇게 소비를 설계할 때, 돈은 줄어들지 않습니다. 방향을 얻습니다. 그리고 방향을 가진 돈은, 결국 나를 더 멀리 데려갑니다.


## 준거집단의 중요성

외손녀 해인이가 올해 사립 초등학교에 입학했습니다. 처음 이 이야기를 들었을 때 마음이 복잡했습니다. 저는 동네 학교에서 또래들과 자연스럽게 어울리며 자라길 바랐고, 솔직히 말하면 대학 등록금에 버금가는 교육비도 부담이었기 때문입니다. 그러나 워킹맘인 딸의 현실적인 고민을 존중해, 장학금 형태로 지원하기로 했습니다.

교장으로 정년퇴직한 친구들과 이 이야기를 나누다 흥미로운 공통점을 발견했습니다. 모두가 사립학교의 장점으로 단 하나를 꼽았습니다.

“비슷한 형편과 열정을 가진 학부모와 학생들이 모여 있다는 점.”

그 순간 저는 이 선택을 단순한 교육 문제가 아니라 ‘준거집단(reference group)’의 문제로 이해하게 되었습니다.

준거집단은 개인의 신념과 행동, 나아가 소비의 기준까지 결정합니다. 사상가 폴 그레이엄(Paul Graham)은 이를 '엿듣는 말(ambient conversation)'이라고 표현했습니다. 실리콘밸리에서는 혁신이 일상적인 대화의 주제가 되고, 보스턴에서는 학문이 자연스럽게 오르내립니다. 우리가 어떤 환경에 몸담고 있느냐가 생각의 방향을 규정한다는 뜻입니다.

만약 내 주변이 명품과 호화로운 휴가 이야기로 가득한 집단이라면, 내 삶은 늘 부족하게 느껴질 수밖에 없습니다. 소비 습관은 개인의 의지로만 결정되지 않습니다. 내가 누구와 시간을 보내느냐에 따라, 무엇이 '정상'이고 무엇이 '당연'한지가 달라지기 때문입니다.

문제의 핵심은 비교입니다. 10억 자산가가 수백억 원대 부자들과만 어울린다면, 그는 객관적으로 충분한 부를 가졌음에도 끊임없는 박탈감에 시달리게 됩니다. 해결책은 의외로 단순합니다. 준거집단을 하나로 고정하지 않는 것입니다. 학습 모임, 봉사 활동, 취미 커뮤니티처럼 서로 다른 기준을 가진 집단에 몸을 담을 때, 비교의 축은 '돈'에서 '성장'으로 이동합니다.

행복한 소비는 남과의 비교에서 시작되지 않습니다. 어제의 나와 오늘의 나를 비교하는 데서 시작됩니다.

여기에 하나 더 보태고 싶은 도구가 있습니다. 바로 AI입니다. AI는 나라는 사람의 가치관이 투영된 데이터를 분석해, 나를 철저히 객관화해주는 '거울' 역할을 할 수 있습니다. Claude나 Gemini에 자신의 월별 지출 내역을 입력하고 이렇게 질문해보는 것입니다.

- 이 소비 중 쾌락 적응이 가장 빠르게 일어날 항목은 무엇인가.
- 내 인생의 장기 만족도가 높은 소비는 어떤 패턴을 보이는가.
- 나의 지출은 '성장·관계·자유' 중 어디에 가장 많이 쏠려 있는가.

이 질문에 답하는 과정에서 우리는 막연한 느낌이 아니라 데이터로 자신의 소비 성향을 마주하게 됩니다. 그리고 그 순간, 소비는 감정의 문제가 아니라 설계의 문제가 됩니다.

Me-Tech의 본질은 분명합니다. 소비는 숫자가 아니라 방향입니다. 돈을 얼마나 쓰느냐보다, 어디에 쓰느냐가 더 중요합니다. 우리가 지갑을 여는 방식은 곧 어떤 삶을 선택하고 있는지를 말해줍니다. 좋은 준거집단을 선택하고, 비교의 기준을 바꾸며, 기술을 활용해 스스로를 점검할 수 있을 때, 소비는 더 이상 불안의 원천이 아니라 삶을 단단하게 만드는 도구가 됩니다.

### ❖ 체크리스트 ❖

☐ 나는 돈을 쓰면서 자유를 늘리고 있는가, 아니면 줄이고 있는가?

☐ 지금 나의 소비는 미래의 나를 성장시키는 방향으로 설계되어 있는가?

☐ 내가 가장 많은 돈과 시간을 쓰는 대상은, 5년 후의 나에게 도움이 되는가?

# 삶을 바꾸려면
# 몸을 바꿔라

## 운동장에 쓰러진 소년

저의 고등학교 시절은 단순한 추억을 넘어 몸과 삶에 대해 결정적인 교훈을 남긴 시기였습니다. 얼마 전, 시인이자 국어교사가 된 고교 2년 후배 정 선생님과 카카오톡으로 대화를 나누다 깜짝 놀란 적이 있습니다.

"장 선배님이 고2 때 조회 시간에 운동장에서 쓰러진 일은 후배들 사이에서는 아주 유명했습니다."

그 말을 듣는 순간 잊고 지냈던 장면이 선명하게 떠올랐습니다. 당시 체육 선생님은 제 이야기를 훈화의 단골 소재로 삼으셨다고 합니다.

"밤새워 공부하는 것보다 체력이 먼저다."

지금 생각해보면 옳은 말이었지만, 그때의 저는 그 말이 너무도 아프게 들렸습니다.

사실 다시 돌아가고 싶지 않을 만큼 고통스러운 시절이었습니다. 미술 시간에는 파스텔을 준비하지 못해 화장실 청소를 맡아야 했고, 무엇보다 도시락을 싸가지 못하는 날이 잦았습니다. 빈 도시락 대신 수돗가에서 물을 벌컥벌컥 들이키며 허기를 달래던 날들의 기억은 지금도 생생합니다. 결국 운동장에서 쓰러진 진짜 이유는 밤샘 공부가 아니라, 지독한 가난이 가져온 영양실조였습니다.

나이가 들수록 이 경험의 의미는 더욱 또렷해집니다. 돈보다 먼저, 일보다 먼저, 몸이 있다는 사실입니다. 그 시절의 경험은 제 삶에 하나의 원칙을 새겨놓았습니다. 아무리 바빠도, 아무리 중요한 일이 있어도 건강을 최우선으로 두어야 한다는 원칙입니다. 그 이후로 저는 다시는 병원에 실려 가거나 쓰러진 적이 없습니다. 50대에 들어 대상포진과 오십견으로 하루씩 잠깐 입원한 것이 병원 생활의 전부일 만큼, 비교적 건강을 잘 유지해왔습니다.

이 체력은 우연이 아닙니다. 운동을 삶의 최우선 순위에 두었기 때문입니다. 사람들은 흔히 운동의 중요성을 말하지만, 일정이 바빠지면 가장 먼저 지워버리는 것도 운동입니다. 그러나 Me-Tech 의 관점에서 보면 몸 관리는 결코 복지나 취미가 아닙니다. 그것은 철저한 자기자본 관리입니다.

우리가 흔히 말하는 집중력, 판단력, 감정 조절 능력, 회복 탄력성은 모두 몸이라는 뿌리에서 시작됩니다. 몸이 흔들리면 마음이 흔들리고, 마음이 흔들리면 결정이 흐려집니다. 그리고 그 여파는 고스란히 커리어로 이어집니다.

그래서 저는 건강을 단순히 '잘 살기 위한 조건'으로 보지 않습니다. 나라는 전문가가 오래, 그리고 제대로 일하기 위해 반드시 갖춰야 할 기초 인프라라고 정의합니다. 매일 아침 수영과 근력 운동, 그리고 하루 만 보 걷기로 이 인프라를 점검하고 가꾸는 일은 이제 제 삶의 가장 중요한 루틴이 되었습니다.

젊은 날 운동장에서 쓰러졌던 그 사건은 제 인생에서 가장 불명예스러운 기억 중 하나였을지 모릅니다. 그러나 시간이 흐른 지금, 저는 그 기억 덕분에 가장 중요한 것을 놓치지 않게 되었습니다. 몸이 무너지면 모든 것이 함께 무너진다는 사실, 그리고 몸을 지키는 일이 곧 삶 전체를 지키는 일이라는 깨달음입니다.

그때의 쓰러짐은 실패가 아니라, 너무 이른 나이에 받은 인생의 경고장이었습니다. 그리고 저는 그 경고를, 다행히도 평생 잊지 않고 살아오고 있습니다.


## 성과는 체력 위에 쌓인다

매일의 운동이 늘 즐거운 것만은 아닙니다. 어떤 날은 몸이 무겁고,

피로에 지쳐 오늘만큼은 쉬고 싶다는 유혹이 밀려옵니다. 하지만 제가 스스로에게 되뇌는 문장이 하나 있습니다.

운동은 피곤하지 않을 때 하는 것이 아니라, 피곤해지지 않기 위해 하는 것입니다.

대개 2~3주의 적응 기간만 넘기면 역전 현상이 나타납니다. 운동을 한 날보다, 오히려 운동을 거른 날 더 큰 피로를 느끼게 됩니다. 몸은 게으름에 익숙해지지 않고, 리듬에 익숙해지는 존재이기 때문입니다.

우리 몸을 스마트폰 배터리에 비유해보면 이해가 쉽습니다. 배터리 잔량이 20% 아래로 떨어지면 화면이 어두워지고, 앱들이 하나둘 멈춥니다. 체력이 바닥나면 업무 성과나 미래를 향한 꿈이라는 '인생의 앱' 역시 제대로 작동할 수 없습니다. 스마트폰은 교체할 수 있지만, 우리 몸은 평생 충전하며 써야 할 단 하나의 배터리입니다. 그래서 숙면과 영양으로 충전하고, 스트레스라는 백그라운드 앱을 종료해 배터리 효율을 관리해야 합니다.

성공하는 사람들의 공통점은 분명합니다. '시급하지 않지만 중요한 일'에 먼저 에너지를 배정합니다. 건강관리가 바로 그 영역에 속합니다. 저는 시간을 따로 내어 정식으로 운동하기도 하지만, 일상 속에서 생기는 자투리 시간을 적극적으로 운동으로 전환하려고 합니다.

차를 두고 나서는 날이면 목동에서 안양천을 따라 신도림역까지 공유 자전거를 타고 이동합니다. 점심 약속에 10~20분 일찍 도착했을 때는 근처 낯선 골목이나 도로를 한 바퀴 돌아봅니다. 이런 작은 움직임들이 쌓여 제 기초 체력을 지탱해 줍니다. 운동은 반드시 헬스장에서만 해야 하는 특별한 행사가 아닙니다. 일상의 이동과 대기 시간을 재설계하는 기술에 가깝습니다.

그래서 저는 운동을 '남는 시간에 하는 일'로 두지 않습니다. 다른 일정에 앞서 가장 먼저 확보해야 할 전략적 투자라고 생각합니다. 바쁜 일정이 운동을 못 할 이유가 되지 않는다는 점은 수많은 사례가 증명합니다. 애플의 팀 쿡은 새벽 운동으로 하루를 시작하는 것으로 유명하고, 오바마 전 대통령 역시 재임 중에도 운동 시간을 철저히 지켰습니다. 바빠서 운동을 못 한 것이 아니라, 운동을 우선순위에 두었기 때문에 바쁜 일정을 감당할 수 있었던 것입니다.

운동은 기분을 좋게 만드는 데서 끝나지 않습니다. 꾸준한 운동은 인내심을 기르고, 감정의 파동을 낮추며, 판단의 질을 높입니다. 고대 철학자 플라톤의 '건전한 몸에 건전한 마음이 깃든다'는 말은 수사적 표현이 아니라, 오늘날 뇌과학과 의학이 입증하는 과학적 진실에 가깝습니다.

몸이 버텨주지 않으면, 어떤 계획도 오래 가지 못합니다. 운동은 시간을 빼앗는 행위가 아니라, 시간을 오래 쓰게 해주는 장기 투자입니다. 오늘의 30분 운동은 내일의 집중력과 10년 뒤의 커리어를 동시에 지탱합니다. 그래서 저는 오늘도 묻지 않습니다. "운동할 시간이 있을까?" 대신 이렇게 묻습니다.

"이 몸으로, 나는 얼마나 더 멀리 갈 수 있을까?"

## 운동은 '기다림을 연습하는 기술'

'몸을 바꿀 수 있으면 삶을 바꿀 수 있다'는 말에는 생각보다 깊은 진실이 담겨 있습니다. 십여 년 전까지만 해도 저는 헬스장에 다녔습니다. 그때 가장 먼저 배운 교훈은 이것이었습니다. 변화는 결코 즉각적으로 찾아오지 않는다는 사실입니다.

몇 달을 꾸준히 운동해도 눈에 띄는 변화가 없을 때면 좌절감이 밀려왔습니다. 거울 속 몸은 크게 달라지지 않았고, 숫자로 확인되는 성과도 미미했습니다. 그런데 어느 순간 문득 깨달았습니다. 나는 몸을 바꾸고 있는 것이 아니라, 사실은 기다릴 줄 아는 힘을 기르고 있었구나 하는 생각이었습니다.

근육은 금융자산처럼 복리로 작동합니다. 초반에는 투자 대비 성과가 거의 보이지 않는, 가장 지루한 구간을 통과해야 합니다. 그러나 임계점을 넘는 순간이 옵니다. 체력이 쌓이고 회복 속도가 빨라지며, 이전보다 훨씬 적은 노력으로도 더 큰 성과를 내는 단계로 진입합니다. 이 구조는 직장에서의 성장이나 전문성 축적의 메커니즘과 놀라울 만큼 닮아 있습니다.

결국 차이를 만드는 것은 재능이 아니라, 지연된 보상을 견디는 능력입니다. 당장의 결과가 보이지 않아도 오늘 해야 할 일을 묵묵히 반복할 수 있는 힘. 이것이야말로 나를 위한 기술의 핵심입니다.

2kg 아령을 3kg으로 올리고, 스쾃 횟수를 하나씩 늘려가며 얻은 작은 성취감은 단순한 자신감을 넘어섰습니다. 그것은 업무 현장에서 스트레스를 견뎌내는 맷집이 되어주었습니다. 세상은 늘 빠른 결과를 요구하지만, 몸은 정직합니다. 제대로 된 노력 없이는 결코 변하지 않습니다. 저는 그 사실을 몸으로 확인하며, 성과가 늦어져도 조급해하지 않고 오늘 할 일에 집중하는 법을 배웠습니다.

근육량 1kg의 가치는 약 1,500만 원에 달한다는 이야기가 있습니다. 수치의 정확성을 떠나, 이 말이 주는 메시지는 분명합니다. 근력 운동은 눈에 보이지 않는 자산을 가장 확실하게 쌓아주는 투자라는 점입니다. 몸에 투자한 시간은 배신하지 않고, 어느 순간 삶 전반의 성과로 돌아옵니다.

몸은 가장 솔직한 성적표입니다. 그리고 그 성적표를 통해 우리는 중요한 사실 하나를 배웁니다. 빠른 성과보다 중요한 것은, 포기하지 않고 축적할 수 있는 힘이라는 것을 말입니다. 몸을 바꾸는 과정은 결국 삶을 대하는 태도를 바꾸는 훈련입니다. 그래서 저는 지금도 확신합니다. 몸을 바꿀 수 있다면, 삶도 충분히 바꿀 수 있습니다.

## 나이와 싸우지 말고 전략을 바꿔라

『하루를 일해도 사장처럼』을 집필하던 무렵, 저는 헬스장에서 저만의 작은 비밀을 하나 품고 있었습니다. 러닝머신에 나이를 입력하는 칸에, 매번 실제 나이보다 훨씬 어린 숫자 '45'를 고집했던 것입니다. 어느 날 코치가 실제 나이와 입력 나이의 차이를 지적하자, 저는 웃으며 이렇게 말했습니다.

"제 삶의 시계는 늘 마흔다섯에 맞춰져 있습니다."

달력이 가리키는 나이보다, 제가 느끼는 마음의 나이가 삶의 방향을 결정한다고 믿었기 때문입니다. 마음이 늙지 않으면 삶도 쉽게 늙지 않는다고 생각했습니다.

하지만 강력한 자기암시만으로 세월의 흐름을 완전히 거스를 수는 없습니다. 이때 필요한 지혜가 바로 '선택적 최적화와 보상'이라는 전략입니다. 저 역시 숨이 턱 끝까지 차오르도록 달리고, 땀에 흠뻑 젖은 채 샤워할 때 찾아오는 그 짜릿한 쾌감을 누구보다 좋아했습니다. 그러나 무릎 통증이라는 몸의 분명한 신호 앞에서, 저는 달리기를 멈춰야 했습니다.

처음에는 경쾌하게 러닝머신을 달리는 사람들을 보며 서러움도 느꼈습니다. '왜 나는 더 이상 저렇게 뛸 수 없을까'라는 생각이 들기도 했습니다. 하지만 이내 관점을 바꿨습니다. 현실을 부정하며 분노하는 대신, 전략적으로 전환하기로 한 것입니다. 달리기를 내려놓는 대신 걷기와 수영이라는 새로운 즐거움에 집중했습니다. 속도를 낮추자, 오히려 더 오래 움직일 수 있는 몸을 얻게 되었습니다.

직장 생활도 이와 다르지 않습니다. 50대가 되어서도 30대의 체력을 고집하는 것은 현명하지 않습니다. 대신 오랜 시간 축적된 경험과 통찰력, 상황을 읽는 감각이라는 노련한 무기를 꺼내 들어야 합니다. 이처럼 자신의 조건을 정확히 인식하고 강점을 재배치하는 유연함이야말로 퇴직 이후에도 새로운 커리어를 여는 핵심 열쇠입니다.

그래서 노후 준비의 본질은 재정에만 있지 않습니다. 건강한 신체를 유지해 삶의 주도권을 끝까지 쥐고 있는 데 있습니다. 우리가 스스로 걷고, 스스로 몸을 돌볼 수 있는 그날까지가 진정한 인생의 유효기간이기 때문입니다.

몸을 바꾸면 삶이 바뀐다는 말은 결코 과장이 아닙니다. 몸은 모든 성과의 출발점이고, 커리어의 지속성을 결정하며, 은퇴 이후의 가능성까지 좌우합니다. 근육은 단순한 힘이 아니라 시간을 견뎌내는 자산입니다. 그리고 이 자산은 금융시장처럼 요동치지 않습니다.

최고의 투자처는 여전히 '나'입니다. 그리고 그 투자의 가장 기초는 언제나 이 질문에서 시작됩니다.

'오늘, 나는 내 몸에 얼마를 투자했는가.'

☐ 나는 운동을 '시급하지 않지만 중요한 일'의 최우선 순위에 두고 있는가?

☐ 나의 몸이라는 배터리는 현재 몇 퍼센트 충전 상태인가? 과충전과 방전을 반복하고 있지는 않은가?

☐ 나이가 들어가면서 더 잘 할 수 있는 방식으로 전략을 바꾸고 있는가?

# 삶의 확실한 미테크는
# 마음의 근육

## 미테크에 추가해야 할 두 가지

지금까지 이 책을 통해 우리는 배움과 성장, 그리고 이를 통해 얻는 진정한 행복이라는 관점에서 미테크(Me-Tech)를 이야기해 왔습니다. 직장에서 성과를 내고 전문성을 키워 퇴직 후에도 자기만의 영역에서 부와 행복을 누리는 것, 즉 최고의 투자처는 '나'라는 명제 말입니다. 하지만 삶의 진정한 완성을 위해서는 여기에 두 가지 대비를 더해야 한다고 생각합니다. 하나는 홀로 남겨진 시간을 견뎌내는 것이고, 다른 하나는 죽음에 대한 마음가짐을 갖추는 것입니다.

"선배님, 요즘은 뭐 하고 지내세요?"

얼마 전 대기업 임원으로 퇴직한 선배에게 물었을 때 돌아온 대답이 의외였습니다.

"골프장 가는 게 제일 힘들더라고. 네 시간 동안 같이 있을 사람을 찾기가 어려워."

경제적으로 여유로운 분이었지만, 막상 시간이 남자 채워야 할 것은 돈이 아니라 '함께 있어줄 사람'이었던 겁니다. 어쩌면 혼자 있는 시간을 감당하기가 버거워 보였습니다.

우리는 노후 자금은 꼼꼼하게 계산합니다. 연금 얼마, 적금 얼마, 부동산 수익 얼마. 버킷리스트도 만듭니다. 재정, 건강 가족관계 등 '노후대책'을 걱정합니다. 그러나 어쩌면 그보다 더 중요한 것은 '사후대책'일지도 모릅니다. 아무리 풍요로운 노후를 보낸다 해도 결국 그것은 구름처럼 지나갈 것이기 때문입니다. 죽음을 외면하는 것은 마치 만기일이 다가오는 대출금을 모른 척하는 것과 같습니다. 현명한 투자자는 만기일을 미리 알고 상환 계획을 세웁니다. 노후대책을 넘어 사후대책까지 고민하는 것, 이것이 바로 진짜 '영혼의 미테크'라는 생각이 듭니다.

사람들은 통장 잔고는 수시로 확인하면서 마음의 잔고는 한 번도 점검하지 않습니다. 외로움(loneliness)과 고독(solitude)은 다릅니다. 외로움이 타인으로부터 소외되어 느끼는 고통이자 억지로 당하는 수동적인 상태라면, 고독은 자기 자신과 마주하기 위해 스스로 선택하는 능동적인 즐거움입니다. 외로움이 결핍에서 오는 마음의 허기라면, 고독은 충만함 속에서 누리는 정신적 풍요입니다.

이 둘의 차이를 명확히 알고 고독을 즐길 줄 아는 것이 미테크의 본
질 중 하나입니다.


## 내 기억 속 세 번의 죽음

돌아가신 이들의 기억은 시간의 깊이에 따라 각기 다른 빛깔로 선
명하게 남아 있습니다.

할아버지의 죽음이 그렇습니다. 할아버지는 제가 네 살 때 돌아
가셨습니다. 유독 저만 기억하는 장면이 있습니다. 할아버지만 늘
밥상에서 흰쌀밥을 드셨습니다. 장손이라는 이유로 할아버지와 겸
상을 할 때 쌀밥을 제게 조금 덜어주셨던 그 각별한 사랑이 기억을
선명하게 만든 걸까요. 네 살 어린아이가 땅이 꺼져라 울어서 동네
어른들이 눈시울을 붉혔다고 합니다. 하지만 그때 죽음이 뭔지 진
짜로 알지는 못했습니다.

아버지의 죽음은 달랐습니다. 가을 시제(時祭) 날이었습니다. 조
상 묘소를 찾아 제사를 지내고 돌아온 아버지가 저녁부터 갑자기
복통을 호소하셨습니다. 우리 마을은 백여 가구가 사는 장씨 집성
촌이었습니다. 한 젊은 청년이 갑자기 아프다는 소식에 온 동네가
술렁였습니다. "동티가 났네. 분명 동티야." 마을 어른들의 진단이
내려졌습니다. 시제 때 뭔가 잘못되어 조상신이 노했다는 겁니다.
곧바로 무당이 불려왔고, 촛불 흔들리는 시골마당에서 밤새 굿이

벌어졌습니다. 새벽녘, 무당은 제게 바닷가 버드나무 가지를 꺾어 오라 했습니다. 저는 어둠이 무서워 가지 않겠다고 떼를 썼던 모양입니다. 동네 사람들로부터 "불효자식"이란 꾸지람을 들었던 기억이 납니다. 동이 틀 무렵 아버지는 서른여덟의 나이로 영영 돌아오지 못할 길을 떠나셨습니다.

세월이 흘러 의학 지식을 갖게 된 지금에 와서야 생각해봅니다. 그때 아버지의 병은 급성 맹장염 정도였을 겁니다. 1960년대 초였지만, 누군가 리어카라도 구해 읍내 병원으로 모셨더라면 어땠을까 하는 생각이 듭니다. 리어카로 가더라도 두 시간이면 충분했을 거리였습니다. 마을 어른들 중 단 한 분이라도 "이건 굿을 할 게 아니라 병원에 가봐야 한다"고 그때 말했더라면 하는 아쉬움이 남습니다.

이런 회한은 제가 어른이 되어서야 비로소 떠올리게 된 생각이었습니다.

'죽음'이란 것을 가슴으로 이해하게 된 것은 어머니의 죽음을 통해서였습니다. 병원에서 하루하루 악화되어가는 건강 상태를 지켜보면서도, 그토록 빨리 이별이 올 줄은 몰랐습니다. 임종조차 지키지 못한 회한에 몇 달을 눈물범벅으로 보냈습니다.

지인들의 갑작스러운 부고를 접할 때나 그들의 빈소에서 '나는 어떻게 죽음을 맞이해야 할까' 하는 생각이 스쳐 지나갑니다. 하지만 그것도 잠시, 일상의 무관심 속으로 곧 묻혀버립니다.

## 파스칼의 내기, 그리고 어머니의 당부

어머니의 추모관에 들를 때마다 가슴 한구석에서 묵직한 질문이 올라옵니다. '천국은 정말 존재하는 걸까?' 독실한 기독교인이셨던 어머니는 생전에 기회 있을 때마다 제게 '교회에 꼭 다니라'고 신신당부하셨습니다. 지금까지도 그 약속을 온전히 지키지 못하고 있지만, 어머니의 그 간절한 목소리는 여전히 귓가에 맴돕니다.

아끼는 은행 후배이자 K저축은행 대표를 지낸 허 대표도 만날 때마다 제게 교회에 나갈 것을 권합니다. 그는 "종교야말로 사후 세계를 준비하는 가장 확실한 방법"이라며 성경책이나 관련 서적을 자주 선물해주곤 합니다. 고마운 일입니다.

그런데 신은 정말 있는 걸까요? 인생이라는 거대한 투자판에서 우리는 종교를 어떻게 바라봐야 할까요? 사람들은 주식 수익률 1%의 차이에도 민감하게 반응하고, 만약의 사태를 대비해 보험도 들고 온갖 리스크를 관리하며 삽니다. 그런데 정작 내 존재 자체가 통째로 걸린 '죽음 이후'에 대해서는 아무런 보험도 들지 않는 경우가 많습니다.

프랑스의 천재 수학자이자 철학자인 파스칼은 이 문제를 아주 영리한 '기대 수익률'의 관점으로 풀어냈습니다. 만약 우리가 신의 존재에 베팅하고 그를 믿는 쪽을 선택한다면 어떨까요? 설령 신이 존재하지 않더라도 우리가 잃는 것은 고작 일요일 아침의 달콤한

늦잠을 반납하거나, 조금 더 도덕적으로 사느라 순간의 욕망을 누르는 정도입니다. 충분히 감당할 수 있는 '작은 비용'이지요. 하지만 반대로 신이 실제로 존재한다면, 우리는 '영원한 행복'이라는 무한대의 수익을 거머쥐게 됩니다.

반면 신을 부정하는 쪽에 모든 것을 걸었다가 막상 신 앞에 서게 된다면, 그때 치러야 할 대가는 '영원한 상실'이라는 처참한 파산이 될지도 모릅니다. 결국 밑져야 본전이고, 잘되면 무한을 얻는 게임인 셈입니다. 무한대의 보상이 걸린 쪽에 베팅하는 것이야말로 가장 이성적인 선택이지 않을까요? 신앙은 맹목적인 의존이 아닙니다. 나의 유한함을 겸허히 인정하고, 그 유한함을 무한한 가능성에 접속시키는 가장 현명한 '영혼의 보험'입니다. 이 땅에서 평온하고 겸허한 마음으로 살 수 있으니, 그것만으로도 이미 꽤 괜찮은 배당금을 매일 받고 있는 셈이기도 합니다.

종교를 갖는다는 것은 죽음이라는 미지의 세계에 대한 '지도'를 손에 넣는 것과 같습니다. 지도가 있는 여행자는 낯선 길을 두려워하지 않습니다. 또한, 신앙은 죽음을 모든 것이 사라지는 허무한 '끝'이 아니라, 더 나은 곳으로 짐을 꾸려 떠나는 옮겨감, 즉 이사로 바라보게 해줍니다. 이 관점의 변화가 죽음이라는 영원한 단절을 평온한 여정으로 바꾸어 놓습니다. 이제 교회에 나가볼 생각입니다.

## 토요일 아침의 작은 의식, 고독이라는 자산

저는 매주 토요일은 아침 수영으로 하루를 시작합니다. 50분을 쉬지 않고 레인을 따라가다 보면 세상의 소음은 차단되고 오직 숨소리와 물살의 감각만 남습니다. 이 정적이 저에게는 '고독의 입구'가 됩니다. 수영을 마친 후에는 곧장 사무실로 가지 않고 근처 카페에 들르곤 합니다. 그곳에서 책을 읽거나 깊은 생각에 잠기는 시간이 참 좋습니다. 그럴 때 슬며시 카페 안을 둘러보면 흥미로운 광경이 펼쳐집니다. 어떤 이는 잠시도 가만히 있지 못하고 계속 핸드폰만 들여다보는 반면, 어떤 이는 창밖을 응시하거나 오롯이 자기만의 생각에 잠겨 여유로운 시간을 즐기고 있습니다. 같은 '혼자'의 시간인데도 그 결은 완전히 다른 풍경입니다. 자산이 수천 억이 있어도 혼자 있는 시간을 견디지 못하면 불행합니다. 반대로 혼자 있어도 평온할 수 있는 사람은 어떤 상황에서도 흔들리지 않습니다. 그런 사람이 진짜 부자가 아닐까요.

요즘 저는 의도적으로 사람들과의 약속을 줄이고 있습니다. 일주일에 이틀 정도는 아예 약속이 없는 날로 비워둡니다. 사람은 사회적 동물이라 타인 속에서 존재감을 확인하려 합니다. 하지만 사회성이 지나쳐 혼자 있는 시간을 잠시도 견디지 못하는 이들도 많습니다. 틈만 나면 주소록을 뒤져 전화를 걸고, 끊임없이 모임을 만들며 누군가와 함께 있어야만 안심합니다. 사람은 부대끼며 배우기도 하지만, 무엇인가를 진정으로 공부하고 내면화하려면 반드시 혼자만의 시간이 필요합니다. 역설적으로 자기만의 시간 속에서 가장 크게 성장합니다. 관계의 소음에서 벗어나 책과 마주하고 자신과 독대하는 일은 결코 쉽지 않습니다. '홀로 있음'의 필요성을 절감하고 그것을 지켜내려는 강한 의지가 있어야만 가능한 일입니다.

하루 10분만이라도 스마트폰을 보지 않고 생각에 잠겨보십시오. 만약 그 짧은 정적이 불안하고 견디기 힘들다면, 그것은 당신의 내면이 그만큼 '빈곤'하다는 신호일 수 있습니다. 명상은 생각을 억지로 없애는 고행이 아닙니다. 수많은 생각의 파도에 휘둘리지 않고 그것을 물끄러미 바라보는 연습이자, 일종의 '안전한 단절 훈련'입니다. 고독 속에서 즐거움을 찾는 이 훈련은 절에 가거나 가부좌를 틀어야만 할 수 있는 게 아닙니다. 그냥 잠시 멈추는 것만으로도 충분합니다.

고독은 미테크의 핵심 자산입니다. 생산성을 떨어뜨리는 시간이 아니라, 삶의 완성도를 높이는 가장 고귀한 투자입니다. 신앙이 미지의 세계에 대한 '지도'라면, 고독은 그 지도를 펴놓고 나의 현재 위치를 확인하는 행위입니다. 지도가 있는 여행자가 낯선 길을 덜 두려워하듯 고독에 익숙한 영혼은 삶의 마지막 여행길에서도 길을 잃지 않습니다.

죽음을 기억하라(Memento Mori). 이 격언은 결코 삶을 비관하라는 뜻이 아닙니다. 오히려 유한한 시간을 더 생생하고 뜨겁게 살라는 초대장입니다. 스티브 잡스가 죽음을 '삶이 만든 최고의 발명품'이라 칭송하고, 김수미나 이외수 같은 예술가들이 자신의 장례를 축제로 상상할 수 있었던 이유는 무엇일까요? 그들이 죽음을 가볍게 여겨서가 아닙니다. 고독 속에서 자신의 삶을 충분히 대면하고 정리했기에, 마지막 순간을 담담히 마주할 용기를 얻었기 때문입니다.

죽음을 준비한다는 것은 거창한 장례 절차를 고민하는 일이 아닙니다. 오늘 하루, 내 곁의 사람에게 마음을 전하고, 고요한 시간을 일부러 내어 나 자신과 정직하게 마주하는 결단입니다. 하루의 끝에 스스로에게 물어보십시오. "나는 오늘, 통장 잔고가 아닌 영혼의 잔고를 채우기 위해 무엇을 했는가?"

죽음 앞에서도 미소 지을 수 있는 마음의 근육, 그것이야말로 가장 확실한 미테크이자 삶을 축제로 완성하는 마지막 퍼즐입니다.

❖ **체크리스트** ❖

☐ 나는 나만의 혼자 있는 시간을 의도적으로 확보하고 있는가?

☐ 오늘 하루, 통장 잔고가 아닌 나의 '영혼의 잔고'를 위해 구체적으로 실천한 일은 무엇인가?

나의 성장에 투자하라

# 미테크

초판 1쇄 발행 | 2026년 3월 3일

지은이 | 장정빈
펴낸이 | 이성수
주간 | 김미성
편집장 | 황영선
디자인 | 여혜영
마케팅 | 김현관
펴낸곳 | 올림
주소 | 서울시 양천구 목동서로 38, 131-305
등록 | 2000년 3월 30일 제2021-000037호(구:제20-183호)
전화 | 02-720-3131 | 팩스 | 02-6499-0898
이메일 | pom4u@naver.com
홈페이지 | http://cafe.naver.com/ollimbooks

ISBN 979-11-6262-067-0 (03320)